高校德育教育与中国传统文化探索

王文建　夏　梦　著

中国财经出版传媒集团

经济科学出版社
Economic Science Press

图书在版编目（CIP）数据

高校德育教育与中国传统文化探索/王文建，夏梦
著．－－北京：经济科学出版社，2022.8
ISBN 978 - 7 - 5218 - 3899 - 2

Ⅰ.①高…　Ⅱ.①王…②夏…　Ⅲ.①传统文化 - 关
系 - 高等学校 - 德育 - 研究 - 中国　Ⅳ.①G641

中国版本图书馆 CIP 数据核字（2022）第 147158 号

责任编辑：谭志军
责任校对：靳玉环
责任印制：范　艳

高校德育教育与中国传统文化探索
王文建　夏　梦　著
经济科学出版社出版、发行　新华书店经销
社址：北京市海淀区阜成路甲 28 号　邮编：100142
总编部电话：010 - 88191217　发行部电话：010 - 88191522
网址：www. esp. com. cn
电子邮箱：esp@ esp. com. cn
天猫网店：经济科学出版社旗舰店
网址：http://jjkxcbs. tmall. com
北京季蜂印刷有限公司印装
710 × 1000　16 开　13.75 印张　250000 字
2022 年 8 月第 1 版　2022 年 8 月第 1 次印刷
ISBN 978 - 7 - 5218 - 3899 - 2　定价：68.00 元
（图书出现印装问题，本社负责调换。电话：010 - 88191510）
（版权所有　侵权必究　打击盗版　举报热线：010 - 88191661
QQ：2242791300　营销中心电话：010 - 88191537
电子邮箱：dbts@ esp. com. cn）

前　言

　　高校作为哲学社会科学研究创新的重要平台，理应担负起推动哲学社会科学大发展大繁荣的重任。中华文明的历史非常久远，其中，对后世影响最大的、用文字和理论形态表述的观念文化，就源于先秦时期。春秋战国时的百家争鸣，孕育出丰富多样的文化元素，儒、法、道、墨等主要思想流派就形成于此时。所以说，以先秦为研究对象就是抓住了源头，对传统文化研究有提纲挈领之功，对后来的思想脉络就容易理顺了。

　　在本书编写过程中，我们坚持传统与现代相结合、理论与实际相结合的原则，注重学术价值和应用价值，尤其突出应用价值。在内容上总结思想政治教育的历史经验，结合新时期思想政治教育的实践，深入研究新情况、新问题，探索新思路、新方法、新途径，着眼于思想政治教育理论的正确运用、创新发展以及现实生活中实际问题的有效解决。

　　本书主要呈现以下特点：

　　第一，选题相对集中。本书选题侧重于传统文化与思想政治教育方面的内容，主要选择了周秦伦理文化、儒家传统文化教育思想及其对现代德育教育的启示。

　　第二，现实性较强。本书的主题都是思想政治教育的重要现实问题。其中有些对人生的深层思考，如人与自然、人与社会、人与人的关系，道德与人性的关系，义与利的关系等，哲人们闪烁着思想光芒的洞见会超越时空，表现出长久的生命力，给后人以永恒的启示。

　　第三，应用价值较高。本书着眼于应用研究，透析所研究问题的现状及其原因，在此基础上提出解决问题的应对之策，如树立交往教育理念、丰富师生交往内容、改进师生交往方式、拓宽师生交往领域、优化师生交往环境等，对于提升高校道德素质具有一定的应用价值。

当然，本书中还存在一些不足之处。如在理论阐释方面还不够深刻、在应用对策方面现实针对性不够强、在语言文字方面还可以做进一步提炼等。在今后的研究中我们将会不断加以提高和完善。

目　　录

第一章

文化与中国传统文化

第一节 关于文化的解读

为了更准确地理解和认识中国传统文化，我们首先来谈谈文化的基本含义，据此来了解中国传统文化及其特征。

"文化"是个相当复杂的问题。迄今为止，国内外学者对文化的理解和认识依然是仁者见仁，智者见智，实可谓众说纷纭，莫衷一是。据粗略统计，近代以来有关文化的定义竟然达100余种。汉语中的"文化"一词，既是中国语言系统中固有的传统词汇，又是近代以来学者们宣传外来文化时被赋予了新的内涵的外来语汇。

我们今天所说的"文化"，显然是一个全新的概念。从这个全新概念的"文化"，即英文与法文中的 Culture、德文中的 Kultur 以及俄文中的 KyлbTypa，而它们无一例外都源自拉丁文中的 Cultura。Cultura 义项较多，有耕种、居住、练习、敬神等，而在法文中还引申有性情陶冶和道德培养之意。由此可见，西方"文化"一词的内涵要比中国古代的"文化"一词丰富得多。在中国本土的语言系统中，"文化"是"文"与"化"两字组成的复合词组。见之于殷商甲骨文的"文"字，像一个袒胸而立、身有花纹纹饰的人，后引申为各色交错的纹理。许慎《说文解字》①所谓"文，错画也，象交叉"则讲得更明白。由此进一步引申为文字典籍、礼乐制度、文德教化等

---

① 《说文解字》是我国第一部字典。

含义。因为与五色成文有关，"文"字又有了与"质""实"相对的含义，引申为精神修养、德行美善之义。可见，"文"字早在远古，便已与今天的"文化"一词有了不解之缘。"化"字本义指事物动态的变化过程。如《易》所说的"男女构精，万物化生"，就表达了这层意思。由此又衍生出造化、大化等义，并由自然万物（造化）的生成、变易，引申出对伦理道德、社会文明的化成等教育与塑造过程的表达。

"文化"二字的复合使用，是春秋战国以后的事情。西汉刘向的《说苑》开始将"文""化"二字连为一词。他在《指武》篇中说："圣人之治天下也，先文德而后武力，凡武之兴，为不服也，文化不改，然后加诛。"很明显，在古汉语的表达系统中，"文化"一词的本义是与"武功""武力"相对的概念，指以文德教化天下，这里面既有政治主张，又有伦理意义。

显然，古汉语的"文化"与西方传统的"Cultur"在词义上是有明显的区别的。"文化"强调人的教育过程和以教育为目的的社会活动，偏重于精神领域；而"Cultur"则从人类的物质生产活动出发，逐渐引申到社会领域和精神领域，其本义强调的是人与自然的关系。

尽管如此，"文化"仍然是一个比较模糊的概念，至今尚无统一的定义。因而，在我国20世纪80年代以来的"文化热"中有人不无嘲讽地说："文化是个筐，什么都能装！"其实并非如此，作为19世纪下半叶出现的一门学科——文化学，已给出了一定的规范。

这就是：文化是社会现象，它与人类社会是同时并存的。文化是人类通过自己的实践活动所创造的物质和精神的成果，是人的对象性活动的物质和精神的产物。因此，凡是超越人的本能，属于人类有意识、有目的地改造自然、改造社会、改造人的主观精神世界的活动成果，都是文化。

文化具有广义和狭义之分。从广义上看，"文化"的概念是非常宽泛的，它几乎涵盖了人类社会的一切现象。依据历史唯物主义的基本观点，人区别于动物最显著的特征是劳动实践。劳动实践是人类为满足自身需要有目的地改造世界的客观的物质活动。人类要生存就必须向自然界获得生活和生产资料，但是自然界不会自动地提供各种适合人类需要的现成事物。因此，人类必须使用物质手段改变自然物的形态、结构、属性等，以满足自身的各种需求。这种物质生活资料就是人类实践活动所创造的物质产品。

人类在劳动实践中必须彼此协作，依靠集体的力量与自然搏斗，因此必须交流思想、传递消息，于是原始人在劳动实践中逐步创造了语言和文字，成为思维的工具、交流的手段。除此以外，原始人还创造了原始宗教和艺术，这些都属于人类早期实践的精神产品。

人类在劳动实践中不仅要创造产品，而且要创造"创造产品"的手段，最主要的是生产工具和生产工艺。为了狩猎，原始人创造了石刀、石斧。为了耕种农作物，古代人发明了种植、培育谷物的技艺以及与之相适应的农具，创造了一套农业生产的工具和技术。上述这些，无论是简陋的皮衣、语言文字，还是石刀、石斧、农业工具、技艺等，无一不是人类实践活动的产品。于是，我们就将人类在改造世界的实践活动中所创造的物质和精神的产品称为"文化"。

从狭义上看，文化则是思想文化，是指人类的精神形态、观念形态方面的内涵。"文化"内涵的丰富性决定了它外延范围的广泛性。研究文化的人们，为了便于把握和解释文化，从结构学的角度出发，认为文化的基本结构包括：物质文化、制度文化和观念（精神）文化三大部分。

物质文化是人们物质生产活动及其产品的总和，是人们为满足自己的物质需要从事生产劳动创造的物质成果。物质文化包括（生产工具）技艺文化、服饰文化、饮食文化、居室建筑文化、舟车交通工具文化等。物质文化的特征是可感性，即它是有形的、以器物形态表现的文化。从文化的结构层次看，物质文化处于文化结构的表层。

制度文化是人们为了处理和解决各种社会矛盾、调整人与人的社会关系而制定的各种规范、准则、条例、法律等，是以社会制度形式呈现的文化现象。具体包括经济制度、政治制度、婚姻制度、家族或家庭制度、宗教制度、行帮会制度等。它是一种无形的文化，但又确确实实地存在于社会各阶级、阶层的日常活动之中，影响和制约人们的生活，是起劝诫或约束作用的行为文化。制度文化处于文化结构的中层。

精神文化是人们在实践中逐渐形成的社会心理和意识形式。社会心理是指人们非系统化、不定型、处于自发状态的思想意识，具体表现为与日常生活密切联系的情感、风俗、习惯、信念、思想倾向等。意识形式则是指理论化、系统化、具有较严密的逻辑体系的自觉的思想意识，具体表现为政治法律思想、艺术、道德、宗教、哲学、科学等。它们是对社会存在较为间接的反映，是经过提炼加工后形成的思想意识。精神文化，特别是其中的意识形式处于文化结构的深层。精神文化的特征是抽象性和相对独立性，是以观念形态呈现的文化现象，对社会的经济和政治发展起巨大的推动作用。精神文化必然在实践中转化为物质文化和制度文化，三种文化之间相互制约、相互作用，并在一定条件下相互转化。

由于文化概念的涵盖面宽，因此我们在书中将文化界定为"狭义的文化"，即人类的精神文化，而把物质文化和制度文化归结到社会的"生产力""生产关系"和"政治的上层建筑"的范畴中去，从而把对文化现象的研究主要集中到社会的精神文化上来。

当然，精神文化的形成与发展必然受到社会物质生产以及经济关系、政治关系和家庭关系的制约，人们的思想意识不可能脱离一定的社会存在。因此，在分析中国传统文化时，必然要联系古代中国社会的生产方式、经济基础以及政治上层建筑的实际状况，运用唯物史观的基本方法考察传统文化的形成和发展，概括总结传统文化的概念及其基本特征。

第二节　中国传统文化产生的根基

在中国文化的演进变化过程中，中华民族创造了具有中华特质的文化传统。任何民族文化都不是从天上掉下来的，也不是人们绝对理念的产物，而是与该民族所依赖的地理环境、经济土壤和政治结构密切相关的。也正因为如此，才构成了风格迥异、绚丽多彩的文化世界。有着近五千年历史的中华文化就是在它所独有的地理环境、经济土壤和社会政治结构基础上产生、演化出来的。

一、中国传统文化的历史地理环境

中国文化产生和发展的地理环境是指中国进入文明社会以来的整个历史时期的地理环境，即历史地理环境。地理环境包括两个方面：自然地理环境和人文地理环境（又分为经济地理环境和社会文化地理环境）。一般来说，自然地理环境，如气候、地形、地貌、水文、植被、海陆分布等，发展变化的速度比较缓慢。人文地理环境，如疆域、政区、民族、人口、城市、交通、农业、牧业等方面，发展变化的速度比自然地理因素发展变化的速度要快。

（一）中国历史地理环境基本特征

中国传统文化赖以生成的历史地理环境主要包括疆域、政区、民族、人口、地形、气候等因素。

1. 疆域

在中华历史上最早的夏朝（约公元前 21 世纪至前 16 世纪）已经统治了相当广袤的地区。经过商、周两代约 13 个世纪的发展，到公元前 221 年，秦始皇终于建立起中国历史上第一个统一的国家。秦朝的疆域北起河套、阴山山脉和辽河下游流域，南至今越南东北和广东，西起陇山、川西高原和云贵高原，东至大海。此后的历代中原王朝的疆域虽然时有变化，但基本的趋势是逐渐扩大，逐渐巩固，不少王朝都曾拥有过今天中国领土以外的疆域。乾隆二十四年（公元 1759 年），清朝最终奠定了今日中国疆域的基础，形成了一个拥有 1000 多万平方公里领土的统一国家。

2. 政区

政区是国家为进行分级管理而划分的地方。它的出现是以国家的建立为前提的，商和西周时期实行分封制，并没有划分政区。春秋战国时代，逐渐出现了直接向国君负责的行政单位——县、郡；战国后期，随着县的普遍设置，郡成了县的上一级政区。秦汉两朝实行的都是郡、县二级制。东汉末期，原来只起监察作用的州逐渐升为最高一级的政区，从而形成了州—郡—县三级制。此后的中国政区基本上是以这类三级制为基础建置的。

3. 民族

曾经在中国范围内居住活动的民族有几十个，除了为数很少的民族外迁到中国以外地区，其他各民族几乎都没有完全离开过中国。在今天中国的 56 个民族中，除朝鲜族、俄罗斯族、塔塔尔族等几个是在近一两个世纪从境外迁入以外，绝大多数都是在中国形成的或者已在中国生活了很长的时间。除汉族以外，匈奴、鲜卑、羯、氐、羌、契丹、女真、蒙古族、满族都曾建立过统治中原地区的政权，其中蒙古族和满族还统治过整个中国。中国古代社会无论是汉族还是非汉族建立的政权，都是多民族的国家。中国的历史是由各民族共同缔造的，中国的领土也是各民族共同开拓和巩固的。在开发和巩固边疆方面，少数民族做出了特别重要的贡献，如藏族及其前身吐蕃在青藏高原，古代的西域诸族和维吾尔族在新疆，蒙古族在内蒙古，契丹、女真和满族在东北，高山族在台湾等。

4. 人口

据《汉书·地理志》记载①，公元 2 年在汉朝设置政区的范围内有近6000 万人口，未列入统计的少数民族和此范围之外的中国人估计还有数百万，合计超过当时世界人口约 1.7 亿的 1/3。12 世纪初的北宋末年，境内的人口已经超过 1 亿，加上辽、西夏境内和其他少数民族地区就更多，而当时世界人口约有 3.2 亿，中国人口也占 1/3 以上。1850 年，世界人口达到约12 亿，而中国人口已突破 4.3 亿，所占比例并没有减少。总体来看，古代中国人口有分布不均衡与迁移频繁两大特点。公元 1 世纪初，60% 的人口分布在太行山、中条山以东，豫西山地、淮河以北，燕山山脉以南的地域内，而长江以南大多数地区人口稀少。随着经济的发展、政治中心的转移、人口的迁移和自然条件的变迁，人口分布发生了很大的变化。以淮河、秦岭、白龙江作为划分北方和南方的界线，北方和南方所占人口的比例从公元 1 世纪初的 7∶3 演变为公元 10 世纪末的 4∶6，到 14 世纪前期竟达到 2∶8。明清以来，人口的北南比例大致稳定在 4∶6。10 世纪以后，主要的人口稠密区已经转到南方，这一东南人口稠密区和西北人口稀疏区的格局至今仍无明显改变。

5. 地形

中国是一个多山的国家，山地、高原和丘陵约占全国土地总面积的67%。中国的地势西高东低，高度悬殊。高山、高原以及大型内陆盆地主要分布在西部，丘陵、平原以及较低的山地多见于东部，宽阔缓斜的大陆架则在我国大陆东南侧延伸于海下。地势自西而东层层下降，形成地形上的三级

---

① 《汉书·地理志》是中国最早以"地理"为书名的著作，包括上、下两分卷，是班固新制的古代历史地理之杰作。历史的时、空不可分，故写历史必记及地理。

台阶，习惯上称为"三大阶梯"。由于自然和人类活动的相互作用，在局部地区，地形、地貌发生了不小的变化，比较明显的有：（1）湖泊的发育和消亡；（2）水道和水系的变迁；（3）海陆变迁；（4）黄土高原的变迁；（5）沙漠的变迁。这些变化对中国的历史和文化往往产生重大的影响。

6. 气候

中国的大部分领土处于北半球的温带——暖温带，南北两端的少部分地区深入热带和亚寒带。中国气候有三个特点：（1）季风气候显著，表现为季风向与降水量季节性变化显著；（2）大陆性气候强，表现为冬、夏两季平均温度与同纬度其他地区或国家有较大的差异，气温年差较大；（3）气候类型多种多样。

（二）地理环境对中国文化的作用与影响

地理环境是人类赖以生存和发展的物质基础，也是人类文化的基础。中国历史上，地理环境在中国文化形成中的作用主要体现在两个方面。

1. 有利的地理环境因素为创造中国文化奠定了经济基础

中国不但疆域辽阔，而且地理位置比较优越。大部分地区处于中纬度，气候温和，下半年雨热同季，温度和水分条件配合良好，为发展农业提供了适宜的条件。中国文化最重要的发祥地——黄河流域、长江流域、辽河流域以及东南和西南崇山峻岭间比较适合人类生存的地域约有 500 多万平方公里，尤其是黄河流域、长江流域的中下游地区更适合人类的生活、生产，因而成为文明的发祥地和繁茂区域。

农业在中国的发展有着极其悠久的历史和相当辽阔的地域，黄河中下游最早形成了大片的农业区。中国占主导地位的传统文化都是建立在农业生产的基础上的，它们形成于农业区，也随着农业区的扩大而传播。大量汉族（华夏族）人口不断从黄河流域迁往南方、西北、东北各地，文化上和数量上的优势使这些移民最终成为迁入地区的主体人口，他们所传带的文化也成为迁入地的主体文化。

由于中国疆域辽阔，跨纬度大，所以气候的波动一般只影响农业区的南北界线，而不会减少它的面积，这为中国文化的延续提供了稳定的物质基础。

2. 多样性的地理环境创造了中国文化的多样性

中国文化滋生的疆域广阔，腹里纵深，拥有东西南北气候、土壤、动植物群落差异显著的地理生态格局，必然带来文化形态的丰富多元特性，每一个区域的文化都明显带有该区域的地理生态特色。不同特质的文化又构成不同的文化形态。如黄河流域的秦文化、三晋文化、齐鲁文化与长江流域的楚文化、吴越文化之间就存在着较大的差异，而东部温暖湿润地区的农耕文化与干燥的西部、北部地区的游牧文化更是大相径庭。虽然统治者在汉时确定"罢黜百家，独尊儒术"为治国思想，但并未完全扼杀各区域文化的特质，人们长期生活在不同性质的文化之中，自然要接受其教化，因此他们的心理、性格、行为也必然带有该类型文化的特征。

数千年间，中国不同时代的王朝有规律地经历了多次迁徙，大体上是沿着自东向西，以后又由西北而东南，最后到元明清时的北方，先后形成闻名于世的七大古都，即安阳、西安、洛阳、开封、南京、杭州、北京。中国这一历史现象有别于其他大多数古老国家，那些国家的都城较为稳定甚至单一，如埃及的开罗、古罗马（现意大利）的罗马、英国的伦敦、法国的巴黎等。中国之所以如此，得益于其本身所具有的地理位置上的优势，它与中国经济重心的开拓以及民族的融合有关，在数千年辗转迁徙的过程中，汉民族文化不断吸收各兄弟民族的优秀文化，使中华民族的文化走向了一体化，进而成为博大精深的中国文化，并以其独特的魅力自立于世界东方，影响远播世界各地。

二、中国文化植被的经济基础

（一）农耕自然经济是中国古代社会经济的主体

东亚大陆得天独厚的自然条件和地理生态环境孕育了华夏民族以农耕经济为主体的经济生产形态。早在四五千年前，兴起于黄河中游地域的新石器文化——仰韶文化和龙山文化，已经展现了华夏民族的祖先从渔猎向农耕生产过渡的历史风貌，中华农耕文明在气候适宜、土壤肥沃的黄河中游流域开始形成。夏、商、周三代，农业已经成为中原华夏民族社会生活资料的主要

来源。夏历的产生，开创了农业立国的先河，商甲骨卜辞对主要农作物如黍、
稷、粟、麦、稻、菽（大豆）的影响均有显现。殷人重视天象历法，又制定
了完整的纪时、纪日、纪年法。周朝高度重视农业生产，其先祖教民耕作，
倡导农桑，被后人尊为后稷。西周的农业技术有了很大的发展，施肥、中耕、
熟耘、选种、防治病虫害以及休耕等技术的应用，改变了以往粗放式的耕作
方式。春秋战国以后，各诸侯国为富国强兵，无不高度重视农业，纷纷广泛
应用铁制农具、推广牛耕、兴修水利等。秦汉以后大一统的中华民族更把
"重农固本"奉为治国的不易之道。黄河、长江流域虽然同样是中国农耕文
明的发祥地，但由于黄河流域细腻而疏松的黄土层较适合远古木石铜器农具
的运用和粟、稷等旱作物的生产，所以农业生产首先在黄河中下游达到较高
水平，黄河中下游地区自然也成了中国上古时代的政治、经济和人文中心。
随着农业生产力的发展，特别是铁制农具和牛耕的普及，中国的农耕区域逐
渐向土肥水美的长江流域扩展，而秦汉大一统局面的形成，更为中国农耕区
域向南扩展创造了有利的社会条件。汉晋以降的数百年间，北方的边患日趋
严重，战火的蹂躏使黄河流域的农业生态环境迅速恶化，在战乱的压迫下，
中原优秀的农耕男女大批向南迁徙，足迹遍布长江中下游区域及东南沿海各
地。于是，中国农耕区的中心逐渐从黄河流域向长江中下游和江南地区转移，
而中国南方优良的自然气候条件和生态环境很快就显示出发展农耕经济的巨
大潜力。隋唐以后，长江中下游区域迅速成为京都及边防粮食、布帛的主要
供应地。

（二）中国传统自然经济的发展阶段和形态

中国传统自然经济的发展以土地所有制为主要尺度可以区分为殷商西周
和东周至明清两个阶段：殷商西周时期是土地国有及公社所有阶段，或称
"三代井田"阶段。东周井田制瓦解至唐中叶均田制瓦解，是土地私有制的
确立阶段，唐中叶均田制瓦解到鸦片战争，是土地私有进一步深入的阶段。
后两个阶段又可以划归一个大的段落，也就是土地私有阶段。殷周时期土地
国有和集体耕作制是与当时的社会生产力水平低下相适应的，也是在氏族公
社解体后，进入阶级社会，血缘贵族保留土地公有制外壳，并继续实行集体
生产的一种经济制度。到了西周后期，土地国有制出现瓦解的迹象，诸侯贵

族从周天子那里取得土地，他们也逐渐和周天子一样，可以随意处理自己的封地，或用战争的手段掠夺别人的封地。不可否认，那些耕作私田的劳动者也逐渐拥有对私田的部分所有权，奴隶制度逐渐出现了瓦解的征兆。东周以后，随着牛耕和铁制农具的使用，农业生产力进一步提高，土地国有形态走向瓦解，井田制破坏，变"公田"为"私田"的现象普遍出现。尤其是土地买卖的出现，打破了世袭贵族土地所有制。东周以后的土地私有化进程也打破了以往那种集体生产的农耕传统，而向以家庭为单位的个体生产形态过渡。一个家庭内，"男子力耕"，女子纺织，这种男耕女织、以织助耕或以工助耕、以商助耕的自给自足型的家庭小农业，逐渐在中国的农耕经济中占主导地位。与此相适应的政治体制则是国家直接向个体生产者征收赋税徭役。

尽管东周以后土地日益私有化，农业生产转变为家庭个体生产经营，但并不意味着中国的农耕经济进入了纯粹"自给自足"的状态，恰恰相反，在古代中国土地私有化刚刚起步的时候，与自然经济相对立的商品交换也悄然出现。总体而言，中国古代商品经济是为了补充农耕经济的不足和满足大一统中央集权国家的需要而产生和发展的，因此，这种商品经济缺乏独立发展的性格，特别是中国历朝奉行不渝的"重农抑商"政策，更是加强了商品经济的依附性，从而使它的发展随着封建社会的变迁而呈现出波浪式前进的姿态。当农耕经济较为繁荣、政治较为清平之世，商品经济也随之繁荣；而当农耕经济走入低谷、政治腐败混乱之际，商品经济的发展也受到严重的破坏。商品经济对于农耕经济的依附性质又促使工商业者的普遍归宿是最终回到经营土地的老路上去，促使地主、商人和官僚"三位一体"的结合。这种性质大大削弱了商品经济对于农耕自然经济的腐蚀瓦解作用。但就总的趋势而言，随着社会生产力的发展和土地私有化的深入，中国古代商品经济呈现出整体上升的趋势。这种不断进步的商品经济，推动了多元化封建经济的繁荣和更新，对旧的生产体制也产生了一定的冲击力量。正因为如此，到了明清两代，中国传统自然经济进入了一个承前启后的变动时期。

以农耕经济为主体的中国农业自然经济延续力最为持久，悠久昌盛的古代文化正是创造、繁衍、根植于这一经济土壤之中的。在历经数千年的文化演变发展中，农业自然经济对民族心理、思维方式、意识形态等起到了三个方面的重要作用。

1. 农耕经济的延续性造就了中国文化的延续力

中国是一个有数千年历史的文明古国，农耕经济的持续性是中国传统自然经济的显著特点之一。传统农业的持续发展保证了中华文明的绵延不断，使其具有极大的承受力、愈合力和凝聚力。历代以来，中国经历了战乱与稳定的周期性运动，王朝的兴衰更替不可避免，短期的国家分裂时有发生，特别是游牧民族的侵扰与入主中原，都曾在中国历史的不同时期掀起悲惨壮烈的一幕。然而，中国的农耕经济依然向前发展，而建立在这一基础上的中华文明亦未曾中断。相反，短期的战乱与分裂更增进了中国文化的坚韧性和向心力。魏晋南北朝是"五胡乱华"的动荡时代①，恰恰也是中国农耕文化得到进一步扩展传播的重要时期；辽夏金元是中国历史上又一个较为动荡的时期，但文化的传承一如既往；满洲贵族入主中原不久，在各民族的共同努力下，中国文化得到了进一步的继承和发展。中国文化正是这样伴随着农耕经济的长期延续而源远流长，并且历经动乱与分裂的洗礼而不断得到充实升华，这种文化传统是任何外来势力都无法割断的。然而，中国文化的早期定型往往也使人们产生一种"瞻后"式的思维方式，所谓"圣人设教，为万世不易之法"②，尽善尽美的制度和礼教存在于远古的三皇五帝之中。这种文化思维模式，一方面为中国文化的长期延续和增进向心力起到了积极的作用；另一方面也在不知不觉中积累着文化的守旧性格。这样，到了封建社会后期，中国传统文化便显得暮气沉沉，缺乏积极进取的冲劲。

2. 农耕经济的多元结构造就了中国文化的包容性

中国是一个幅员辽阔的国家，各地的自然条件千差万别，社会、政治、文化诸方面的发展水平也有很多差异，因此，古代中国形成了不同的区域文化格局，如齐鲁文化、楚文化、吴越文化、三晋文化、秦文化等。这种不同的区域文化格局也导致了中国文化的多元结构。然而随着中国农耕经济向周边扩展，中国文化的包容性又促使这些区域文化相辅相成，渐趋合一。中国

---

① 指在西晋时期塞外众多游牧民族趁西晋八王之乱、国力衰弱之际，陆续建立数个非汉族政权，形成与南方汉人政权对峙的时期。"五胡"主要指匈奴、鲜卑、羯、羌、氐五个大部落，但事实上"五胡"是西晋末各乱华"胡人"的代表，数目远非五个。

② 语出朱熹《行宫便殿奏礼》，全句为："至论天下之理，则要妙精微，各有攸当；亘古亘今，不可移易。惟古之圣人为能尽之，而其所行所言，无不可为天下后世不易之大法。"

文化不仅因善于包容百家学说和不同地区的文化精华而变得而日臻博大，而且还长期因吸纳周边少数民族的优秀文明，使之交相辉映，异彩纷呈。魏晋南北朝是中华各民族大融合的时期，充满生机的北方民族精神为中原农耕文化注入了新鲜空气；盛唐是中国最为开放的时代，中国文化的包容性发挥得淋漓尽致，胡汉文化相互融合，促使中国文化更加丰富多彩，生机勃勃。即使对外域文化，中华民族也能敞开博大的胸怀，扬弃吸收。佛教自汉代传进中国以来，经魏晋南北朝的发展，至隋唐时期形成一个高潮，中国固有的儒、道、玄等文化与外来的佛教文化汇通交融，获得新的营养，从而走上了一个更高的层次；明末清初时期，西方的耶稣会士东来，带来了西方文明，当时许多有识之士抱着并蓄兼收的态度主张学习耶稣会士们传进的科学技术，对社会生产力的发展起了一定的积极作用；近代以来，面对西方列强的欺凌压迫，大批热血的知识分子仍然不忘吸收西方文化，"师夷长技以制夷"①。这种文化开放心态，正是中国文化有容乃大的包容性格的表现。

3. 农耕经济的早熟造就了中国文化的凝重性

农耕经济的多元成分结构促使中国封建社会经济得到了充分的发展，造就了灿烂辉煌的中国古代文化。但是，中国农耕经济的早熟却不成熟又造成了中国文化的早熟性和凝重性格。早在先秦，我国已有"敬德保民""民为邦本"的思想②。以孔孟为代表的儒家学说，以"仁"为核心，强调人与人在道德上的平等。这种民本意识曾受到西欧启蒙思想家的高度赞赏，但是在中国却得不到正常的发展。由此而派生的平均主义思想，一方面固然成为农民反抗压迫的思想武器，另一方面又加剧了中国历史稳定与动乱的恶性循环。中国的科学技术也是如此。秦汉以后，知识分子大多陷入经济的泥潭和科举的旋涡，对于科学技术的发明创造缺乏应有的重视。因此，尽管中国有四大发明以及一系列的科技贡献，但这些创造贡献始终未能成为社会前进的主流。许多科技发明无法得到社会的推广应用，往往出现中断、失传的现象。

中国农耕经济和中国文化的早熟性，与中国社会的多元结构相互配合，加强了传统社会的坚韧性。随着中国封建社会从前期过渡到后期，中国文化

---

① "师夷长技以制夷"是魏源在其著作《海国图志》中提出的著名主张。

② 出自《尚书·酒诰》。

日益显露出凝重的保守性格。宋元以后，中国文化的开放性和包容性较之汉唐已有明显的衰退。近现代以来，中国人前赴后继，卧薪尝胆，开放改革，焕发自强自新之道，使中国文化重新获得了生命活力。

一个民族的文化发展，除受特定的地理环境、经济状况和外来因素的制约外，社会政治结构对其的影响也是至关重要的。就世界几个主要文明古国的发展史来看，中国古代的社会政治结构至少有以下特点：第一，以血缘关系为纽带的宗法制度完备而系统；第二，专制主义严密。在漫长的历史中，中国一脉相承的专制制度和带有某种血缘温情的宗法制度相结合，形成一种"家国同构"的社会政治结构。

第三节　中国传统文化的发展历程

文化的生成、发展都具有阶段性。中国文化自有其独特的发展脉络。这种脉络当然与王朝更替相关联，但文化史的进程又往往突破王朝界域，有着自身的发展序列。某些跨王朝的阶段，如周秦之际、魏晋南北朝之际、明清之际，以及某些朝代的中段，如唐中叶、明中叶，文化均发生了重要转折，或形成思想学术的高峰，故而中国文化史的段落划分又必然要在一定程度上冲决王朝的樊篱。因此，本节对于中国传统文化发展历程的介绍将按照文化自身的发展演变予以把握。概言之，悠远浩博的中国文化，从孕育发生到恢宏壮大，有一个漫长而曲折的发展历程。这一历程是物质文化、精神文化日臻丰富的历程，也是"人不断解放自身"，走向文明演进高峰的历程。

一、中国文化的发生期：上古

上古时期是中国文化发端的初始阶段，包括旧石器时期和新石器时期，相当于中国古史的传说时代。

（一）中国人的起源

文化的实质性含义是"人化"或"人类化"。有了人，就开始有了历史，也开始有了文化。因此，中国文化起源与中国人的起源实质上是联系在一起的。

中国境内分布广泛、数量众多的考古遗址表明，从旧石器时代到新石器时代的居民，体制上存在着明显的承续、发展的人种学序列。1965 年 5 月，考古学者从云南元谋上那蚌村发现了距今约 170 万年的猿人化石，定名为元谋猿人，这是中国境内最早的人类活动的历史确证。20 世纪 70 年代以来，人类的直系远祖腊玛古猿的许多材料以及人类从直立人（猿人）、早期智人（古人）到晚期智人（新人）各个发展阶段的丰富材料相继被发现，使世界上迄今只有中华大地在人类起源的各个环节中没有缺环。

（二）原始物质文化

经历了 100 多万年的采集和渔猎活动，中国境内的原始人积累了丰富的动植物知识，大约在新石器时代开始了农业栽培和家畜驯养。中国无疑是农作物和家畜、家禽的重要原生地，是世界农业起源的中心之一，包括稻作和旱作在内的丰富多彩的农业生产方式奠定了有别于游牧方式的农耕文化的基石，由此决定了后来中国文化的许多特点。

在文化产生的过程中，最早出现的是工具。猿人最初使用的工具是天然和简单加工的石块，考古学上将这一时期称为旧石器时代。从元谋人直到距今约 7000 年的四川资阳人均处于这一时代。火的使用是旧石器时代先民的一项具有划时代意义的文化创造。在中国神话传说中，取火技术的发明权有记在"燧人氏"名下的，有记在"伏羲"名下的，也有归功于"黄帝"的。这种歧说并陈的现象正反映了原始初民经过广泛的、多渠道的实践才发明取火技术的文化史的本来面目。

从距今 7000 年开始，中华先民进入了新石器时代，磨制的较为精致的石器取代了打制的粗糙的石器。农业、畜牧业取代采集狩猎，成为首要的生产部门。以"泥条盘筑"为主要制作方法的陶器也广泛出现①。迄今为止，已发现新石器时代的文化遗址达七八千处。其中最著名的类型有仰韶文化、大

---

① 陶器成型的一种原始方法。制作时先把泥料搓成长条，然后按器型的要求从下向上盘筑成型，再用手或简单的工具将里外修饰抹平，使之成器。用这种方法制成的陶器，内壁往往留有泥条盘筑的痕迹。泥条盘筑是以泥条按照设想中的雕塑外形形体变化，一圈一圈围筑起造型。

汶口文化、红山文化、良渚文化、马家窑文化、龙山文化、屈家岭文化等。

（三）上古文化分布

中国前文明时期的文化遗址数量极多，分布极广，恰似满天星斗，它显示着中国文化的多元发生，然而其主体却集中在黄河流域和长江流域及其南北不远的范围内。神话传说及民族学、民俗学研究表明，中华民族的远祖可分为华夏、东夷、苗蛮三大文化集团。

中华先民的一部分，很早就自称"诸夏"或"华夏"，或单称"华""夏"。华夏集团发祥于黄土高原，后沿黄河东进，散布于中国的中部及北部的部分地区，即仰韶文化、龙山文化分布区。华夏集团内又分两支：一支称黄帝；一支称炎帝。神话传说中那位桀骜不驯的共工氏也属于这个集团。

东夷集团的活动区域大致在今山东、河南东南和安徽中部一带，即大汶口文化、龙山文化及青莲岗文化江北类型分布区。与黄帝恶战的蚩尤、射日的后羿都属于这个集团。

苗蛮集团主要活动于湖北、湖南、江西一带，即大溪文化、屈家岭文化分布区。如若向东延伸，河姆渡文化、良渚文化等也可归于此集团。大名鼎鼎的伏羲、女娲都属于这个集团。

二、文化奠基及元典创制期：夏商西周至春秋战国

夏商西周至春秋战国是中国文化史上的"轴心时代"或称"元典时代"①。像世界其他地区独自生成的文化系统一样，这一阶段已经奠定了中国文化的基本构架，后来影响中国文化乃至整个东亚文化达2000多年的许多特征，在此阶段已初步显现。

（一）夏朝：废禅建制

远在公元前21世纪，也就是4000多年前，奴隶制国家——夏朝便建立

---

① 轴心时代指的是公元前800年至公元前200年之间，尤其是公元前600年至前300年间，是人类文明的"轴心时代"。"轴心时代"发生的地区大概是在北纬30度，就是北纬25度至35度区间。元典是距今两三千年前"轴心时代"的创作物，包藏着民族精神的基元。

起来了。夏本来是一个部落的名称,以善于治水闻名。其首领鲧因治水失败而被放逐,但鲧之子禹却因治水有功而被拥立为部落联盟首领。从此,夏部落日益强盛起来。当时部落首领的继承依据的是传统的"禅让制"①,但是禹去世以后,禹的儿子启公开破坏"禅让制",继承父位,自称"夏后",这是我国历史上第一个国王。"禹传子",说明"世袭制"代替了"禅让制","公天下"变为"私天下"②。这是国家形成的一个信号,也是我国从原始社会过渡到奴隶社会的标志。在豫西、晋西南进行的考古发掘正在揭开夏代文明的面纱。

(二)殷商:神本文化

商人的文明水平有了显著提高。兼具"象形""会意""形声"等制字规则的甲骨文的出现,标志着中国文字进入了成熟阶段。文字、典籍、青铜器以及"殷"这座目前所确认的中国最早的古都,标志着古代中国已跨入文明社会的门槛。商人尊神重巫,体现出强烈的神本文化的特色。殷人观念中的神,地位最高的是"帝"或"上帝",它统率各种自然力,也主宰人间事务。商王既是政治上的最高统治者,又是最高祭司。以尊重鬼神为特色的殷商文化是人类思维水平尚处于蒙昧阶段的产物。随着人们实践经验日益丰富,智力、体力水平不断增进,对神的力量的崇拜渐次淡薄,对于自身能力的信心与日俱增,于是,以神为本的文化逐渐向以人为本的文化过渡,其契机便是商周之际的社会大变动。

(三)周朝:文化维新

周朝建立后,一方面,周人确立了兼备政治权力统治和血亲道德制约双重功能的宗法制,其影响深入中国社会机体。虽然汉以后的宗法制度不再直接表现为国家政治制度,但其强调伦常秩序、注重血缘身份的基本原则与基本精神却依然维系下来,并深刻渗透于民族意识、民族性格、民族习惯之中。另一方面,确立了把上下尊卑等级关系固定下来的礼制和与之相配合的情感艺术系统(乐)。周代的礼制是周代制度文化、行为文化和观念文化的集中

---

① 在我国原始社会,在位君主生前便将统治权让给他人。
② 古代君王去世或逊位后,将皇帝的九五之尊转给自己的子孙的传承制度。

体现，它既是典章制度的总汇，又是政治生活、经济生活、社会生活、家庭生活各种行为规范的准则，包括形式和内容两个侧面。其形式为"仪"，即各种礼节和仪式。周制规定，各级贵族祭祀、用兵、朝聘、婚丧都要遵循严格地合乎其等级身份的礼节仪式，以体现君臣、父子、兄弟、夫妻的上下尊卑之别。其内容则为"亲亲"（贯彻血缘宗族原则）、"尊尊"（执行政治关系的等级原则）。周代礼制的内容与形式统一在其主旨上就是"别贵贱，序尊卑"①。周人所确立的"礼"为后世儒家所继承、发展，以强劲的力量规范着中国人的生活行为、心理情操与是非善恶观念。中国传统的"礼文化"或"礼制文化"即创制于西周。

（四）春秋战国：文化的"轴心时代"

春秋战国是一个"礼崩乐坏"②的时代。礼崩乐坏的社会大裂变将原本属于贵族底层的士阶层从沉重的宗法制羁绊中解放出来，在社会身份上取得了独立的地位；激烈的兼并战争打破了孤立、静态的生活格局，文化传播的规模日盛；竞相争霸的诸侯列国尚未建立一统的观念形态；随着周天子"共主"地位的丧失，世守专职的宫廷文化官员纷纷走向下层或转移到列国，直接推动私家学者集团兴起。正是如上种种条件的聚合，为中华民族的精神发展创造了一种千载难逢的契机，气象恢宏盛大的诸子"百家争鸣"由此应运而生③。

所谓"百家"是诸子风起、学派林立的文化现象的一种概说。"战国诸子"总括而言大约有儒、墨、道、名、法、阴阳、农、纵横、杂、小说十家。

由孔子开创的儒家学派，以"仁"为学说核心，以中庸辨证为思想方法，重血亲人伦，重现世事功，重实践理性，重道德修养。汉代以后，儒学几经变化，礼教德治的精神始终一贯，从而成为中国传统文化的正宗。

以老、庄为代表的道家是先秦诸子中与儒家并驾齐驱的一大流派。道家在许多方面都是儒家的对立面：儒家注重人事，道家尊崇"天道"；儒家讲

---

① 出自《礼记·丧服四制》。
② 是指封建礼教的规章制度遭到极大的破坏。
③ 是指春秋（前770～前476）战国（前475～前221年）时期知识分子中不同学派的涌现及各家族流派之间争芳斗艳的局面。

求文饰，道家向往"自然"；儒家主张"有为"，道家倡导"无为"；儒家强调个人对家族、国家的责任，道家醉心于个人对社会的超脱。当然，道家和儒家在精神上也不是全然对立的，而是存在着相互接近、相互沟通的质素。

法家的先驱人物是齐国的管仲与郑国的子产，他们力主强化法令刑律，使民"畏威如疾"①，以达到富国理乱的效果。法家是战国时的"显学"，后来成为秦王朝统治天下的政治理论。汉以后，儒学独尊，但法家学说仍然或隐或彰地发挥效用，历代统治者多采取"霸王道杂之"即儒法并用的统治方术，有的则是"阳儒阴法"。

墨家的创立者是鲁国人墨翟，其信徒多系直接从事劳作地下层群众，尤以手工业者为多。故墨家学说强调物质生产劳动在社会生活中的地位（尚力），反对生存基本需要外的消费（节用），企图以普遍的爱停止战乱取得太平（兼爱），同时又尊崇天神（天志），鼓吹专制统治（尚同），从而典型地反映现出小生产者、小私有者的性格。

以邹衍为重要代表人物的阴阳家，其特长是"深观阴阳消息"。运用阴阳消长模式来论证社会人事是阴阳家的一大创造，而从时间、空间的流转变化中去把握世界则是阴阳家独具特色的思维方式。

春秋战国的特殊文化环境不仅为"文化轴心时代"的确立提供了契机，而且有力地推动了华夏民族的最终形成。正是在这一时期，中原地区各古老部族在诸侯国攻伐不已的兼并战争中被统一到少数几个大国的版图之中，其中北方的狄族多为晋所兼并，西方戎族多为秦所兼并，东方的夷族多入齐、鲁，南方的苗蛮及华夏小国则为楚所统一。过去华夏各国视为蛮夷的秦、楚两国，经过春秋300年的变迁，已实现华夏化，在语言文字、生活方式、政治制度、礼仪文化等方面与华夏趋于一致。自此，中国燕山以南、长江以北的黄河中下游及淮汉流域广大地区的居民已基本上融合为一个统一的民族，而不再有华夏与蛮、夷、戎、狄的区别。

三、统一帝国文化探索、定格期：秦汉

秦汉两朝的四个多世纪是帝国文化形成的时期。如果向前追溯，统一帝

---

① 出自《国语》。

国文化的端绪应该推源至春秋战国之际，因为其时所发生的社会变革和文化转型已经蕴涵着政治统一的走势。

（一）秦朝：文化统一与思想统一

秦始皇统一天下，雷厉风行地扫荡这种种之"异"，建立统一的文化，秦始皇统一文化的措施固然以强化专制君主集权政治为目的，同时也有力地增进了秦帝国版图内各区域人们在经济生活、文化生活乃至文化心理上的共同性，从而为中华文化共同体的最终形成奠定了坚实的基础。

秦汉时期的文化统一还包括思想学术上的统一，秦统一天下后即致力于"别黑白而定一尊"①。秦始皇采纳李斯的建议，"下焚书之命，行偶语之刑"（《隋书·牛弘传》），从而造成中国文化史上的一次空前浩劫。秦始皇"焚书坑儒"的文化专制政策以其酷烈性激起后世儒生、士大夫的反复抨击，不过必须注意的是，实行思想统一乃是君主专制政治下不可回避的历史任务②。

（二）汉朝：儒学独尊与经学兴起

当西汉王朝取得政治上的稳定和经济上的繁盛时，统一思想的课题便被再次提出，其倡导者董仲舒以"六经"为指针③，高举"崇儒更化"的旗帜，寻找到了与地主制经济、宗法—专制君主政体比较吻合的文化形态，因而其独尊儒学的主张不仅被汉武帝采纳，推行于当世，而且在汉至清的 2000 年间行之久远。"罢黜百家，独尊儒术"④ 文化政策的推行使儒学取得了定于一尊的显赫地位，原来并不专属儒家的古之道术渊薮——《诗》《书》《礼》《易》《春秋》，亦一变而为儒家独奉的经典，并被正式尊为"五经"。统治者尊崇"五经""立五经博士"，并推行"以经取士"的选官制度，传经之学和

---

① 出自《史记卷六·秦始皇本纪第六》，是李斯劝谏秦始皇"罢黜百家，独尊儒术"时说的话。意思是黑白分明，彼此明确，天下的大事，事无巨细都由皇帝一人定夺。

② 焚书坑儒，又称"焚诗书，坑术士（一说术士，即儒生）"，秦始皇在公元前 213 年和公元前212 年焚毁书籍、坑杀"犯禁者四百六十余人"。该词出处《史记·卷 121·儒林列传》的说法是，"及至秦之季世，焚诗书，坑术士，六艺从此缺焉"。

③ 六经，《诗》《书》《礼》《易》《乐》《春秋》的合称，始见于《庄子·天运篇》。

④ 是董仲舒于元光元年（公元前 134 年）提出的治国思想，在汉武帝时开始推行。《董仲舒传》中记载了董仲舒提议的原话为，"推明孔氏，抑黜百家"。在《武帝纪赞》中，记载了汉武帝的做法是，"罢黜百家，表章六经"。

注经之学成为专门学问，这就是汉代至清代的官方哲学——"经学"。

秦汉时期中国文化由多元走向一统，中原农耕文明在与周边游牧文明的冲突交融中，逐渐赢得强有力的控制地位。秦汉文化足以与南亚的孔雀王朝文化、欧洲的罗马文化相媲美，成为亚欧大陆并峙的三大帝国文化。秦汉时期，既可以视为中国史前文化及元典时代之后的一个大完结、大整合，又可以视为后来的帝国文化乃至中国本土文化奠定模式的关键阶段，中国文化的基本面貌很多都是在秦汉时期固定下来的。如度量衡的统一、文字的厘定，以及教育模式、户籍控制、官吏考选方式、经学和史学体系的格局大定，形成中国独具的特色，并在帝国内部有效实施。汉族的形成也在这一时期，汉语、汉字、汉文等沿用至今的文明成果都在秦汉时代基本定格。

第二章

高校德育教育

第一节　以德育来培养创新人才

人才培养是学校的根本任务，不断提高人才培养质量，是大学的永恒使命，是高等教育改革发展的生命线。新形势下如何提高人才培养质量，是摆在高等学校面前的一个十分重要的课题。高等学校充分发挥推动优势资源转化对支撑人才培养和促进质量提升的重要作用，把推动优势转化作为学校的重要发展战略来实施，加强政策引导，加大经费投入，丰富、拓展学校人才培养的渠道和资源，努力将学校积累的一切办学资源转化为优质的教育教学资源，把多方面的办学优势转化为人才培养的新优势，促进大学生创新精神和实践能力的养成，努力培养创新型人才。

一、将学科品牌资源转化为专业特色优势

学科实力是构成大学核心竞争力的关键指标，也是学校人才培养、科学研究、社会服务和文化传承创新的基础。一所大学最根本的特色就在于它的学科，没有优势学科的大学注定无法成为具有影响力的大学。

如何把好的学科实力转化为人才培养优势，融入人才培养的各个环节，是学校教育教学改革需要特别思考和解决的问题。为此，学校不断加强优势学科的建设力度，牢牢占领人才培养的制高点，注重将学科的品牌资源转化为专业和课程优势，为人才培养提供强有力的支撑。

大力加强学科建设，为专业和课程建设提供目标导向。学校主动适应变化和需求，统筹好学科基础和办学资源，统筹好学科、专业和课程建设，发挥好学科的龙头作用。一方面，大力支持优势和特色学科发展，真正使学科特色更加鲜明，优势更加突出，品牌叫得更响；另一方面，进一步优化学科结构，建设包容有序、充满活力的学科生态，大力支持新兴学科和交叉学科的建设，推动各学科健康协调发展，从而为专业和课程建设提供科学的目标导向。

进一步完善学科、专业和课程建设相互协同的新机制。如何建立起促进学科、专业和课程建设相互协同的新机制，使有限的学科资源最大限度地转化为优质教育教学资源，已成为提高办学质量的一个亟待解决的重要问题。实践证明，实施学科、专业和课程一体化建设是一条很好的经验。因此，学校大力加强重点学科、特色专业和精品课程建设，依托国家、省部级重点学科打造特色专业和精品课程，为人才培养提供更加有力的支撑。同时，根据学科发展和行业需求的变化，主动调整专业和课程设置，建立起优化调整的动态机制，使学校的人才培养更加富有特色，更加符合教育教学规律，实现人才培养与社会需求的有效对接和良性互动，从而带动人才培养质量的整体提升。

发挥多学科优势，培养跨学科复合型人才。现代科技的发展，一方面使学科高度分离，另一方面又使学科高度融合，学科的综合化已成为学科发展的主要趋势。高等学校要顺应这种发展趋势，重视学术资源整合，重视学科融合及跨专业人才的培养。这需要在诸多方面进行改革和探索，其中，进一步推动辅修双学位教育等就是很好的模式，我校进行了有益探索并积累了宝贵经验。学校将进一步规范教育教学管理，创造条件增加辅修双学位专业，给学生自主学习提供更多的时间，为学生兴趣发展提供更多的选择，使学生在就业创业和进一步深造时更有竞争优势。

二、将学术科研资源转化为创新教育优势

开展科学研究，促进人才培养质量提升，是现代大学生发展的内在动力源。一所大学的学术水平、学术地位和科研质量、科研实力，决定了这所大

学在创新型人才培养方面的优势和特色。

2012年8月，教育部、中科院联合启动实施了"科教结合协同育人"行动计划，推动学校与科研院所将科研优势转化为教育教学优势，进一步拓展学生的科研实践空间，为增强学生的科研意识和能力创造更有利的条件。这是创新人才培养的有效途径和有益尝试。

把科研院所的科研资源转化为学校的教学资源，特别是让学生尽早参与科研创新活动，当前最迫切需要引起重视并加以解决的，就是如何把学校的学术科研资源有效地转化为丰富的创新教育资源，让学生直接从中受益。

进一步推动最新科研成果进教材、进课堂。科研和教学结合是高水平大学的一个重要特征。科研与教学相互促进、相互转化，一直是学校的好传统。作为高校教师，在开展高水平科研工作、取得高水平研究成果的同时，要及时把自己的科研成果、国内外研究动向以及科学方法融入教材，引进到课堂中来，为提升教学质量，特别是开展创新教育提供永不枯竭的动力源泉。为此，学校鼓励教师积极申请教材立项和承担教材编写任务，鼓励教师把科研项目、科研成果和科研方法转化到课堂中去，在教学研究立项中更多地支持通过科研创新推进教学改革的项目。

大力推进科研实验室向本科生开放。在建设好科研创新平台的同时，还要积极发挥它的育人功能，尽可能地向学生开放，直接为人才培养服务。学校建立健全国家及省部级重点实验室等各级各类科研创新平台向各层次学生开放，特别是科研实验室向本科生开放的制度。进一步改革实验教学体系，鼓励学生根据学习和兴趣需要，有效利用学校现有的实验资源开展实验创新活动。设立科研实验室开放专项基金，并根据科研实验室开放运行的实际效果研究制定有关激励措施，加强"大学生创新创业训练计划"项目建设，积极引导学生参与到各种科研训练项目、学科竞赛活动中，为学生提供开放的创新实践平台，培养学生的创新意识和能力。鼓励教师将自己的科研课题与学生的毕业论文紧密结合。毕业论文是教学的重要环节，也是培养学生实际工作能力最集中的阶段。学生的毕业论文以教师的科研课题为依托，真题实做，能有效解决学生毕业论文创新性不足、理论和实践意义不强的问题，达到培养学生实践创新能力与提高教师科研教学水平相互促进、相得益彰的目的。

因此，学生的毕业论文最好能与指导教师的科研课题紧密结合，使教师在学生选题、开题、结题、答辩等各个环节结合自己的科研实际，为学生把握好方向，给予学生必要的启示，鼓励和指导学生勤于动脑、勇于创新，提高学生分析问题和解决问题的能力，提升毕业论文的质量，使学生在进入职场前，就具有与本学科专业相关的、较强的实践能力和动手操作能力。

三、将产学研结合资源转化为实践教学优势

当今世界，经济结构处于新一轮深刻调整之中，各国都在探索科技、教育与经济的有机结合，探索产学研良性互动的模式与途径，以完善本国科技创新体系，增强综合国力。高等学校面临着充满机遇的广阔舞台，发挥学科优势，依托产学研良性互动培养高素质创新人才，是当前高校教育教学改革中一个值得重点研究的问题。

产学研结合是我校的办学传统和优势所在。在长期的办学实践中，学校秉承"唯真唯实"的校训和"实践育人"的理念，依托优势学科和行业市场两大平台，把产学研结合作为实现人才培养目标的重要途径，开创了产学研合作办学的良好局面，形成了特有的办学品牌优势。

实践证明，产学研结合和良性互动，对于培育学生优良素质、综合能力和创新精神，对实现学校教育与生产、科研实践有机结合，对提高实践教学质量有着特别重要的意义。新的形势下，学校继续弘扬这一办学传统，不断创新产学研合作的实践模式，积极主动地、充分地利用好学校与企业、科研院所等多种不同的教育资源，利用好产学研各自在人才培养方面的优势。

进一步完善实践教学体系。重视实践育人，抓好实践教学环节，必须坚持在产学研良性互动中不断优化人才培养方案，完善实践教学体系，做好顶层设计。学校遵循人才成长和教育教学规律，进一步完善以学生实践创新能力培养为核心，以实验平台和实习基地为依托，以师资和激励监控机制为保障的实践教学体系。结合学校人才培养方案以及复合型人才、卓越工程师等专门培养计划的实施，进一步推动产学研结合的优质资源向实践教学的各个环节渗透转化。深入相关企业和合作单位，了解企业的现实需求，了解行业的最新发展，了解企业对搞好实践教学的意见和建议，不断对实践教学体系

进行整合优化，对实践教学内容进行调整更新，努力建设一个开放、动态的实践教学体系。

大力加强校内外实习基地建设。学校在抓好实验平台资源共享的同时，统筹协调好校内校外两个资源，进一步加强实习基地建设。充分利用校办产业的技术与设备优势，强化校办产业的育人职能，建立产学研结合的、更具学校特色的校内实习基地。充分用好大学科技园这一品牌资源，为实践教学提供优质服务。积极主动地为校外实习基地所在单位提供科技、人才等优质服务，赢得企业和社会的更大支持，建立更高水平的校外实习基地。此外，还鼓励有条件的院系积极开拓海外实习基地，搭建更宽阔的实践教学平台。

更加注重实践教学指导教师队伍建设。为建设好一支从事实践教学的教师队伍，从学校层面到教师层面都需要转变观念，形成统一的认识。学校根据不同实践教学形式，对担任各类实践教学指导教师的教学活动进行规范，明确职责，建立和完善激励监管机制。加强现有教师实践教学技能培训，有计划地组织从事实践教学的教师深入企业和社会，在实践中提高教学技能和水平。采用灵活的用人制度，聘用一批适宜于学校实践教学活动、具有较强实践技能的兼职指导教师，建设一支专兼结合的实践教学指导教师队伍。同时，还千方百计地用好校友资源。一方面，请校友们回校就生产一线的情况开讲座、做报告；另一方面，请校友们对前往实习的学生多加关心、悉心指导。

四、将优质生态资源转化为环境育人优势

"赏心悦目的环境，可以使人心旷神怡；奋发图强的气氛，可以催人奋进。"高尔基的这句名言道出了生态环境具有的独特的教育功能。良好的校园文化环境有利于学生健康情感的熏陶和培养，有利于文化知识的渗透和传播，有利于学生审美情趣和道德价值观的形成和提升。即使学生们离开校园多年，他们身上也都会留下这种特有的大学文化的"印记"。

优质的生态资源是学校办学的宝贵财富，更是学校发展的比较优势。要采取切实有效的措施，将这些优质的环境资源转化为育人优势，在推进教育教学改革、提高人才培养质量中发挥不可替代的作用。

　　强化生态文明意识，营造生态美好的校园环境。大力推进生态文明建设是党的十八大再次强调的重大战略任务。高校应进一步强化生态文明意识，发挥好生态环境的比较优势，把良好的生态环境作为育人的特有资源和重要途径。

　　加强生态文明价值观教育，将生态文明的内容纳入学校教育教学体系，运用多种形式和手段，深入进行生态文明宣传教育和知识普及。学校在巩固已有工作的基础上，集中精力做好小黄山休读区的规划建设，切实把小黄山打造成师生休读健身的新园区。引导师生积极参与生态校园建设实践活动，人人养成良好的环境意识和行为习惯，从我做起，从身边做起，为努力营造生态美好的校园环境贡献力量。加强文化设施建设，注重校区的历史传承。建设高水平大学，离不开历史的传承和文化的支撑。为尽早实现两校区的战略调整，校区前期的建设主要以满足师生日常学习、生活需求为主。完成办学结构调整后，学校大力加强校园文化建设，特别是集中力量，高起点、高标准地完成校园各类文化设施建设，全面提升环境育人的能力和水平。学校结合历史和现状，坚持在传承中创新、在创新中积淀和弘扬，努力使校园更具内涵和底蕴。

第二节　创建高校学习型基层党组织

　　高校基层党组织是党的高校全部工作和战斗力的基础，是高校党的建设的重要组成部分。在目前我国提出要建设学习型社会的背景下，如何创建高校学习型基层党组织是摆在高校党的建设面前的一个崭新的理论课题。本节借鉴学习型组织理论，拟围绕高校基层组织建设的实际，从理论与实践相结合的角度，对创建高校学习型基层党组织的几个问题作些粗浅的研究和探讨，以期更有成效地搞好高校党的建设。

一、创建高校学习型基层党组织的时代背景与必要性

　　20世纪90年代美国麻省理工史隆管理学院彼得·圣吉博士，以系统动

力学为核心，在管理理论与实践基础上提出了"五项修炼"理论，即自我超越、改善心智模式、建立共同愿景、团体学习和系统思考。后来中外学者在此基础上进一步完善，使学习型组织理论成为一门新的现代管理理论。所谓学习型组织，是指某一组织或某一群体的主体成员在共同目标指引下注重学习、传播、创新知识的组织，是一个具备高度凝聚力、旺盛生命力的组织。在这个组织中，大家得以不断突破自己的能力上限，创造真心向往的结果，培养全新、前瞻而开阔的思考方式，全力实现共同的抱负。这个理论的精髓是以学习为基础，强调学用结合、知行统一、共同奋斗。由于它适应时代发展的需要，因此迅速风靡世界。进入21世纪，我们党在科技进步日新月异、综合国力竞争日趋激烈的形势面前，对学习的重要性有了更深刻的认识和更迫切的要求。最近我们党提出，要建设学习型社会，首先是要把我们党建设成为学习型政党。这是对党的建设的深邃思考和对时代脉搏的准确把握。一个拥有8600多万党员的执政党，如果成为学习型组织，对我们党自身的凝聚力、创造力和战斗力的提高，对建设学习型社会进程的推进，无疑将会起到促进和示范作用。

高校基层党组织作为党的建设的重要组成部分，更能体现学习型组织的特点，更应成为建设学习型政党的表率。这是因为：学校本身就是学习的场所，学校的一切教育活动均以学习为前提。就高校广大党员而言，在知识日益更新的今天，不学习是不行的。要不断地完善自己的专业素养，调整自己的知识结构，自始至终都要定期更新和补充知识、技巧和能力，不断地掌握新的教育观念和教育模式。这些新的知识的获得和创新能力的培养，必须依靠不懈努力、不断学习才有可能达到。从学校来讲，学校的根本任务是按照党的教育方针全面育人。学校各级党组织必须顺应形势变化，不断对自身进行调整。不仅要围绕教学内容、教学方式、专业设置等外在的要素进行调整，而且要对影响党组织运行的各种内在因素，包括价值观、思维模式、思想理念进行革新，这些都要求各级党组织必须把学习与工作紧密结合起来，将学习贯穿于学校整个系统运行的全过程之中。因此，重视学习是高校学习型基层党组织存在和发展的生命源泉，走向学习型基层党组织将是学校党建的必然选择。

创建学习型基层党组织，对于加强高校党的建设，提高基层党组织凝聚力、创造力和战斗力，具有重要意义。创建学习型基层党组织是实现"学习型政党"这个总目标的一个组成部分。党的基层组织是党存在和发展的组织基础，没有"学习型基层党组织"的普遍建立，"学习型政党"就会成为空中楼阁。当前，以学习为中心，创建高校学习型基层组织，有利于培养高校基层党员干部的学习兴趣，搞好理论知识和现代科学文化知识学习，提高学习能力和竞争力。这对于我国加入 WTO 以后高等教育全面迎接考验和挑战，具有深远的战略意义；有利于高校基层党员政治素质、文化素质、心理素质等综合素质的培养，从而为建设一批高素质的高校基层干部队伍提供保证；有利于党的基本路线和教育工作的一系列方针、政策在高校的贯彻落实，坚持社会主义的办学方向，促进教学、科研和管理等各项工作的发展，保证高等教育改革沿着正确的轨道健康前行。总之，通过学习型基层党组织的创建，使高校各级党组织能够号召全体党员，凝聚人心，在贯彻党的教育方针、推动教育改革和发展步伐的共同目标中自我超越，自我发展，共同奋斗。

二、高校学习型基层党组织的基本特征

建设高校学习型基层党组织，并不是撇开原有的党组织去创造一个新组织，而是对高校基层组织原有的学习理念、行为、制度等进行更新和完善，不断强化其原有的学习技能，并赋予它以新的功能。因此，高校学习型基层党组织除具有一般学习型组织的共性外，还具备四个基本特征。

（一）具有更为浓厚的学习欲望

从高校党员个体的自我发展来讲，每个人与生俱来都有学习的天性，教师尤其具有强烈的自我发展与提高的欲望和自我超越的能力，对学习始终充满渴望。特别是在知识经济时代，这种天性与渴望更加凸显出来。因此，高校学习型基层党组织更能尊重每一个党员的自我发展，并将他们的潜质充分挖掘出来、展示出来，使每一个党员获取新知识的内在要求和冲动更为强烈，从而源源不断地获得自身发展壮大的动力。

（二）具有更为丰富的学习资源

高校是最适宜人们从事学习和研究的场所之一。在高等教育改革和发展

的过程中，高校各级党组织在为学校中心工作提供强有力的政治和组织保证的同时，也为广大党员群众搭建了更广阔、更高效、更便捷的学习平台。这些年高校各级党组织始终坚持做建设"学习型社会"的表率，整合校内校外各种学习资源，拓宽学习领域，在党内积极营造浓厚的组织学习环境，形成了学习工作化、工作学习化，终身学习、团队学习等先进的学习理念，并在实践中形成了一整套行之有效的学习规章制度。这些学习内容、学习方法、学习载体和学习机制等，赋予了高校各级党组织更加完备的学习功能，从而提升了全体党员的学习力。这种丰富的教育资源和良好的学习氛围，是高校的优势所在，是社会其他组织所不具有的。

（三）具有更为强烈的创新意识

教育创新思想是马克思主义创新观的重要组成部分，以学习推动教育创新，把学习作为教育创新的原动力，是高校各级党组织的一个显著特征。面对改革开放和现代化建设的新形势、新任务，要推进高等教育创新，就要从传统的、已经习惯的观念束缚中解放出来，以宽广的眼界、开放的胸怀，深刻洞悉高等教育发展的潮流，使教育思想和理论与时代同步发展，扫除制约教育创新的观念障碍。因此，从高等教育改革和发展的现实需要来讲，创建高校学习型基层党组织更能体现教育创新的思想，通过持续不断的学习以增强其应变能力和创新能力，发挥其在创建学习型社会中的示范作用，使广大党员干部拥有更高、更强、更持久的创新功能，在未来激烈的竞争中站稳脚跟并有所发展。

（四）具有更为完善的自我调控功能

从基层党组织的功能结构上来讲，随着我国加入世贸组织和教育改革发展的不断深入，高校党建工作出现了许多新的情况和问题，特别是高校党的基层组织的组织结构、功能体系和政治作用较以往有了很大的变化，这就有可能造成党员意识的弱化或者扭曲，带来组织活力的衰退，影响党内正常的政治生活，影响党自我调节和自我监督的功能。因此，高校要重新激活党的各级组织，盘活现有的组织资源，就必须建立学习型基层党组织，不断在环境中学习新知识，吸纳新营养，通过与外界的信息交换和反馈调节，增强自身的有序性和协调性，达到吐故纳新、建立良性的自我调控机制的目的。

三、创建高校学习型基层党组织的几点措施

（一）确立共同愿景，是创建学习型基层党组织的前提

彼得·圣吉认为，学习型组织必须有共同的奋斗目标，有了衷心渴望实现的目标，就能够鼓舞、凝聚人心，促使大家努力学习，追求卓越。这对于高校基层党组织来说更是如此。党的凝聚力，从政治上讲，就是全党在纲领、路线上的聚合。基层党组织，不是没有任何价值取向的随意凑合，而是有着非常明确的政治目标的，这一目标的具体化，就是党在社会各个历史发展阶段上的政治路线。党的纲领是一面旗帜，它发挥着强大的凝聚功能。实践证明，目标对人的行为具有导向和激励的功能。当目标相对一致时，社会群体之间的利益冲突就会被弱化，由利益冲突引发的矛盾和离心因素就会减弱直至消除，能量的释放就会集中到一个方向。因此，高校基层党组织必须围绕学校改革和发展的中心任务，确立符合学校实际、把握时代脉搏且为广大教职工所认同的发展目标，以凝聚、号召大家为这一目标的实现而努力奋斗。

（二）强化团体学习意识，是创建学习型基层党组织的基础

团体学习是学习型党组织的一项基本活动，其目的是为了提高组织的智商，使整个组织的智商大于个人智商的叠加，达到"1＋1＞2"的效应。学习型组织理论认为，未来的竞争实质上是学习能力的竞争，无论采取什么样的管理模式，最重要的是一定要激发员工的学习力。基层党组织的责任在于激励每个党员的工作热情，激活每个党员的潜能，倡导学习与工作不可分的新理念，把工作与学习糅合成有机的整体。工作就是学习，每天的工作都是一种新的学习；学习就是工作，学习是每天工作必不可少的一部分。因此我们要努力创造一种学习的、向上的、团结和谐的氛围，使个人和组织融为一体。高校党员不仅要"传道、授业、解惑"，而且要培养、

发展学生以创新精神和实践能力为重点的综合素质。这就要求广大党员干部要明确"学习、学习、再学习"的重要性，增强学习意识，真正让学习融入自己的生活之中。

（三）加强党性修养，是创建学习型基层党组织的手段

党性修养是中国共产党的创造，是我们必须继承发扬的优良传统。我们党在创建学习型政党时，首先要坚持发扬我们党重视党性修养的优良传统，注意借鉴学习型组织理论的合理因素，树立注重修养的理念。要掌握科学的组织学习方法。批评与自我批评，是我们党创造的发扬党内民主，进行思想交流、反馈、反思，有效克服党的缺点错误的方法。当前，我们不仅要拿起批评与自我批评的武器，还应按照建立学习型组织的要求，克服习惯性防卫，不断增强组织系统思考、探寻真理、自我修炼的能力。

（四）变革创新，是创建学习型基层党组织的关键

在创建学习型政党的过程中，所有的个体学习、团体学习、组织学习都要注重把学习力转化为创新力。当前，我们应尝试将学习型组织理论创造性地运用到学校的改革和管理工作中，根据学习型基层组织要精简、扁平、弹性、创造、学习、自主管理等六大特点，分层次建立高校各级目标及岗位责任制，强化团队精神，把学习变成个人需要，把传统管理中的"制度＋控制"变为现代管理中的"学习＋激励"，努力发挥每个人的主观能动性和创造性。

（五）创设一定的物质条件，是创建学习型基层党组织的保证

为使学习型基层组织顺利进行，除创建相互尊重、信任、理解的氛围，建立良好的沟通环境和人际关系外，还应有一定的物质投入作保证。当前，高校要建立能为广大教职工党员进行组织学习和信息交流的设施和环境，特别是建立信息传递的网络，开设高校党建网站，使学校各级党组织及广大教职员工党的信息、意见和建议等都可以通过简化的组织结构和高速的网络传输，最大限度地实现信息共享和交流。各级党组织要制定必要的治学促学的激励机制和考核奖惩办法，把学习情况纳入对基层党员干部年度考核的重要

内容，对个人和组织学习抓得好的，要给予表彰、奖励，以规章制度保证学习的顺利实施。

第三节　高校德育教育实效性评价指标

高校德育教育是一项系统工程，其实施的效果如何，应该也必须通过制定的相应评价指标来判验。大学德育教育实效性评价指标是整个大学德育教育实效性评价体系的核心，是开展大学德育教育实效性评价的先决条件。由于大学德育教育工作是一个不断发展和完善的过程，其社会效果也是一个逐步显现和不断提高的过程，大学德育教育评价指标也要根据新时期大学德育教育的要求和特点而不断调整、充实和完善，尽可能反映大学德育教育的发展方向和要求。当前，大学德育教育实效性的评价指标设置应把握好如下几个问题。

一、高校德育教育实效性评价指标应以政策为指导

国家颁布的有关大学德育教育的政策法规为大学德育教育实效性评价提供了总体规划及指导，是设置大学德育教育实效性评价指标的基础。

一是从总体上对大学德育教育进行规划，提出要求，为大学德育教育评价提供宏观指导原则。中共中央颁发的《爱国主义教育及实施纲要》，对爱国主义教育的基本原则、主要内容以及基本途径等提出了要求。中共中央《关于进一步加强和改进学校德育工作的若干意见》提出，要建立德育工作的评估制度，并把德育工作作为评价一个地区、一所学校教育教学工作的重要内容。中共中央提出了《关于加强和改进大学德育工作的若干意见》，召开了大学德育工作会议，提出，面对新形势情况，大学德育工作必须在内容、形式、方法、手段、机制等方面努力进行创新和改进，特别要在增强时代感，加强针对性、实效性、主动性上下功夫。《公民道德建设实施纲要》对开展公民道德建设的指导思想、基本原则、基本内容与途径进行了规定。

二是为高校德育教育实效性评价提供了具体规划及指导。教育部《普通

高等学校教育评价暂行规定》明确把大学德育教育工作列入评价指标。国家教委颁发了《中国普通高等学校思想政治教育大纲》，指出大学德育教育工作是国家对高等学校思想政治教育工作与大学生思想、政治、品德素质要求的具体体现，从而成为各级行政部门对高校思想政治教育实行科学管理与检查评价的重要依据。中共中央、国务院《关于进一步加强和改进大学生思想政治教育的意见》对高校思想政治教育的战略任务、指导思想和基本原则、主要任务、课堂教学、主导作用、有效途径、党团组织作用、队伍建设、社会环境、加强领导等方面提出了要求，是当前大学生德育教育评价的最重要的指导性文件。大学德育理论课是对大学生进行大学德育教育的主渠道，对大学德育教育实效性进行评价，首先要对大学德育理论课教学效果进行科学衡量。中共中央宣传部、教育部《关于进一步加强和改进高等学校大学德育理论课的意见》进一步明确指出：面对新变化和新情况，大学德育理论课教育教学还存在亟待解决的问题。例如，学科建设基础比较薄弱，课程内容重复，教材质量参差不齐，教学方式方法比较单一，教学的针对性、实效性不强。教师队伍数量不足，素质有待提高，优秀中青年学术带头人缺乏。一些学校不同程度地存在着对大学德育理论课重视不够、管理不到位的情况。新形势下，各级党委、政府和高校要高度重视，切实采取有效措施，把大学德育理论课教学提高到一个新的水平。大学德育教育实效性评价，必须认真研究党和国家关于大学生大学德育教育的相关制度或政策文件精神及其在大学德育教育工作中的执行情况，只有这样，才能保证大学德育教育评价的正确方向，使评价得出正确的结论。

二、大学德育教育实效性评价指标应体现教育效果的合目的性

大学德育教育是为一定阶级、政党和集团服务的教育活动，它具有很强的政治性和意识形态性，在"依靠什么，坚持什么，反对什么"的问题上，旗帜鲜明，观点明确。在大学德育教育实效性评价中要准确反映大学德育教育的合目的性，具体说，就是在评价大学德育教育实效性时，既要考察大学德育教育的"社会需要满足性"，考量其是否满足社会对培养、塑造人才的需要，满足社会政治、经济、文化发展的需要；也要考察大学德育教育的

"个体需要满足性"，考量其是否促进了大学生的成长成才。

（一）以大学德育教育是否满足社会进步需要来判断教育效果的合目的性

大学德育教育是一项社会性和政治性很强的社会教育活动，在大学德育教育评价过程中，它将引导大学德育教育活动朝着社会需要的方向发展，以实现其社会性价值。第一，是否有利于维护党的路线方针政策，巩固党的执政地位。大学德育教育的功能就表现在宣传执政党的路线、方针和政策，通过对社会成员进行大学德育教育，使党的执政理念转化为社会成员的思想认识。第二，是否有利于增强社会凝聚力，促进社会和谐发展。一个社会是否稳定和谐，很大程度上取决于全体社会成员的思想道德素质，而大学德育教育的功能就体现为通过广泛开展社会公德、职业道德、家庭美德教育实践活动，不断提高人们的思想道德水平，努力形成良好的社会风气，进而在全社会树立起共同理想和精神支柱，增强社会凝聚力。第三，是否有利于全体社会成员统一思想认识，维护和传播统治阶级的意识形态。这是评价大学德育教育功能发挥效果的重要准则之一。

（二）以大学德育教育是否满足大学生个体发展需要来评价教育效果的合目的性

大学德育教育的对象是大学生，由此，教育实效性评价本质上是对大学生需要满足程度的反映，衡量的根本标准应该看是否坚持了以学生为本，是否促进了大学生的大学德育素质的全面发展。这不仅体现了大学德育教育的主体性特点，体现了大学德育教育"以人为本"的特点，而且它还是调节大学德育教育内容、方式、途径的基本准则。大学德育教育效果发挥如何，在很大程度上要通过它在促进大学生全面发展和满足大学生需要方面所取得的成果来衡量。科学有效的大学德育教育能提高大学生的思想素质、政治素质、道德素质、心理素质、法纪素质，达到实现个体全面发展的目的。

三、大学德育教育实效性评价指标应体现教育目标的层次性

受教育者思想的层次性是大学德育教育必须尊重的一种客观事实。大学

生是一个特殊的群体，由于家庭条件、环境影响、个性特点和兴趣爱好不同，他们的大学德育素质结构是有层次的，思想变化是阶段性的，不同的层次和阶段有其不同的特点。一些大学德育教育之所以缺乏活力，一个很重要的原因就是大学德育教育实效性评价指标没有很好地体现这种层次性，忽视其教育对象——大学生存在年龄、心理、接受能力的差异等，对大学德育教育实效性评价目标上的要求过高，标准过于统一，存在"一刀切"的问题，导致大学生或者因教育目标高不可攀而丧失自我提高和发展的勇气，或者因既定目标不能实现而陷入无所适从的迷茫和困惑。所以，大学德育教育实效性评价应注重教育目标的层次性，坚持先进性和广泛性的统一，引导大学德育教育从学生实际出发，因人而异，因材施教，使其与大学生的大学德育发展水平相适应。

中共中央《关于社会主义精神文明建设指导方针的决议》提出了思想道德建设必须坚持先进性和广泛性相统一的基本方针，明确要求既要避免把道德要求无限拔高的现象，也要防止高标准被低标准所同化、先进性被广泛性所淹没的现象。《公民道德建设实施纲要》再一次强调提出"坚持把先进性要求与广泛性要求结合起来"作为公民道德建设的战略方针，强调思想道德建设要区分层次，着眼多数，鼓励先进，循序渐进。大学德育教育评价应遵循上述要求，从大学生的不同思想状况出发，从大学生不同的认识和接受能力出发，把对先进分子的先进性目标要求与对不同层次学生的广泛性要求这两个方面结合起来。大学德育教育评价中如果只讲先进性，不讲广泛性，对大学德育教育目标盲目拔高，就会造成"假、大、空"问题，使大学德育教育失去应有的吸引力。而如果只讲广泛性，不讲先进性，就会使大学德育教育实效性评价最终丧失其指导作用。因此，大学德育教育实效性评价必须体现教育目标的层次性，为学生设置适合其发展水平，并且能激发其不断向高层次目标前进的教育目标。具体应明确两个方面：

第一，根据大学生个体对象的不同成长阶段，提出不同的教育目标和要求，由低到高，层层推进，步步深入。大学德育教育不能一蹴而就，要反复进行。对每个个体来说，大学德育教育实效性评价要根据思想教育的目的和要求，从学生个体现有的思想实际出发，以思想活动发展的内在规律为依据，设置长远目标、中期目标和近期目标，主要目标和次要目标，必须达到的目标和希望达到的目标，并很好地把它们结合起来，从而不断提升学生的需求度和思想境界。大学德育教育的实践一再证明，根据对象不同的成长阶段，提出相应的教育目标和要求，是加强大学德育教育针对性、实效性和主动性的根本途径和主要方法。

第二，对大学生群体而言，面对各具特色的大学生，大学德育教育实效性评价既要鼓励先进，又要照顾学生中的多数。人的发展总是从各自不同的起始水平逐级上升的，绝不可能全体齐步并行。主体需要的多层次性，决定了大学德育教育评价不能用一个标准来要求所有的学生。如对于学生党员、入党积极分子来说，应要求他们坚定不移地信仰和践行马克思主义价值观，具有坚定的马克思主义理论信仰、追求共产主义的远大理想；在平时的生活工作中，要求他们在个人利益与集体利益发生矛盾时，要以个人利益服从集体利益。对于大多数普通学生来说，要求他们坚持党的路线、方针、政策，树立社会主义荣辱观，引导他们做合格的好公民；要求他们在日常生活中做到个人利益和集体利益兼顾。而对那些思想素质相对比较低的同学，大学德育教育只要求他们了解党的路线、方针、政策，引导他们做守法的公民。当然，这种层次化目标绝不是说大学德育教育实效性评价要一味地去适应后进学生的需求，也不是让每个人停留在原有层次上不求进取；相反，是为了促进不同层次的学生在原有层次上不断提高，提高大学德育教育的有效性。由于不同学校学生实际情况的差异和大学德育教育时代侧重点的变动性特点，因而不同的大学德育教育评价操作者对目标层次可以做不同的设计，它是可变的、与时俱进的。但不管如何变化，对于大学德育教育评价来说，都应按照大学德育教育总体目标和学生成长规律，在考虑全面性、连续性、上升性等一般特点的基础上，突出阶段性、侧重性和易操作性等特点。

四、大学德育教育实效性评价指标应体现教育评估的全面性

全面、系统的大学生大学德育教育工作评价指标不仅有助于帮助受评者进行自我检查，推动其进一步改进大学德育教育内容和方法，增强工作的主动性、预见性，而且有助于对大学德育教育做出正确的评价结论。大学德育工作实效性评价指标应涵盖大学德育工作的所有环节，每个环节都有相应的

评价内容。

（一）对教育者进行评价

教育者在整个大学德育教育中始终起主导作用。对教育者做出正确评价是提高教育者的素质、改进大学德育教育工作的重要环节。对教育者的评价主要包括三个方面。第一，对教育者的队伍进行评价。主要是对教育者在一定时期内的政治素质、思想素质、道德素质和心理素质以及人员数量和结构做出正确评价，并在评价的基础上提出提高教育者素质的意见。第二，对教学状况进行评价。包括课程设置、教材使用、教案准备、多媒体教学资源使用、教学方法等情况的评价，以及学生对授课的反馈情况等。第三，对学生管理工作进行评价。包括党团组织建设、学生社团管理、学生日常管理、就业指导、贫困生资助情况等方面进行评价。

（二）对领导者和职能部门的评价

领导部门统管一个单位、一个地区大学德育教育工作全局，对大学德育教育负有重大决策和指导责任，因此，对领导部门的评价也是大学德育教育实效性评价的重要方面。对大学德育教育工作部门的评价，主要是对影响全局的指导思想、管理制度和人员素质进行评价。如对大学德育工作社会地位和作用的认识，大学德育工作的总体规划及其具体落实方案，机构设置是否合理，是否建立了一支业务精湛的队伍，大学德育教育工作及管理的有关制度和规定是否科学与合理，大学德育教育的基本理论研究和调查研究是否经常开展，载体建设、技术设备、资金投入是否到位，等等。

（三）对受教育者的思想状况进行评价

对受教育者评价是整个大学德育教育评价的中心环节，是大学德育教育的起点和归宿，要通过调查研究、现状分析、基本评价来制定相应的措施，以便提高大学德育教育实效性评价的针对性。在操作过程中，评价者要对受教育者的原有思想状况进行评析，在此基础上，把受教育者经过大学德育教育后的思想状况与原来的思想状况相比较，评析其所产生的变化状况。不仅要对政治、思想、道德、法制等诸因素进行综合评价，而且要从知、情、意、行等各个层面对各种因素进行综合判断。其中，政治素质指标包括对社会主义、共产主义理想信念的认知、认同与树立，对党和国家路线、方针、政策的认知、认同与贯彻，对政治行为能力的体现。道德素质指标主要包括对集体主义、职业道德、社会公德和家庭美德的认知、认同与践行，日常道德行为表现、参加公益捐款及其他公益活动人数比例。思想素质评价主要包括对理想信念、爱国主义、人生观、价值观等方面的评价。法律素质指标主要是衡量法纪意识、遵纪守法情况。大学德育工作评价的内容和范围是非常广泛的，在实践中不可能每次评价都做到如此全面，可以根据需要独立地对某一方面或几方面进行评价。但不能每次都是同一个或几个方面，应在一段时间内分别对不同的几方面进行独立的评价，最后形成一个总评价。总之，只有全面评价才能做到客观、公正。

（四）对大学德育教育途径、形式和方法的评价

大学德育教育的途径、形式和方法始终是大学德育教育过程的关键要素，直接关系到大学德育教育实践的效果。因此，对大学德育教育途径、形式和方法的评价也是大学德育教育评价指标的重要方面。新时期新阶段，面对新形势和大学德育教育的新特点，要不断地探索出新形式、新方法，才能适应社会发展，取得好的教育效果，因此评价中要注意评价其"创造性"，分析评价大学德育教育是否生动活泼、丰富多样，是否把思想性、教育性和知识性很好地结合起来，是否对受教育者具有较强的吸引力、说服力和感召力。主要可对校园文化活动、网络文化教育、社会实践活动等具体活动进行评价。大学德育教育工作是一个系统工程，涉及方方面面。由此，大学德育教育评价体系是由能够反映大学德育教育效果的各个指标构成的整体结构。新形势下，大学德育教育实效性评价必须坚持与时俱进，从大学德育教育实际和大学生思想道德状况出发，遵循科学的原则，选择适当的标准，制定出一整套能客观、准确地反映大学德育教育效果的指标，构筑起科学的指标体系，从而切实增强大学德育教育的实效性。

第三章

周秦伦理文化与高校德育教育

第一节 "和而不同"的含义及对大学生德育的影响

"和"是我国周秦时期形成的一个极有价值、极具特色的哲学和文化概念。"和而不同"则是非常重要的价值取向和伦理原则。

老子说:"道生一,一生二,二生三,三生万物。"万物的丰富性、多样性、差异性是人必须面对的现实。不论普通人还是哲学家,都要思考人在自己的生存发展中如何与自然、社会及他人共生共处的问题。在人类历史上,常见的有两种态度:一种态度是只顾自己发展,不尊重自然、社会、他人,不允许多样性、差异性的存在,要么消灭异类,要么把异类变成和自己一样的同类。这就是人们常说的独断专行,顺我者昌、逆我者亡,但这样做的结果是自己也灭亡了。另一种态度是在自己发展的同时也充分尊重自然、社会、他人的生存发展权,尊重多样性、差异性,以宽容的心态寻求与万物共生共处、共同发展之路。这就叫天地人和,其结果是自己能得到持久稳定的发展。哲人总结了长期以来人类与万物共生共处的经验教训,得出的结论是"和"比"同"要好,要"和而不同"。

人类的精神文化是一条历史长河,虽然有变化、更新,但前后连续,绵延不断。其中许多优秀的东西会超越时空,表现出惊人的生命力,给后人以永恒的启示。周秦时期产生的"和而不同"思想就是一例。

事物的多样性决定了相互间的共生关系。人是群体性生存的社会动物,不仅要处理好与自然万物的关系,还要处理好人与人的关系。凡是有人群的地方，都存在人与人是否和谐相处的问题，所以，"和而不同"对我们今天的社会仍有指导意义。实际上，由于人与人之间、群体之间、民族或国家之间的竞争、矛盾、冲突往往难以避免，如何协调关系，创造一个共同发展的良好秩序和环境，就成了人类社会始终追求的目标。可以说，是不和的现实问题产生了对"和"的需要。

一、承认、尊重和维护多样性

现代社会的发展趋势是对人的权利、人格、个性越来越重视。1948 年 12 月 10 日，联合国大会通过的《世界人权宣言》① 强调："人人生而自由"，"人人有思想、良心和宗教自由的权利"，"人人有权享有主张和发表意见的自由"，"每个人作为社会的一员，有权享受社会保障，并有权享受他的个人尊严和人格的自由发展所必需的经济、社会和文化方面各种权利的实现"，"教育的目的在于充分发展人的个性并加强对人权和基本自由的尊重"。

科学家已经证明了生物多样性对维护生态平衡和生物的持续发展有着极其重要的意义。同样，人类社会的持续健康发展也基于每个人的自由发展和文化的多样性。尊重人的自由，就意味着尊重与你不同的个性、生活方式、思想观念、兴趣爱好等，也就是"和而不同"，尊重多样性。人们常用"个性化时代""多元化时代"来概括当今社会的特点。其实社会越发达，越先进，也要求人们有更高的民主、自由、人权意识，更宽容地面对多样化的世界，学会与各种不同的人相处。如果你不容忍多样性和差异性，不能以宽容、平和的心态待人接物，排斥一切与你不同的东西，那就会变得孤立、自闭，很难健康地生存下去。

二、在相互依存和矛盾斗争中求发展

人类和生物进化的历史中，相互依存和生存竞争是缺一不可的两个方面。但生存竞争这一面常常被夸大了。尤其是达尔文进化论产生以后，引发了以

---

① 《世界人权宣言》是人权史上具有里程碑意义的文件。它由来自世界各个地区不同法律和文化背景的代表起草，于 1948 年 12 月 10 日在巴黎召开的大会会议上以第 217A（Ⅲ）号决议通过。

斯宾塞为代表的社会达尔文主义。他们把生存竞争当作推动社会发展的唯一动力，把弱肉强食视为正当行为，结果酿成了一系列灭绝人性的灾难，以希特勒消灭犹太民族的暴行最为触目惊心。"和而不同"的观念告诉我们，一方面，不要把人与人、人与自然关系中竞争绝对化，不要你死我活，不择手段。竞争要遵循一定的规则，要适度，不能搞恶性竞争。现代市场经济的发展一再证明，恶性竞争的结果是两败俱伤。竞争要用正当的方式。德国和日本在二战中想以武力征服世界，用战争来扩大生存空间，结果以失败告终。二战结束后他们总结教训，通过发展科技来增强经济实力，用和平的贸易竞争方式把产品、技术和资本推向世界，取得了很大的生存空间。另一方面，对弱势群体，对比较落后的国家、民族、地区要扶持帮助，让他们也能得到发展，不断改善生存条件，提高生活质量。"和而不同"蕴涵着共同发展的思想，在多样性、差异性存在的前提下，各种事物、各个民族、各个国家、各个人相互尊重、共同发展。不管是相反相成还是相辅相成，最终目的是万物共生、繁荣兴旺。

三、人与自然和谐相处

儒家讲天人合一、天人相通，老子讲"道法自然"，庄子讲"天地与我并生，万物与我为一"，这些都表达了天人和谐的思想，在今天特别具有警示意义。自然是人类的家园，人和自然相依为命。但在近代工业革命以来，人类陷入一个误区，以为自然只是人的生活资料和财富的来源，是人改造和掠夺的对象，只有对自然尽可能地榨取，才会使人的日子富裕幸福。于是，人们开始疯狂地毁林开荒，挖掘矿产，破坏生态，污染水源和空气，导致生态恶化，人的生存遇到严重危机。这种竭泽而渔的行为，最终会使人类失去家园。现代人通过一系列自然的变异和灾害才意识到尊重自然、与自然和谐相处的必要性。今天我们强调人与自然的和谐关系，并非反对开发自然资源，而是主张适度开发，让自然界保持物种的多样性和生态平衡，对人类开发造成的缺损能自我修复。简单说，就是人类要生存发展，也应该让自然万物能生存发展。为了人的生存，或者满足人奢侈享受的欲望，无限制地挤压其他生物的生存空间，甚至不惜将一些物种斩尽杀绝，是极不道德的行为。在地球的整个自然生态系统中，人类只是一个组成部分，是生物链条中的一环。如果形成人类一家独大的局面，就会使生态失衡，人与自然不能和谐相处。最坏的结果，人如同癌细胞一样疯狂扩张，摧毁了人体生命，也使自己因失去寄居地和人体一起死亡。人类如果不想成为地球的癌细胞，那就要学会与自然做朋友，尊重自然，爱护自然。

第二节 "厚德载物"的含义及对大学生德育的影响

"厚德载物"语出《周易·象传》① "地势坤，君子以厚德载物"。意思是说大地的形象，就是坤卦的象征。大地以丰富的养料滋养万物，以博大的空间包容万物，以深厚的基础承载万物。有道德的人应该效法大地，胸怀宽广、无所不容，诚实谦虚、智慧善良，以自己的宽厚美德肩负天下大任，成就盛德大业。

从国家伦理来说，无论是诸侯之国，卿大夫之家，其存在的合法性基础是"明德"，这是国家之所以为国家的合法性之源。从个人伦理来说，君子安身立命的根据是"盛德"，只有具备"盛德"，才能成就"大业"，这是人之所以为人的人性之源。特别是"盛德"之人，通过努力创业、敬业、合作，为天下人带来恩惠幸福，从而实现人之所以为人的至善价值，乃是显现一个大写的"人"——君子之所以为君子的本质规定。所以，"厚德载物"是中华民族伦理的重要内容之一，是中华民族精神的重要特征之一，是中国哲学价值观的核心内容之一。

"厚德载物"的伦理价值观具有重要的现代意义。在中华民族科学理性日益昌明、经济发展日益繁荣的关键时刻，要作为大国而崛起，如果没有伦理价值观的强力支撑，发展是不能长久、不能广大的。所以，"厚德载物"这个古老的伦理价值观不能在中华文化的血脉中流失，中华文化复兴，须臾不可离开天下之所以为天下、国家之所以为国家、人之所以为人的文化根基——"厚德载物"伦理价值观。

---

① 《周易·象传》分《大象》《小象》，后人为了方便编辑在一起。

"厚德载物"伦理价值观标志着周秦时代中华民族主体道德意识觉悟，标志着周秦时代中华民族崇高的使命意识和崇高的理想信念。"厚德载物"伦理价值观贯穿于周秦汉唐以来中华历史的进程，这种伦理价值观依然具有重大现实意义。

一、"厚德载物"伦理价值观的入市意义

从主体意识来说，"厚德载物"伦理价值观是中华民族之所以成为中华民族，中国人之所以成为中国人，而区别于他族他人的文化标记。

（1）就经济活动而言，"厚德载物"就是坚持以民为本的价值观。在现代社会中，生产过程是产品和服务的产生，而产品和服务的生产的目的是为了人。把"民生"放在第一位，称为"义"，而把"利润"放在第一位，称为"利"。"厚德载物"以人为本的价值观就是"重义轻利"。就企业而言，企业的使命就是将顾客价值放在第一位，其次是员工的价值，然后考虑股东以及其他相关者的利润，将"利润"看作是为顾客提供了产品和服务的一种回报而已。

（2）就政治活动而言，"厚德载物"就是坚持立党为公、执政为民的价值观。社会主义民主政治的建设，涉及全体社会成员的根本性、全局性问题，如管理社会公共事务、维护社会秩序协调、保护生存空间安全、开展对外交往、防止外来侵略。所有这些活动的目的，都是要将人民的价值放在第一位，取得民心。立党为公，执政为民，这是政治合法性的基础。

（3）就文化活动而言，"厚德载物"就是把人的自由和全面发展作为根本目的。"厚德载物"伦理价值观在文化活动上，要求在价值理性与工具理性的选择上，把价值理性放在第一位，不是把人当作工具，而是把人当作目的。欣赏美妙音乐的耳朵，欣赏美术作品的眼睛，追求至善的心灵，追求真理的信念，都与文化熏陶和教育有密切关系。"厚德载物"就要使人在对艺术的审美上、德行的完善上和真理的信仰上具有较高的追求，唤起人的主体能动性。具备修身、齐家、治国、平天下的人文素质，使人得到自由与全面的发展。

二、"厚德载物"伦理价值观的人生使命意义

"厚德载物"伦理价值观追求"盛德大业"或"崇德广业"。这是一种崇高的人生使命意识，这一人生使命意识具有现代意义。

第一，"厚德载物"伦理价值观要求成就"盛德大业"，将人引向崇高的敬业精神。追求德行的长久，事业的壮大，这是一种敬业精神的世界观。就主体方面说，有盛德就能凝聚人心，团结各种力量，使事业长久；就客体方面说，事业能取得成功，就能激励人不断前进，把事业发展壮大。在"盛德大业"的思想中，不是德业分离的，也不是重德轻业，而是德与业的相辅相成，相互统一。"德"通过"业"而体现，"业"通过"德"而成全，两者不可分离。离开了"业"的"德"是空洞的道德说教；离开了"德"的"业"可能利己害人，甚至害人害己。只有"盛德"与"大业"、"崇德"与"广业"的统一，才能"以德配天"，实现崇高的人生使命。

第二，"厚德载物"伦理价值观要求成就"盛德大业"，将人引向勇于开拓创新的精神。开拓创新是中华民族几千年的古训，是中华民族精神的灵魂，也是中华民族得以发展的动力。因为世界就是一个变化之流，就是一个新陈代谢的过程。开拓创新精神就是与时俱进，适应世界上各种事物的演变过程，永不进行"创造性破坏"，创造出新的东西来。开拓创新精神从其思维形态上说，超越常人的意志与判断，捕捉各种成功的潜在机会；超越常人的感觉与情感，发现潜在的价值与利益，把生产力和资源的产出从较低的领域转移到较高的领域去。

第三，"厚德载物"伦理价值观要求成就盛德大业将人引向群体合作精神在上古社会，人类的合作是在"九族"的范围之内，也就是氏族之间的协作；在中古社会，人类的合作是在五伦范围之内，即父子有亲、君臣有义、长幼有序、夫妇有别、朋友有信；而在现代社会，人类的合作则超越家庭民族的限制，进入世界市场和全球化范围，人们打破了人的依赖以及对共同体的依赖，在物的中介即商品、货币、资本的基础上，通过血缘、地缘、业缘、物缘、神缘开展广泛的联系，这就需要一种兼容并包的合作精神，扩展自己的生存空间。

三、"厚德载物"对于克服现代社会异化的意义

"厚德载物"伦理价值观要求像大地那样滋养万物，养育人类，承载万物，容纳人类。它要求在社会生活中将人的生存和发展作为根本价值，反对将人创造出来的知识体系、物质财富或权力体系作为统治人、控制人、残害他人的工具。因此，"厚德载物"伦理价值观对于克服现代社会的科技异化、经济异化以及权力异化等造成的矛盾冲突，对于构建和谐社会、和谐世界，具有重要意义。

第一，克服现代科学技术的异化，以"厚德载物"精神造福人类。

现代科学技术已发展到了原子能时代，科学技术给人类带来了认识自然、改造自然的伟大工具，科学技术已成为现代社会的第一生产力。可是，如果缺失了"厚德载物"的价值理性，那么，科技的非人性化使用则带给人类的是巨大灾难。例如，成立于1932年的日军731部队，在中国哈尔滨建立了世界战争史上最大的细菌战试验基地，该部队利用健康人体进行鼠疫、伤寒、赤痢、炭疽、结核、梅毒等生物菌的研究实验，至1945年日本战败投降时，有数千名中国军民以及朝鲜等国家的反法西斯人士被残害。在德国，纳粹的疯狂屠杀也利用了科学技术。一位集中营的生还者讲到他当年看到的情景：毒气室由学有专长的工程师建造，儿童被学识渊博的医生毒死，妇女和儿童被受过高中或大学教育的人们枪杀。这位生还者疑惑，科学究竟是为了什么？教育究竟是为了什么？20世纪60年代，美军在越南进行生态灭绝战争，1961～1971年美军用运输机进行了两万多次喷洒落叶剂的喷药飞行，造成植物、动物死亡，妇女死胎和缺陷胎儿增加。历次海湾战争造成的生态灾难更是让人触目惊心。在1991年初爆发的海湾战争中，破坏最大的是油田。科威特当时有1080口油井，大约有950口在战争中遭到破坏，其中600多口被点燃，每天烧掉大约600万桶石油，价值1.2亿美元。这场石油火灾造成了人类历史上最严重的环境污染，燃烧的油井每月向大气层释放67.5万吨烟灰，里面饱含炭黑微粒、二氧化硫、硝酸、致癌的炷和剧毒的二噁英混合物。人们吸入后感到胸闷、气急，心脏病和呼吸系统疾病急剧增加。一些有毒物质将逐渐进入食物链，导致今后几十年里癌症患者和各种畸形人数量激增。科

学技术的发展，使目前的世界战争机器已堆积了总能量相当于 150 亿吨 TNT 的核武器，也就是说世界 70 多亿人，每人平均有 2 吨待爆炸的烈性炸药。"厚德载物"就是让生命生存，就是关爱生命，人类不能因为科学技术发达而丧失德行，丧失人性，残害生灵，要在具有德行、人性的前提下创造价值。

第二，克服市场经济中的失德行为，以"厚德载物"精神成就"盛德大业"。

在传统社会，依靠暴力、掠夺、欺诈、盗窃等悖理失德手段发财致富的人在世界各地屡见不鲜。在现代社会，经济领域也存在大量机会主义失德行为：制售假冒伪劣产品。如"苏丹红事件"以致癌物质作食品添加剂，"假奶粉事件"致使食用儿童智力发育不良变成"大头娃娃"，"假酒中毒事件"使众多饮用者失明或死亡，等等。上市公司财务造假账，如美国的安然、世界通讯，国内的"银广厦""中科创"等，这些公司为了获利而造假账，最终骗局败露，也给自己造成灭顶之灾。

在现代社会尤其是近一百多年来，文明社会的人们发现了两个巨大的秘密，那就是通过"经济理性"和"经济德行"来实现"财富之路"和"美德之路"的汇合统一，从而创造出一个自由繁荣的新世界。

经济理性是通过和平地利用交换机会，以科技理性为手段、以严密的经济核算为工具，获取最大限度的利润。经济理性的核心是主体理性，它可以调动人的内在占有欲，通过利益机制激发创造财富的热情，但也容易引起人际关系的冷漠无情、紧张对立，引发阶级矛盾和斗争，造成社会政治经济危机。所以，20 世纪中叶以来，理论界、企业界的有识之士试图探寻另一条企业发展的路径，以弥补经济理性的缺陷。

经济德行与经济理性不同，它是以精神利益、声誉收益乃至终极价值的最大化为目标，通过利他和互利来谋求企业共赢共荣，从而获得长远的、广泛的利益。

第三节 "居仁由义"的含义及对大学生德育的影响

现代中国正处在一个社会转型期，需要从传统中汲取营养，需要从传统中寻找精神动力。就孔孟"仁义"思想来说，它以伦理价值为中心，以义务责任为准则，以社会国家为本位，以民本主义为依据，以完美人格为理想，依然可以为我们提供经验和智慧。

自从近代的"西学东渐"之后，学者们多用"体"和"用"这对概念分疏西方文化和中国传统文化的关系。"体"是根本，"用"是功用。基本观点有三：中国传统文化不需要变革；以中国的道德文明、礼乐文化为"体"，以西方的科学技术为"用"；"全盘西化"，否定中国一切传统文化，用西方文化取代中国传统文化。第一种和第三种观点在社会实践中是失败的，在学术研究中遭到普遍的批判。第二种观点的情况则比较复杂，不少人对它还抱有希望，试图对它做出新的阐释。其实，第二种观点提法本身就存在问题，因为"体"和"用"是不可分的，是一体的、无间的，就像一个人的精神与行为不可分割一样。

传统文化的承继体现在人的身上。今天我们国家正在构建和谐社会，在传统的民本思想的基础上提出"以人为本"，以实现人的全面发展为目标。从人民群众的根本利益出发谋发展、促发展，不断满足人民群众日益增长的物质文化需要，切实保障人民群众的经济、政治和文化权益，让发展的成果惠及全体人民。对经营者或管理者来说，以人为本是指一种领导方式或理念。同时，以人为本还指出了人是发展的根本动力，人的全面发展要求尊重人、理解人、关心人，实现人与自然、人与社会、人与人之间关系的总体性和谐发展。从人本的角度出发来看，"仁义"的思想至少有三种意义。

一、引导我们具有爱心

我们处在这个世界上，应该用什么样的态度去生存，不应该是仇视、怨恨、焦虑或者颓废，爱是我们最适宜的答案。它使我们能够立足于生活之中，热爱一切，注意一切，明察一切。而没有爱心的人，往往总是什么都不在乎，什么都不想理解，什么都不想做。爱心使我们在遇到困难和挫折时看到希望，充满理想和勇气，走过艰难和坎坷，实现自己的人生目标。孔孟的"仁义"思想对爱所进行的详细分析能加深我们的认识，给我们以人生的启迪。

二、引导我们具有责任感

爱不是索取，爱是关心、尊敬、了解和责任，对父母、家庭、社会、国家都是如此，人类社会就是以这种责任为纽带连接在一起的。责任意味着义务，意味着付出，意味着担当。责任使我们从幻想中摆脱出来，使我们变得成熟起来，理性地对待社会和人生，并勇敢地面对应该承担的重任。

三、引导我们具有道德感

现代社会是法治社会，这是人们共同的认识。但是人类社会是复杂的、多元的，法律并不能解决一切问题，普适的道德观念依然是我们社会生活中不可或缺的内容，法律和道德规范就像车之两轮一样不可偏废。我们需要正视道德规范，认识道德观念，认同社会伦理，约束自己的行为，主动融入社会之中，努力使自己成为一个像孔孟所说的那样有道德的人，一个人格完善的人。一个有道德的人才是有智慧的人。

第四节 "孝悌为本"的含义及对大学生德育的影响

孝悌为本源于原始的血亲之爱，至西周而成为一种正式的人伦规范和礼仪制度。由于它不仅涉及家庭伦理，而且与社会伦理有密切的关系，所以具有超越时空的特殊性，古往今来，中国文化圈内，孝悌受到了特别的重视。孝悌文化已作为一种民族道德观念和文化心理深深地积淀在中国人民的心中。在建设社会主义新道德的今天，我们必须汲取传统孝悌文化的精华，树立一种尊老爱亲、长幼有序、家庭美满、社会和谐的社会主义新风尚。

一、能培养人的感恩意识

（一）心怀感恩

感恩，是社会上每个人都应具有的基本道德准则，是做人的起码修养。一代一代的人们也正是从上代而来的血缘关系中，将这种源自人性的真爱与善美发挥到极致，并推及宗族、群我，传承了代代的伦理之爱，和谐了社会生活秩序。说它陌生，是因为曾几何时，我们不时在媒体上看到一些知恩不报，甚至忘恩负义的事例，屡屡刺痛我们的心。当下社会正处在一个从传统向现代转型的历史时期，我们需要建构新的价值观念和生活方式，但是同时我们也需要铭记一些经典的伦理规则和情感，比如感恩。然而，处在社会转型期，一些人的感恩意识在逐渐淡化，金钱和利益的权衡代替了人与人之间的真情相助和亲情关爱。

人的一生中，小而言之，从小时候起，就领受了父母的养育之恩，等到上学，有老师的教育之恩，工作以后，又有领导、同事的关怀、帮助之恩，年纪大了之后，又免不了要接受晚辈的赡养、照顾之恩；大而言之，作为单个的社会成员，我们都生活在一个多层次的社会大环境之中，都首先从这个大环境里获得了一定的生存条件和发展机会，也就是说，社会这个大环境是有恩于我们每个人的。感恩，说明一个人对自己与他人和社会的关系有着正确的认识；报恩，则是在这种正确认识之下产生的一种责任感。没有社会成员的感恩和报恩。很难想象一个社会能够正常发展下去。

一位哲人说过，世界上最大的悲剧或不幸，就是一个人大言不惭地说没有人给我任何东西。感恩的关键在于回报意识。对于社会的恩惠，有些人麻木不仁、浑然不知或者视而不见，甚至因为自身困厄的处境而对社会心生无端的仇恨。他们不知道，感恩并不是单向度的付出。感恩，让我们在施予的同时分享了生命的阳光和感动，领略了幸福的真谛，亲吻着灵魂的芳香。其实，感恩也是对自我灵魂的一种救赎。

因此，人人都要懂得感恩，善于感恩，感恩之心无处不在，感恩之情不可取代。感恩是无言的回报，学会对大自然感恩，就是感悟生命，理解生活。

感恩父母，就是善待自己的生命。体验感恩，懂得感恩，善于感恩，我们将拥有整个世界！

（二）学会感恩

一个不知道感恩的民族是没有前途的民族。对孩子的感恩教育，是要从小开始的。要让感恩之心如涓涓细流浸润每个孩子纯洁的心田，让他们感激父母生养之恩，感激师长教诲之德，感激友朋关爱之谊，感激生活赐予快乐幸福甚至挫折苦难。

学会感恩，应该是对待他人的一种积极态度。学会感恩，本质上就是对他人给予自己的帮助，做出回报，而不是漠视；学会感恩，是用放大镜去看别人的优点；学会感恩，是温暖的阳光，照到哪里哪里亮；学会感恩，是感情的黏合剂；学会感恩，是为了擦亮蒙尘的心灵而不致麻木；学会感恩，是为了将无以为报的点滴付出永铭于心。只有学会感恩，我们的社会才能更加和谐；只有学会感恩，人与人之间的关系，才能向良好的方向发展。

感恩实践需要我们有意识地去引导。通过家庭、学校的教育，让孩子懂得知恩，实践感恩。现在的孩子都是家庭的中心，他们心中只有自己，没有别人。引导孩子实践感恩，其实就是让他们学会懂得尊重他人，对他人的帮助时时怀有感激之心，让他们学会关心。当子女接受并感谢他人的善行时，才能知道今后自己也应该这样做，家长有责任给子女这种行为上的暗示，让他们从小知道关爱别人、帮助别人。引导子女学会感恩，先要他们学会知恩，理解父母的养育之恩，师长的教诲之恩，朋友的帮助之恩，社会的关爱之恩。同时还要引导、培养孩子的爱心，给他们创造一个爱的氛围，就得给孩子施展爱的机会。让孩子知道每个人都在享受着别人通过付出给自己带来的快乐的生活。

（三）感恩父母

没有父母的惠赐，就没有子女的一切。所以子女首先应感激父母，对父母的孝敬是义不容辞的、天经地义的。而子女对于父母的报恩不仅仅是出于道义上的要求，而且也是父母与儿女之间亲情所自然形成的内在情感的需要。这应当是一种自觉的行为。中国是一个文明古国，自古讲求孝道。孔子曰：

"父母之年，不可不知也。一则以喜，一则以惧。"① 也就是讲，父母的身体健康，儿女应时刻挂念在心。孝，其为人之本也，一个只有懂得感恩父母的人，才能算是一个完整的人。在感恩父母的时刻，第一时间感谢赐予我们生命的父母。我们并不一定要等到自己做了父母，才去理解我们的父母。所有人如果能提早反省，我们在世上能生存，能学习，能谈恋爱，甚至有一点点的快乐，都起源于父母对我们无私的付出，我们才有今天的快乐。所以报父母恩，是做人最基本的要求。

二、能培养人的尊老意识

无论在中国或是其他国家，无论是在过去、现在或是将来，尊老、爱老、助老都是一种美德。

尊敬老人，关爱老人，帮助老人，乃中华民族的传统美德，是先辈传承下来的宝贵的精神财富。在我们源远流长、博大精深的传统文化中，非常重视人伦道德，讲究家庭和睦，这便是我们文化传统中的精华，也是中华民族强大凝聚力与亲和力的具体体现。我国已开始进入人口老龄化阶段。切实保障老年人合法权益，让他们度过幸福、美满、安详、健康的晚年，共享人类社会发展的成果，这是社会文明进步的重要标志。

应该看到，随着社会的转型、竞争的加剧和人际关系的疏离，一些地方孝老风气日益淡薄，养老孝老情况不容乐观。有的家庭子女虽多，老人依然生活困难；有些空巢老人形单影只，寂寞无助。这是我们不能不重视的问题。孝敬老人，基础在养，重点在敬。养是物质上的保障，敬是精神上的慰藉。兼备，才算是真正的孝道。

一个人生于父母，长在家庭，成年后又结婚生育，养育幼儿的同时赡养父母，成为成年人后又需要奉养子女。赡养老人是一种义务，是一种职责。孔子强调"老有所养"② 的理想社会，孟子也主张"老吾老以及人之老"③，体现了人类发展中一种不可推卸的责任。儒家的孝道不仅重视对父母和老人

---

① 出自《论语·里仁》。
② 出自《礼记·大道之行也》。
③ 出自《孟子·梁惠王上》。

的赡养，同时还高度重视对老人的尊重和关怀。我们知道，儒家孝道的积极意义就在于从道德亲情层面给老人以尊重和关怀，老年人需要精神上的关爱，不仅在于他们作为"人"而需要关怀，更在于他们因步入晚年而在心理上有更多的精神渴望。人到老年，既是思想上最成熟的时候，也是心理上最脆弱的时候；既有荣誉感，也容易有自卑感；既有宁静感，也容易有孤独感；既有恋子之情，也容易有厌世之心。在这种情况下，比衣食住行更重要的是精神的慰藉。对此，我们要知老人之心，察老人之意，解老人之惑。目前我们生活在市场经济不断发展、物质生活丰裕的时代，老人们越来越感到孤独、寂寞，越来越感到缺少亲情和天伦之乐。虽然现代社会的养老制度已经或正在建立，但它所强调的只是制度和规则，缺少道德情感方面的关怀，因此儒家这种亲情为基础的道德标准，正是构建现代社会养老制度的最有益的补充。

关爱今天的老人，就是关爱明天的自己。

三、能促使家庭和社会的和谐

在当前时代，国家和谐、社会和谐与家庭和谐密不可分。而家庭和谐与孝悌文化的普及程度亦密不可分。我们应当让更多的青少年受到孝悌的教育与感染，让中华孝悌文化绵绵不断地流传下去，为和谐社会的建设发挥作用。

构建社会主义和谐社会，是个伟大的系统工程，需要人人都做出自己的努力，需要协调社会各个阶层、各个群体的关系和利益，让绝大多数人能够友爱安定、和谐相处。由于人们各自的生活条件、知识结构和文化素养存在着差异，由于存在着不同的利益取向，社会各个阶层、各个群体之间存在着矛盾，家庭之间、长幼之间、老年人与青年人之间也存在着矛盾，正确地解决这些矛盾，是构建社会主义和谐社会面临的重要工作。弘扬孝悌文化的功能和目的之一就是理顺情绪，化解矛盾，调节人际关系，提升人们的思想道德水平，促进家庭与社会的和谐。因为孝悌文化本来就是构建和谐社会的一个基本要素，对构建社会主义和谐社会起着十分重要的作用。

在构建和谐社会的今天，更应强化孝悌文化，让孝悌文化在人文关怀中延伸，形成一种科学的、美好的道德理念，成为对民族、对人民的奉献心和事业上的责任感。大力宣传和建立孝悌文化，继承和发扬我国善待老人、孝敬父母、友爱兄弟的传统美德，不仅是建立和谐家庭的重要元素，而且也是建立和谐社会的重要基础。

首先，要充分认识孝悌文化对于保持家庭与社会和谐的重要性，真正树立起孝悌为先、孝悌为本的理念；要真正形成弘扬孝悌文化，遵守"孝悌"这一家庭美德、社会公德的自觉意识，努力为建设社会主义和谐社会服务。

其次，要充分发挥舆论的教育和导向作用，通过各种渠道，广泛宣传孝悌文化，积极营造良好的社会舆论，使遵守孝悌、崇尚孝悌文化日益深入人心。一方面，充分发挥家庭在弘扬孝悌文化中的作用。家庭具有天然的孝悌教育的资源优势，孝悌文化是每一个家庭得天独厚的精神财富。家庭在弘扬孝悌文化、传播孝悌情感方面的作用和力量是其他渠道所无法比拟的。在家庭中养成了孝悌的良好习惯，有了孝悌的自律性，到社会中就有可能做到关心同事，有可能做到对祖国的忠诚。其目的就在于将孝悌观念由家庭推广到社会，并通过社会教化与社会教育结合，有效地营造一种良好的社会风尚，以推动家庭和谐与社会进步。另一方面，要把"孝悌"的教育纳入学校德育体系，在学校基础教育中开展孝悌文化教育，通过多种教育方式，唤起广大青少年的"孝悌心"。因为孝悌是对一个青少年最基本的道德要求，孝悌友爱的教育是最基础的道德教育。我国古代就有把孝悌列为学校教育重要内容的传统。再者，弘扬和传播孝悌文化，需要全社会的人共同行动起来。孝悌之行，要从点滴做起，从小事做起，从爱护身边的亲人做起；要善于体会人间最为浓厚的情感，让人人都生活在友爱与温馨氛围中。

再次，"五刑之属三千，而罪莫大于不孝"[①]。社会应该对一切不孝不悌之行为进行强烈的谴责，理直气壮地反对。要形成强大的社会舆论，批评和揭露社会上存在的一切不孝不悌之行为。对于构成违法犯罪的，要坚决依法予以惩处。

最后，要与时俱进，不断赋予孝悌文化符合时代要求的新内容、新精神。时代是不断发展的，社会是不断进步的，孝悌文化是随着社会的进步而不断发展的。今天，我们强调家庭中父母子女之间除了血亲关系之外，

---

① 出自《孝经》。

还有在人格上、政治上、法律上平等的关系。作为父母,不仅要教育子女如何尽"孝悌",而且应当注意如何向子女施"慈"。作为儿女,不仅仅要接受父母的"慈",更应当竭力对父母尽孝悌,竭力满足父母物质上、精神上的需求。

弘扬中华民族"孝悌"文化,要继承传统"孝悌"文化的精华,加强对孝悌文化的社会宣传,对全体人民推行"孝悌"文化教育。"孝悌"文化的本质就是上下辈之间、同辈之间相亲相爱、相尊相敬的文化,是社会的最小单位——家庭——承担养老责任的文化。要让"孝悌"文化融入社会主义核心价值体系与和谐文化的建设当中,形成中国社会不同成员之间相亲相爱、相尊相敬的浓厚氛围,促进和谐社会的建设和可持续发展。

第五节 "忠勇报国"的含义及对大学生德育的影响

忠勇报国思想所包含的爱国主义精神是中华民族精神的重要组成部分,是民族凝聚力和向心力的源泉。先秦忠德观念,具有丰富的精神内涵。到了秦汉时期,由于君主专制政体的形成,"忠"作为一般道德原则等内涵逐步淡化,作为政治伦理原则即强调臣下对君主绝对服从,逐步成为主导思想。先秦忠德观念在历史上产生了重要影响,批判地改造中国古代的忠德观念,形成忠于祖国、忠于人民、忠于职守的新道德观念,发扬勇敢进取、坚韧不拔的奋斗精神,对建设社会主义现代化强国具有重要的意义。

一、忠德观念的历史影响

在先秦时期,"忠"被当作一种普遍的伦理规范和道德要求,贯穿于处人、待己、为政的过程中。但自秦汉大一统后,"忠"之伦理的范围被人为地阉割和缩小到"君臣"一伦,"忠"成为"臣事君"的专一政治道德。这一单向的道德要求,随着封建专制制度的成熟和巩固而逐渐纲常化、政治化、绝对化、专一化。那么,"忠"的这一历史文化内涵的嬗变是怎样完成的呢?

如前所述，"忠"之本意从其出现之初就带有"公""私"之别的含义，同时"忠"也指人们对待国家的态度和行为。在传统中国，"公"与"国"是相通的，人们背私向公，无疑就是效力于"国"，同时意味着就是效命于"君"。很显然，"忠"之伦理和忠君有着天然的内在关系，这就决定了其思想内涵演变的方向。所以，中央集权的君主专制一旦确立，由于君主被赋予至高无上的权威，当君权的独断达到极点，"天下之事无小大皆决于上"时，就必然会导致"忠"之伦理向"忠君"的绝对化演变。当然，这种演变是经历了一定过程的。

春秋战国时期，社会动荡，人才流离。人们关心的只是能够为人所用和图谋富贵，并没有明确的忠君和爱国观念。儒家在谈到这一时期的君臣关系时，都强调君臣关系的相互性，而不只是要求臣下忠于君主的片面道德义务。秦汉"大一统"帝国建立后，为适应封建专制统治的需要，董仲舒对韩非子的忠君思想进一步发挥和改造，"忠"的政治化、等级化、专一化大为加强。至唐宋时期，"忠"之伦理的范围不仅严格地局限在"君臣"一伦，而且"愚忠"的成分大大增强，"忠"作为神圣的、不能掺加任何杂念的人道之"大伦"，将臣民完全置于极大皇权的笼罩下，对君主的服从达到情发于衷的地步，奴性精神步步升级，独立人格则逐渐丧失。

明清两朝，专制主义发展到了巅峰，忠君思想的消极意义也与日俱增。"愚忠"的程度发展到极致，"忠"的积极性含义遂被淹没和扼杀。明清之际，一些进步的思想家如黄宗羲、顾炎武、王夫之等，为了阻止"忠"的盲目化、愚昧化，在认可"忠"之本身的道德价值的同时，曾对"忠"的内涵加以改造和重新诠释。他们并不否认忠君的必要性，但明确指出，所"忠"之君必须是为天下人所拥戴的"君"。顾炎武和王夫之还提出了应区分"国"与"天下"以及"一君之私"和"天下大公"的政治观念。他们的鼓吹和宣传，在当时的思想界引起了一定的反响，对抑制"忠"之伦理的绝对化和极端性，以及对"忠"之原始意义的恢复和发展，起了不小的作用。

经过这些进步思想家对"忠"的改造，"忠"之伦理的范畴从狭隘的君臣关系中解放出来，其原始意义逐步复归和发展。传统的"忠"观念开始转换成以理性为基点的"忠"，并在社会生活中发挥积极作用。

二、忠德观念的现代价值

在现代，君臣关系已不复存在。现代人作为公民，已从封建社会绝对皇权的笼罩下解脱出来，政治上主要是与国家发生关系，臣事君的道德责任"忠"也就失去了意义。但是"忠"的原始意义以及关于爱国的含义，都仍然有与当代道德生活相契合的必要。我们对传统"忠"德加以扬弃，再将当代道德要求的新鲜血液注入其中，便可探索和归纳出"忠"的现代意义。

(一)"忠于祖国""忠于人民"是社会公德

这是现代"忠"德的最主要内容。我国宪法规定"爱祖国，爱人民"是每个公民的义务，"爱国守法"是公民道德的重要规范。爱国主义是中华民族的优良传统，忠于祖国是社会主义道德的重要原则；人民是国家的主人，忠于人民是社会主义道德的本质要求。

(二)"忠于党""忠于党的事业"是政治道德

这是社会主义条件下"忠"的全新内容。中国共产党是中国各族人民利益的忠实代表。所以，忠于党，忠于党的事业，不仅仅是全体共产党员的政治准则，也是所有中国公民的政治道德。只有忠于党、忠于党的事业，全国人民才能形成强大的凝聚力，才能万众一心、开拓进取，把我国建设成为富强、民主、文明、和谐的社会主义现代化国家。

(三)"忠于职守""忠于顾客"是职业道德

这是当代中国社会主义道德建设的重要内容。"忠于职守"即敬业精神，指对所从事职业的高度社会责任感和强烈的进取精神，它要求人们一定要诚实劳动、恪尽职守。对于人民教师，其要求是言传身教，为人师表；学而不厌，诲人不倦。在市场经济条件下，"忠于顾客"就是要一切为了顾客着想，热情服务，质量为本，诚实守信，童叟无欺。

(四)"忠于爱情""忠于家庭"是家庭道德

这是在批判地继承传统家庭伦理的基础上，形成和建立起来的社会主义的家庭美德。恩格斯认为爱情是婚姻的基础，"忠于爱情"才能建立和维护稳固的家庭关系，它是对家庭中所有成员的道德约束，以家庭全体成员的相互平等和尊重为基础，其内涵包括夫妻之间的真诚与忠贞，父母对子女的"慈"，子女对父母的"孝"，兄弟姐妹之间的"悌"等。家庭是社会的细胞。家庭生活稳定、美满与幸福，是社会和谐与进步的基础。

（五）"与人忠"或"忠诚待人"是现代社会处理一般人与人关系的道德规范

这里的"忠"要求人与人相处时，都要自觉地承诺一种平等精神和契约精神。所谓平等精神，就是要坚持社会上人际关系平等的原则，尊重他人的人格尊严，尊重他人的同等权力。契约精神是忠德在社会主义市场经济中的重要表现，其内涵是言必信、行必果，绝不能背信失言，出尔反尔；更不能利用虚假承诺谋取私利。"忠诚待人"，尤其要求对待他人和朋友要态度诚恳，与人为善，为人办事要尽心尽力。

第六节 "修身养性"的含义及对大学生德育的影响

凡是人，就都有身心，有性情。身要修，性要养，方能成人、成才、成贤，这是千古不变的定律。周秦伦理文化的内容之一，就是提倡人们修身养性。先秦儒家、道家、墨家、法家都有关于道德修养的思想。这在中国古代一直受到人们的高度重视，可惜现代人热衷于追求身外之物，对于自身心性的关注和修养似乎不大重视。从周秦伦理文化中吸取一些修身养性的思想和方法，有助于我们清醒地面对人生和适应社会。

一、儒家的道德修养论

（一）为仁由己，推己及人

孔子认为，善或不善，仁或不仁，皆由自己主观努力决定。孟子认为，人性中就有善端，只要立志、自信、自强，均可走向圣贤，他明确提出人性本善，人皆有仁、义、礼、智"四端"，"仁义礼智，非由外株我也，我固有之也"。因而，只要自己奋发努力，皆可为尧舜。孟子指责那些主观不努力、不能发展人的善性的人为"自贼者"。他说："有是四端而自谓不能者，自贼者也。"① 有仁、义、礼、智四种善的萌芽而不能达到仁、义、礼、智的道德境界，这是自己伤害自己，自甘堕落，自暴自弃。善性论是道德修养、人性化管理和民主政治的理论基础，但它是人们基于自信、理想和信仰的价值论，而不是基于经验或理性的科学认识。

（二）存心养性，先立其大

存心养性的道德修养方法最早由孟子提出并加以系统论述。存心就是保存住良心而不使其丢失。养性就是养护自己的诚善之性。在某种意义上，存心就是养性，养性也就是存心。存心养性都做好了，就有了成就道德、侍奉上天的基础。尽管人人都有与生俱来的良心，但是由于人们依赖生活的社会环境是复杂的，在各种利益、美色、财货的诱惑下，人很容易丢失良心，做出愧对良心之事，甚至于违法犯罪。儒家一贯倡导正心、诚意、修身、齐家、治国、平天下。孟子认为，人们要守住自己的良心，就要不断抵制外在诱惑，自觉进行道德修养。

（三）正心诚意，自省慎独

"正心"指端正心态、明确志向，"诚意"指不要自己欺骗自己，要使自己见善如好好色、见恶如恶恶臭一样，不可苟且迁就自己隐微的不善。把"诚意"作为"正心"的前提，把"正心"作为"修身"的根本。这一思想在宋明理学特别是朱熹那里备受重视，得到了强调和发挥。

（四）知耻改过，志道寡欲

儒家道德修养论强调自省，也重视改过，提出了知过、思过、补过、改过、闻过则喜等具体修养方法。知耻与自省、改过密切相关，知耻者常能自

---

① 出自《孟子·公孙丑上》。

省，并以自己的不道德言行为耻，更以自己知错不改为耻。

道德与人的羞耻感是密切相连的。无羞耻感，很难辨别善恶，难以有过则改，有过不改则难以德。

二、道家的道德修养论及现代价值

道家思想以老子、庄子为主要代表。老子首倡以道为世界本原的思想，提出"道生一，一生二，二生三，三生万物"①。认为万物产生于道又复归于道，而道是永恒的。老子认为有无、刚柔、强弱、祸福、兴废等都是相互依存、相互转化的，但主张"圣人之道，为而不争"②，在政治、军事上以无为而治、柔弱胜刚强为指导思想。

（一）知足

老子十分推崇知足。他说："祸莫大于不知足，咎莫大于欲得。故知足之常足矣。"③ "是故甚爱必大费，多藏必厚亡。知足不辱，知止不殆，可以长久。"④ 老子提倡"知足"，并不是要人安于现状，不思进取，更不是安贫乐道，放弃一切积极努力，而是要人做事掌握分寸，适可而止，不能贪得无厌地去追逐私利。过于贪心，不知满足，就可能招致灾祸或罪过，这样的事例确实是很多的。所以说，正确地理解"知足"，同正确地理解"进取"是辩证统一的关系，不能把二者对立起来。老子告诉人们，贪图权位名利之心过甚，劳人身心、耗人精气愈多。不义之财积藏得越多，招祸身亡的危险性就越大。只有知道满足，才不会遭辱身之祸；只有适可而止，才不会遭亡身之灾，而可以平安无事，免遭祸殃，寿尽天年。

---

① 出自《道德经》第四十二章，是老子的宇宙生成论。
② 出自《道德经》第八十一章。
③ 出自《道德经》第四十六章。
④ 出自《道德经》第四十四章。

（二）不争

知足才能不争，不争是知足的要求和表现。人们知道，凡是利国利民的事，皆应奋勇向前，不甘居后。老子遵循他的辩证法思想，从反面提出了另一条处世原则——"不敢为天下先"，这是一种"进道若退"的生活原则。从表面上看，有德之人谦退居下，"不敢为天下先"，这是"若退"；从本质上看，"退"是为了"进"，退是进的一种策略和手段。正如军事家打仗，有时需要主动退让一步，目的是为了后发制人，战而胜之。在日常的工作中，过于突出的人，容易遭到他人嫉妒或中伤，这就是"木秀于林，风必摧之"的道理。在老子推崇的美德中，"不争之德"是十分重要的。所谓不争之德，就是指圣人不争功名，不争利禄，不争地位，不争是非，以及不同仇敌争战等。老子认为"上善若水"，这是说，上德之人好像水一样，有利于万物而不争其功。"以其不争，故天下莫能与之争。"

老子认为，"贵柔""知足""不争""若谷"等无为之美德都是人应当努力做到的，为此，就必须调动主体能动性，加强自身修养，形成道德上的主体性品格。

三、法家的道德修养论及现代德育价值

法家是春秋战国时代一个以主张法治为核心的思想学派。这个学派否定了世袭贵族天然传承的等级制度，在政治实践中，奖励耕战，主张以法治国。有人将法家分为齐法家和秦法家。管仲、晏婴是齐法家的代表，商鞅、韩非是秦法家的代表。也有人认为早期法家学派的代表人物来自魏、韩、赵三国，如商鞅来自魏国，申不害来自韩国，慎到来自赵国等，故将法家分为三个学派：即慎到重"势"，申不害重"术"，商鞅重"法"，最后由韩非将这三派的思想集以大成，形成法家思想的核心和代表作，也为建立中央集权的秦朝提供了有效的理论依据。汉朝继承了秦朝的集权体制以及法律体制，这就是我国古代封建社会的政治与法制主体。西汉后期，法家思想被"废黜百家，独尊儒术"后的儒家所吸收，并开始以儒法并用或"儒表法里"的理论治理国家，独立的法家学派逐渐被排斥掉。

这里介绍韩非的道德修养论。韩非对道德修养的论述大致是围绕着人如何趋利避害、转祸为福、遵守法律而不犯错误等问题展开的。归纳起来有三点。

（一）缘道理以从事

韩非认为，事物有其道理，即有其规律和规范。而不犯错误，就必须按照事物的规律和规范去行动。"夫缘道理以从事者，无不能成。无不能成者，大能成天子之势尊，而小易得卿相将军之赏禄。夫弃道理而妄举动者，虽上有天子诸侯之势尊，而下有猗顿、陶朱、卜祝之富，犹失其民人而亡其财资也。众人之轻道理而易妄举动者，不知其祸福之深大而道阔远若是也。"① 这是说，不按事物的规律和规范而行动，轻举妄动，必然带来灾难或损失，从天子到众人都是如此。他接着说："凡失其所欲之路而妄行者之谓迷，迷则不能至于其所欲至也。今众人之不能至于其所欲至，故曰迷。"② 这是说，人想得到富贵而躲避贫贱，但不能达到所追求的目的，那是因为轻举妄动，没有按事物的道理而行动，所以称为"迷"，即迷失道路。"缘道理而从事"的命题，就其认识意义说，是要求人的行动按客观规律办事，即主观应服从客观。就伦理学的意义说，就是要求人们遵守社会的道德和法律规范。

（二）爱其精神

韩非认为，要做到"缘道理而从事"③，精神就必须安静，不能被外物所牵引，即保持清醒的头脑，不失自我，才能权衡轻重，使行动符合规则。他说："空窍者也，神明之户牖也。耳目竭于声色，精神竭于外貌，故中无主，中无主，则祸福虽如丘山，无从识之。"④ 这是说，精神用在追求外物上，心中无主，就不能判断祸福。

（三）不以欲累其心

在韩非看来，人有趋利避害的本性，所以有私心私欲，顺其私心私欲，

---

① ② 出自《韩非子》。

③ 出自《韩非子·解老》。

④ 出自《韩非子·喻老》。

则会做不道德和违法的事情。他说："祸难生于邪心，邪心诱于可欲。可欲之类，进则教良民为奸，退则令善人有祸。奸起则上侵弱君，祸至则民人多伤。"[①] 这是说，欲望产生私心和邪心，一旦有了邪心，那么不是为奸便是遭祸。邪心之所以使人犯罪和遭祸，是由于心思不端正，不按事物的规律和规范而行动。

以上三点，总起来涉及一个中心问题，即欲望与社会规范的关系问题。韩非一方面以好利恶害为人之常情，另一方面又认为维护等级秩序的各种规范为事物之理。公理和私欲在社会生活中经常发生矛盾，其解决方法就是以私欲服从公理，为国家求大功，计大利，这符合法家功利学派的观点。

---

① 出自《韩非子·解老》。

第四章

儒家传统文化与高校德育教育

第一节　儒家传统文化教育思想概述

中国在长期奴隶社会和封建社会中，创造了灿烂的古代文化。清理古代文化的发展过程，剔除封建文化中的糟粕，吸收其民主性的精华，是发展新文化、提高民族自信心的必要条件。中国儒家的传统文化教育思想就是这些灿烂文化遗产的一部分。它深刻地影响了中国封建时代的政治、经济、文化，影响了中国人的心理结构、思维方式和价值观念，它与两千多年的中国奴隶社会和封建社会的发展是紧密相连的。我们只有理清儒家传统文化教育思想的发展脉络，才能真正批判地继承这珍贵的文化遗产，才能更好地了解历史、服务当今。因此，我们要运用历史唯物主义观点清理这份文化遗产，去其糟粕、取其精华。同时，这也是丰富和发展我国传统文化教育和心理学研究的必要条件和重要任务。

一、儒家传统文化教育思想的形成发展

传统文化教育的概念提出较晚，但是其作为一种实践形态，在先秦时期就已经存在了。为了挖掘儒家传统文化教育思想的价值，我们先要了解儒家传统文化教育思想的形成和发展过程。根据儒家文化发展及完善程度，儒家传统文化教育思想的形成和发展大致可以分为三个阶段，即萌芽阶段、形成阶段和发展阶段。

（一）萌芽阶段

主要是远古的三部经典《尚书》《易经》和《诗经》，为儒家传统文化教育思想提供了前提条件。这三部经典都蕴涵着极为丰富的传统文化教育思想。从这三本书中，我们可以体会到中国古代传统文化教育的朴素观念。《尚书》包含的主题思想之一就是"亲民"，提倡"德""善""爱"。在《易经》里同样也包含着丰富的传统文化教育思想。就《易经》本身而言，其中对卦象的注解，包含着直接的传统文化教育内容。《诗经》在这方面虽然没有《尚书》和《易经》丰富，但是作为中国的经典文献之一，也有一些心理学的内涵和传统文化教育思想存在。

（二）形成阶段

形成阶段是在春秋战国时期。在这段时期诸子百家所论述的哲学、伦理学、军事和政治思想与理论之中，包含着深刻的传统文化教育思想。孔孟吸收各家之所长，形成了自己独特的"仁""义""礼""智""信"理论体系。儒家传统文化教育思想主要体现在孔子、孟子和荀子的言论和教育过程中。

《论语》一书包含着极为丰富的传统文化教育思想。例如，孔子创设了一种人格典范——"君子坦荡荡，小人长戚戚"①；在孔子本人身体力行的教育过程中，发挥了极其深远的人格教育和传统文化教育作用。另外，在和学生谈话过程中，也不乏传统文化教育思想。孟子继孔子之后把儒学中的传统文化教育思想进一步发扬光大。孟子以"心"来诠释儒学的真谛。孟子的传统文化教育思想，对宋代的理学和心学都有至深的影响。

（三）发展阶段

在西汉时期，董仲舒提出"罢黜百家，独尊儒术"②的思想，被采纳后，儒家思想就为维护政治统治提供了文化支撑。当然，儒家的传统文化教育思想也就占有一定的地位。董仲舒还主张用礼和义来节制欲望，通过其他方式进行导引，舒缓这种欲望，平衡心理。在唐宋时期，儒家和道家、释家相互

---

① 出自《论语·述而》。
② 出自《董仲舒传》。

借鉴，出现了像程颢、程颐、朱熹这样的思想家。朱熹说过：心里没有任何杂事的时候，心是平静的。当要用心做事情的时候，才有力量去做好事情。只要整理心情、消除思绪，让心里荡然无事，自然就专注于所做的事情。一心做事，但是事情很多，难免分心，但是我们要整理思绪、调整心理，贯彻事情的始终。只有这样才可以应对万件事。这就告诉我们在做事情的时候要及时地调整思绪和心情，消除干扰，让自己的心情变得舒缓和平静，使自己的思维更加敏捷，达到做事情的最好效果。由此可见，这句话蕴涵了关于心理调节的传统文化教育思想，对我们及时调节情绪，具有传统文化教育意义。

二、儒家传统文化教育思想的主要内容

儒家文化是人类智慧的结晶，是传统文化的瑰宝，对于提高现代人的心理素质、增进其心理健康可起到潜移默化的积极作用，包含着丰富而深刻的传统文化教育思想。儒家传统文化教育思想的主要内容包括以下几个方面。

（一）中庸之道——适应心理

儒家文化对国人的影响很深，其中"中庸"思想是儒家文化中心里教育思想的重要组成部分。所谓中庸就是指做事要不偏不倚、平常适度，不要超过一定的限度，否则就会过犹不及、物极必反。中庸之道是封建社会维护稳定和维护人与人之间人际关系的重要精神支柱，会埋没人的创造力、使人失去竞争力；但是中庸思想对提高人的道德观念和身心修养，维护心理平衡具有积极的意义。因此，我们要用辩证的眼光去对待儒家的中庸思想，汲取精华，弃其糟粕。

在中庸思想指导下，儒家的思想家普遍认为，只有人的喜、怒、哀、乐等情感表现适当，按照客观的规律行事，才可以健康，才可以苗壮成长。如果将"中庸"思想具体落实在传统文化教育问题上，就是适应心理。人在生活中往往有两极的情感体验，如悲观与乐观、紧张与松弛、高兴与悲伤等。人的心理尤其是情绪处于这些体验之中，就会出现很大的心理落差，造成心理不平衡和行为异常。所以，中庸强调要保持心理中和，不要过分地偏向一极，以便及时调整心理状态，保证性格的稳定，恢复心理平衡。中庸，用当

代人的思维来解释就是指适当、适度。这是人对待人生的态度，对调节人的生活方式、规范人的道德行为、追求事业的成功都有很大作用。当然，防止偏倚、保持中和态度，对当代人心理平衡更是起着不容忽视的作用。适度自信能够助人走向成功，但是过度自信就会是一种自负，缺乏自信就是自卑。人生道路不是平坦的，是布满荆棘的、曲折的。当我们面对挫折和痛苦的时候，我们要保持良好心态，这是我们进步的源泉；过于痛苦就会使我们丧失斗志，失去前进动力。

现代社会的生活节奏加快，各方面的压力越来越大，越来越多的突发事件使人们措手不及。家庭、事业、生活中不如意的事情冲击着人们疲惫的心灵，造成某些人的心理障碍或者精神失常，甚至有人自杀以求解脱。所以，儒家"中庸"思想日益显露出其在传统文化教育方面的重要性。人们要想在竞争日益激烈的现代社会中立于不败之地，就必须有良好的心理状态，不要"偏倚"，不要"过"，也不要"不及"，要用良好的心态去面对社会生活中的事情，及时调整心理对外界刺激的反应，维持心理平衡，维护心理健康。

（二）和、仁人际心理

"仁爱""和谐"是儒家文化的重要思想。在人际交往中，仁爱、和谐是必不可少的，它是人与人之间了解的基础，也是维护人际关系的基本。

"和"是中国文化的主导意识，主要是强调多元的和谐与协调和对立的消解，是一种人人相和、天人合一的完美境界。追求和谐是中国传统、民族心理和社会生活的重要特征。"仁"是中国儒家学派道德规范的最高原则，是孔子思想体系的理论核心，是一种出自内心的爱人的情感。从心理学角度出发，儒家的和谐与仁爱思想都蕴涵有丰富的传统文化教育思想，对传统文化教育也有一定的意义。

生活就是一个五味瓶，充满了酸甜苦辣。在日常生活中，难免会出现一些摩擦或者不如意的事情。因此，我们要淡泊名利，与同事、朋友建立良好的人际关系，使自己的人际心理达到和谐。要达到人际心理的和谐，首先是自己要有和谐的内心，即内部心理成分与主体行为的协调统一。一个人的内心和谐是拥有和谐的人际关系的基础。在生活中，人的心理要素很难协调统一。我们要引导追求精神上的快乐，使人们的心理能量得到充分释放，以缓解或减轻心理压力。次之是人际关系和谐。人是社会性动物,有和别人交流的欲望,所以就要建立良好的人际关系。现代心理学把人际关系是否和谐作为心理健康的标准之一。"人者,仁也","仁"字由"人"和"二"字组成,即表明与人交往之道是儒家的重要内容。在人际交往的时候,要用对待自己的心去对待别人,爱别人,把爱心推己及人,扩大爱的范围。身心和谐与人际关系和谐是人际心理和谐的基础,只有二者达到和谐状态,才可以保证人际心理的和谐,主动、积极、理性地化解人际关系中的矛盾,使自己和他人的心灵得到安宁和幸福,而且也有利于自己积极融入群体,与他人和睦相处。儒家的和谐思想和仁爱思想是通过内在和谐与外在的修养来达到与人和平共处,营造关心他人,互相宽恕、忍让、谅解的和谐氛围,以改变现代社会中的仁爱精神缺失、情感冷漠和人际关系冷淡的现象。因此,我们要注重内心的和谐与人际关系的和谐,以培养自己在人际交往过程中的心理,提高心理品质,优化心理结构,促进受教育者的全面发展。

(三)志、信、恒意志心理

儒家文化关于意志心理的阐述主要体现在意志、信心和恒心三个方面。

1. 树立远大而崇高的志向

在《论语·为政》中,孔子说:"吾十有五而志于学,三十而立……七十而从心所欲,不逾矩。"这是孔子老年对自己立志于学习的过程的一个总结。同时也可看出立志后的实现志向过程是漫长的,要有恒心和信心,通过不断的努力去实现。我们要立志克服生活、工作和学习中的一切困难,排除各种障碍,实现自己的理想。

2. 树立信心和信念

在《论语·述而》中,孔子说:"我欲仁,斯仁至矣。"这句话充分地表达了他对实行仁德的信心和决心。《论语·泰伯》记载:"笃信好学,守死善道……邦无道,富且贵焉,耻也。"这句话意思是说,要坚定信念并努力学习,誓死守卫并完善治国与为人之道。不进入政局不稳的国家,不居住在动乱的国家。天下有道就出来做官,天下无道就隐居不出。这也体现了信心和信念在实现自己志向过程中的作用。《论语·子罕》记载:"知者不惑,仁者不忧,勇者不惧。"这句话的深层含义是:具有积极的心态和信心的人,面对日常生活中的突发事情的时候，会临危不惧，充分发挥自身的优点，化腐朽为神奇，克服困难与障碍。在孔子看来，在实现志向的过程中一个人只有立志和决心是不够的，还要对自己的志向充满信心，坚定信念。当一个人拥有充分的自信和信心时，才能够做到孔子所说的"当仁不让于师"①，才能成为孔子所说的具有坚定信念的仁人志士。

3. 在实现理想的过程中要有恒心

恒心是意志的一种表现。根据孔子和荀子的观点，要实现自己的志向和目标，就必须持有恒心，而且还把恒心提到了比较高的地位。在《论语·述而》中，孔子说："善人吾不得而见之矣！得见有恒者，斯可矣。"意思是说：没有见到善者，但是见到了有恒心的人这也就满足了。同时，孔子还在《论语·子路》中说："人而无恒，不可以做巫医。"没有恒心的人，就连巫医都做不成，这就说明恒心的必要性和重要性。那么，没有恒心的人，在实现自己的志向或者理想的过程中，就很难坚持到底。由此可见，为了磨炼意志、提升心理耐受力，就必须教导受教育者，一旦决定做某一件事就要下定决心，树立信心，坚定信念，持之以恒，坚持到底。根据目前的教育状况来看，有一部分受教育者的意志力不是很强。所以，我们要借鉴和吸收儒家在意志教育方面的经验，以培养受教育者的心理耐受力和抗挫折能力，提升其心理品质。

（四）内外兼修人格心理

关于人格心理，在中国儒家文化中，是从生成论的角度对人格进行研究的，认为人格不但体现在一个人的品德和行为方面，而且还有一定的传统文化教育意义。其中儒家的理想人格就要求人要注重并加强内在和外在的修养，完成传统文化教育的任务，实现传统文化教育的意义。目前，心理学界一般把人格结构分为两大部分：气质和性格。这与先秦儒家通过内在修养和外在修养两个方面进行传统文化教育具有异曲同工之效。

内在修养方面：孔子在《论语·子路》中说："不得中行而与之，必也狂狷乎？狂者进取，狷者有所不为也。"这是孔子对人的性格所做的分类。

---

① 出自《论语·卫灵公》。

其意思是说我没有找到奉行中庸之道的人和他交往，只能与狂者和狷者交往，狂者敢作敢为，狷者对有些事情是不肯干的。"狂"和"狷"是两种对立的品质。一个是敢于冒进，敢作敢为；一个是流于退缩，不敢作为。孔子认为，中行就是不偏不狂不狷。这是从人的气质、作风和德行方面对内在修养进行阐述。

外在修养方面：外在修养主要体现在行为方面。通过内在的修养达到提升外在修养的目的。《论语·公冶长》记载："今吾于人也，听其言而观其行。"这是孔子告诫自己的学生要注重实际行动，不要只听其言。为了做到躬行践履，孔子要求做事做人都要言行一致，不要言过其实。即孔子在《论语·子路》中所说的"言必信，行必果，硁硁然小人哉"。通过孔子的言行与教诲，儒家对此都崇尚力行。

由此可见，儒家所注重的内外兼修是通过对人的内心和外在行为进行规范和约束，使其行为表现符合生活礼仪，使自己内心愉悦，保持心情畅快，优化心理结构，增强心理素质和信心，以达到塑造完美人格的目标。

（五）学、思、习、行——认知心理

在孔子的言论与教学实践过程中，就包含着许多认知心理思想。就拿学习这个过程来说，其中就包含思维、记忆、注意和语言等。如："学而不思则罔，思而不学则殆。"[①] 意思是说，只读书学习而不思考问题，就会茫然无知而没有收获；只空想而不读书学习就会疑惑而不能肯定。这就说明在学习过程中，学思不能偏废。从传统文化教育层面来说，当一个人有疑惑或者出现了心理疾病的苗头，我们就必须加强心理知识的学习，了解和掌握这些知识来纠正自己的不良习惯和思想，使自己走出心理困扰。同样，在《论语》中还有很多类似的语句，如"多见而识之""多学而识之""默而识之"等，都是说通过学习，增加对事物的感知，进而由记忆和思维，并经自己的行为强化对该事物的印象。同时，因为有很广泛的感知，对这些事物有一定的了解，进而可以增强自己的心理承受能力，抵御不良事物的侵袭，维持自身心理的平衡。另外，在《孟子·告子上》中，孟子也有关于感知的阐述。如：

---

① 出自《论语·述而》。

"耳目之官不思，而蔽于物……心之官则思，思则得之，不思则不得也。"孟子认为，人的耳目不是思维的器官，它们在与外物接触的过程中使自己大脑对外界的事物产生感知。但是这些感知都是事物的表象，具有局限性，是靠不住的。因此，我们要对这些事物的表象进行更为深刻的思考，加深记忆，避免在以后遇见类似事物或事情时紧张或者不知所措。在先秦儒家教育过程中，孔子和孟子除了注重对外界事物感知的教育，还注重"六艺"的教学，通过进行艺术教育对人的身心的熏陶，维护其心理健康，提升心理品质。

第二节 儒家传统文化教育思想对现代思想政治教育的启示

博大精深的儒家文化包含了丰富的传统文化教育思想，对人们的心理和思想产生并且仍在产生着深刻的影响。现代思想政治教育在教育原则、教育内容、教育方法等方面可以借鉴儒家传统文化教育思想的精髓。可以说，儒家传统文化教育思想对现代思想政治教育有着深刻的启示。

一、现代思想政治教育应该遵循传统文化教育原则

自从儒家文化被用来维护政治统治之后，儒家文化就对人的心理、观念和思维方式都有一定影响，同样在教育方面也有指导和借鉴意义，尤其是在传统文化教育和思想政治教育方面。儒家文化中的传统文化教育思想深入浅出、通俗易懂，与日常生活相统一、相融合，能让人深刻地理解其中的传统文化教育哲理和方法，能给人一种心理和精神方面的支持，让人活得更快乐。而思想政治教育是社会或社会群体用一定的思想观念、政治观点、道德规范，对其成员施加有目的、有计划、有组织的影响，使他们形成符合一定社会所要求的思想品德的社会实践活动。在现在进行思想政治教育的过程中，常缺乏一定的生活趣味，不能让尽可能多的人参与进来，致使思想政治教育效果比较差。为了使思想政治教育深入受教育者的生活，让他们乐意接受思想政治教育的知识，提高政治觉悟和思想境界，树立正确的价值观念，我们在进

行思想政治教育时，应该坚持以下原则。

（一）坚持全面性与生活化原则

全面性原则是指思想政治教育不能局限于仅仅传授相关的政治思想和价值观念等，还要丰富思想政治教育的形式，充实其内容、拓展其途径，促使受教育者德智体美全面发展。马克思主义关于人的全面发展学说是以历史唯物主义和剩余价值学说两大理论为基础建立的。马克思认为：人的本质不是个人所固有的抽象物。在其现实性上，它是一切社会关系的总和。马克思不仅在政治经济学和科学社会主义领域提出了人的全面发展学说，而且还在哲学、教育领域也谈及了全面发展的含义，并对思想、品德、情感、意志等都有所强调。为了培养一代又一代能力、智力、品质、情感和意志全面发展，具有很高的政治觉悟的社会主义事业接班人，马克思一贯倡导人的全面发展，不仅包括智力因素的发展，而且还包括道德、情感、意志、审美等非智力因素、心理因素的发展。在儒家教育过程中，也很注重教育内容的全面性，从智力教育到传统文化教育，再到观念教育都有涉及。生活化原则是指思想政治教育要切合受教育者的实际、贴近生活，从日常生活中的细节出发，引起受教育者的思想共鸣，使受教育者乐于接受思想政治教育的内容，以培养受教育者的兴趣。我国的思想政治教育要走入受教育者的生活，应该将思想政治教育深入浅出，用通俗语言或者结合一些生活实例将知识传授给广大受教育者。

（二）坚持主体性与主动性原则

主体性是人的本质属性，是存在于人的本性中对追求真理的热情与渴望的特质的外在反映，也是一个哲学概念。目前的基础教育是以应试教育为主，只培养学生接受知识和运用知识的能力，没有对受教育者主体性进行培养和进行潜能的挖掘，忽视了受教育者在接受知识和运用知识过程中的主体地位。在教育过程中运用这种忽视受教育者主体性的教育方式，培养出来的学生思维比较狭窄，解决实际问题的能力比较差，而且还有许多的心理问题，不能满足社会和经济发展对人才的要求。随着现代社会生活节奏加快，人们都承受着很大的生活和工作压力，同时还出现了价值观念多元化趋势。为了培养全面发展、能力强、思维活跃的人才，必须在思想政治教育中坚持主体性原则。因此，为了培养具有良好政治素质的受教育者，必须坚持以受教育者为主体，运用多形式和多途径进行思想政治教育，督促受教育者积极参与进来，通过激烈的争论，讨论具有争议的观点，提出自己的想法和意见，引发受教育者的思考和思想的共鸣，让他们产生深刻的思想方面的体会，以获得他人的认同，使思想政治教育真正取得实效。在儒家教育中，常常有这么一幕，那就是孔子或者孟子和自己的学生讨论问题，引发学生思考，增强学生对知识的感性和理性体验，进而对学生的价值观、人生观和世界观等产生积极的影响，促进学生的全面发展。

主动性原则分为两个方面；一方面是受教育者的主动，当受教育者自己发现自己的价值观是错误的，就会主动翻阅相关书籍，进行自我纠正，抛弃错误的价值观念，树立正确的价值观念。另一方面是传统文化教育工作者要主动出击，运用不同的方法和途径，了解受教育者的思想动态和情绪状况，适时进行思想政治教育，让思想政治教育的主流观念入骨入髓。

（三）坚持平等性与互动性原则

思想政治教育的目的是培养受教育者的政治素质，提高其政治觉悟。要达到这个目的我们必须遵循平等性与互动性的原则。平等性原则是指教育者和受教育者的人格平等，应该相互尊重、相互理解，形成民主型的教育者与受教育者关系，在平等、民主的和谐气氛中进行思想政治教育。互动性是指教育者和受教育者要通过各种形式和途径进行沟通交流，及时了解受教育者的情绪变化和思想动态，做好思想政治教育工作。现代思想政治教育主要是在学校和企业实施，为了保证思想政治教育平等性原则和互动性原则的实现，教育者不仅要从语言上表达出这种愿望，还要用实际行动来说明问题。这看起来很简单，但事实上我国的教育现实和教育者积累的教育经验却会与此有所冲突。很多老师在长期的教育过程中形成了居高临下的说教习惯，这种习惯致使受教育者和教育者之间形成无形的隔阂，严重影响思想政治教育的效果。所以，要做好思想政治教育工作，教育者必须转变观念，用协商的语气和受教育者进行沟通，给受教育者发表意见的机会，尽可能采纳他们的合理意见和建议，尊重受教育者的人格。这样才能真正体现平等和民主。教育者还要和受教育者多谈心，和他们做朋友，使他们愿意和教育者交流，倾诉心里话，以便教育者更多地了解受教育者的心理和思想动态，及时做好预防措施。当然，民主、平等性和互动性原则并不意味着不能批评错误的行为，不意味着放任和迁就，对于受教育者的各种错误行为要及时指出来，只要方式和方法合理得当，受教育者还是能够接受的。平等性和互动性原则旨在营造一种宽松的气氛，使受教育者在教育者的帮助下全面发展。在两千多年前，孔子就提出了"有教无类"的教育原则，讲求教育的平等性，孔子就是教育平等性的实践者。不管是德、智、体、美的教育，还是包含在其中的传统文化教育，政治观念和价值观念的教育，都要在教育者和受教育者的人格上保持平等。同时，孔子还和自己的学生在一起讨论关于"仁""义""利"等问题，相互学习，说明孔子的教育方式既实现了平等性也实现了互动性，增强了教育的实效性，可加深学生对知识的理解，让学生树立正确的价值观念。

二、现代思想政治教育应该充实传统文化教育内容

（一）加强挫折教育，磨炼意志品质

挫折是人们在某种动机的推动或驱使下，在达到目标的过程中遇到无法克服的阻碍，致使动机或需要不能满足时使人产生紧张、焦虑、悲观失望等消极的情绪反应，即在心理上产生挫折感。挫折教育就是利用心理学、教育学和思想政治教育原理进行正面教育，让人们具备必要的知识和能力，提高自身素质，增强心埋免疫能力，教会人们仿效某些策略和行为，从而最大限度地发挥其潜能，形成适当的应变能力，以排除其正常成长过程中的障碍。

挫折教育在中国可谓是源远流长。我国古代文学甚至哲学著作中，大多包含有十分丰富的关于挫折磨炼或者挫折教育的论述。《周易·乾》记载："天行健，君子以自强不息。"指的就是君子应积极主动、坚韧不拔地行进，自信自强，不畏艰险，勇往直前。《论语·泰伯》记载："士不可以不弘毅，任重而道远。"《孟子·告子下》记载："天将降大任于斯人也，必先苦其心志，劳其筋骨……所以动心忍性，曾益其所不能。"这些都说明中国古代就已经有了关于挫折教育的论述。要想干一番事业，要想实现远大的目标，就

必须先进行挫折的磨炼和砥砺，培养出坚韧的毅力和坚强的意志品格，增强挫折承受力。另外，1994 年 8 月中共中央《关于进一步加强和改进学校德育工作的若干意见》指出："要积极开展青春期卫生教育和指导，通过各种方式对不同年龄层次的学生进行传统文化教育的指导，帮助学生提高心理素质，健全人格，增强承受挫折能力、适应环境的能力。"

长期以来，由于应试教育观念的偏差，受教育者的挫折教育几乎是一片空白。教育的片面化，使得教育重知识灌输轻能力训练，重智力、分数轻情感、意志，一直没有把培养受教育者良好的心理素质作为一项必不可少的教育内容而给予足够的重视。结果，相当数量的受教育者虽然成绩很优秀，但是在心理素质方面却不及格，表现为心胸狭窄、意志薄弱，挫折耐受力、自制能力、自理能力以及劳动观念等都很缺乏，心理障碍和心理疾病日益突出，时有受教育者离家出走或者自杀事件发生。当今和未来世界的竞争是人才的竞争。目前，对人才的要求不仅要有渊博的知识、高尚的道德修养和健壮的体魄，而且要有良好的意志品质和自强不息的进取精神。为了给国家建设储备优秀人才，必须加强对受教育者的挫折教育。我们应该通过正面教育让受教育者树立正确的挫折观，指导受教育者利用科学的方法消除挫折感，引导受教育者树立远大的理想和人生观、世界观、价值观。同时，还要发挥学校在挫折教育方面的主导作用和家庭在挫折教育方面的助推作用，及时地对学生进行心理疏导，安慰其受伤的心灵，关心其身心健康，注重非智力因素的培育，培养其自主性和意志品质，提高其心理承受能力，增强其克服困难的信心，使其走出悲观情绪的阴影。

（二）加强生命教育，倡导关爱生命

生命教育属于传统文化教育，其含义有狭义与广义两种：从狭义角度讲，生命教育是指对生命本身的关注，包括个人生命、他人生命和自然生命。从广义角度讲，生命教育是一种对人的终身教育，包括对生命的关注、生存能力的培养和生命价值的提升。从教育学角度讲，生命教育是在生命活动中，以生命为核心，通过各种教育手段，倡导个体认识生命、尊重生命、珍惜生命、爱护生命、享受生命，提升生命质量，获得生命价值的教育活动。生命教育是在充分考察人的生命本质的基础上提出来的，不但是一切教育的前提，

还是教育的最高追求。所以，生命教育符合人性和人全面发展的要求，是全面关照生命多层次的人本教育，也是指向人的人性关怀的重要教育理念。生命教育不只是告诉青少年关注自身生命，还要帮助青少年关注、尊重、热爱他人的生命，积极创造生命的价值，关注生命的发展。

虽然，生命教育20世纪60年代末由美国学者最早提出，但是，生命教育的展开是在20世纪末。从这个意义上说，中国现代意义上的生命教育只是处于起步阶段。但我们必须看到，中华民族珍爱生命的文化传统为当代中国生命教育提供了前提和基础。儒家文化对中国人的影响是根深蒂固的，其中的教育思想和方法是教育领域一颗璀璨的明珠，备受推崇。儒家认为天赋予了万物生养、化生之意蕴，不但决定时空，还决定人事。孟子在《梁惠王上》中指责王公贵族厨房里有肥肉，马棚里有肥马，而老百姓却饥肠辘辘、饿殍遍野的情景是"率兽以食人"，孟子不能容忍老百姓因为饥饿而失去生命。可见，孟子的言论也表明其是尊重生命、爱惜生命的。当前，在高校和企业进行的思想政治教育都是注重政治思想方面的教育，是反映一定阶级的社会意识，适应一定的社会生活状况的思想政治行为准则，其内容也是根据人的认识进步和社会发展要求，以及教育对象的思想实际来确定的。其主要内容有世界观与人生观教育、政治观和民主法制教育、价值观和道德观教育、生态观和可持续发展教育等。由于思想政治教育侧重思想和观念方面的教育，忽略了心理方面，尤其是培养生命意识，让受教育者尊重生命、珍惜生命、爱护生命的教育。例如，台资企业某公司，在企业管理方面过于注重企业效益，公司的管理制度缺乏灵活性、缺乏人文关怀，忽视了企业职工的传统文化教育，导致企业职工承受着很大的心理压力，再加之又没有及时采取相关措施让员工释放心理压力，最终造成了13名职工跳楼自杀。由此可见，单纯进行思想政治教育是行不通的，我们在进行思想政治教育的同时，要结合传统文化教育的内容，让受教育者能够进行自我教育，合理地释放心理压力和宣泄心中的愤怒，达到心理平衡，优化心理结构。更重要的是通过思想政治教育与传统文化教育的结合，培养崇高的生命意识，倡导关爱生命，提高生活质量和生命质量，进而使思想政治教育和传统文化教育的功能与效果最大化。其途径主要有：

首先，开发思想政治教育的教学潜能，激发受教育者的生命价值。思想政治教育是形成正确世界观、人生观和价值观的主渠道和主阵地，同时也是生命教育的载体。"思政课"教学的最终目的是指导个体发挥主观能动性和创造性，提升生命质量和生命价值。我们必须将生命教育的理念和内容，渗透到思想政治教育的相关课程中去，让受教育者增强生命意识，珍惜生命。

其次，加强审美教育，促进受教育者的生命价值体验。审美教育可以提高受教育者的整体素质，促进其全面发展，也能促使受教育者实现生命的自我价值和社会价值。我们必须用美的思想陶冶人，树立正确的审美观念；用美的环境熏陶人，营造优美的人文环境和物质环境；用美的事物激励人，引导受教育者积极参加各种社会实践活动，让其以饱满的热情、更充沛的精力、更为积极的态度去对待生活，懂得生命的真正价值和意义，并不断扩展和弘扬人的生命价值。

最后，开展实践活动，培养受教育者的生命情感，体验生命感受。比如，参加野外生存训练，感受人生存的意义，领悟生活的真谛，剔除消极的生命情感，培养积极的生命情感和生命意识。

三、现代思想政治教育应该借鉴传统文化教育方法

（一）尊重个体差异，坚持因材施教

"因材施教"出自《论语》。因材施教是教学中经常使用的重要教学方法。教育者根据不同学生的认知水平、学习能力、自身素质以及心理状态，选择适合学生特点的学习方法进行有针对性的教学，发挥受教育者的长处，弥补受教育者的不足，激发兴趣，树立信心，从而促进全面发展。因材施教是孔子在教育实践中总结出来的教育方法。所以，在儒家教育过程中处处可见。

现在，人们的价值取向出现多元化趋势。所以，我们在进行思想政治教育过程中要根据不同的群体、不同的价值取向，应用不同的方式方法对其进行教育，帮助其摒弃错误的思想观念，树立正确的思想观念。这是新时期培养各层次人才的需要，是调动各类受教育者内在积极性的需要，是提高不同思想道德水平受教育者思想觉悟的需要，也是思想政治教育实效性能否得到

体现的关键。邓小平同志指出：我们在激励帮助每个人勤奋努力的同时，必须承认每个人在成长过程中所表现出来的才能和品德的差异，并按照这种差异给予区别对待，尽可能使每个人按不同条件、不同途径向社会主义和共产主义的总目标前进。所以，我们现在要改变传统思想政治教育的弊端，借鉴传统文化教育方法，重视思想政治教育的规律性、科学性和层次性，注重受教育者的个性差异。尊重个性发展具体有三个方面：

一是教育内容方面，坚持人才培养的基本标准，从受教育者的思想品德出发，建立多层次的培养标准体系：主要分为思想政治教育同学习目的相结合的成才教育，把理想和集体主义、社会主义和爱国主义相结合的教育，马克思主义人生观、世界观和价值观教育。只有多层次结合，把思想政治教育的任务落到实处，才能实现其实效性。

二是教育方法方面，注重受教育者的差异，避免"一刀切""公式化"，采取灵活多样的方式，根据个性的差异，开启受教育者的心扉，调动其学习的积极性，引导受教育者自觉接受思想品德的规范和相关要求，努力成为社会主义事业的建设人才。

三是增进情感交流，积极帮助其成长。传统思想政治教育是枯燥乏味的，是单向的灌输，没有生机可言，使受教育者难以接受，并且影响教育效果。所以，为了更好地提升教育效果，要积极与受教育者进行情感的沟通，做到了解受教育者，信任受教育者，做到知己知彼。这样才能对症下药，因材施教。思想政治教育是做人的工作，必须做到尊重受教育者，进而动之以情、晓之以理，感动受教育者，在教育者与受教育者之间建立良好的关系以达到思想政治教育的目的。

（二）激发学习兴趣，坚持寓教于乐

寓教于乐是教育者利用教育过程中的各种因素，点燃受教育者的兴趣，使其怀着快乐的情绪来学习。教育者应该将其贯穿于整个教学过程中，而不能把寓教于乐理解为只是营造快乐的气氛，让学生在枯燥乏味的学习中得到一时的欢愉。在《论语》中，孔子将寓教于乐作为激发学生兴趣的方法，提升学生的学习兴趣，达到提升人格、感化心灵的目的。孔子寓教于乐的具体方法是采用案例教学和比喻的方法，激起学生对知识的求知欲，让学生发挥

学习主动性去学习感兴趣的知识，提高学生的人文素养，促进知、情、意全面发展。以前，在传统思想政治教育过程中，教育者采取强制性的灌输和硬性的填鸭式教育方式，空洞、呆板，枯燥乏味、没有新意，教育者和受教育者形成了管理与被管理的隶属关系，受教育者和教育者之间存在隔阂，缺乏情感和心灵的交流沟通，严重挫伤了受教育者的学习积极性，影响思想政治教育的效果。孔子在《论语》中提到乐学和乐教的思想以后，开启了我国寓教于乐的先河。孔子在教育过程中灵活应用乐教的思想，从各个方面提升学生的素质。目前，我国正在大力推进素质教育，寓教于乐是广大教育者普遍接受的教育理念。

因此，在现代思想政治教育中，要切实落实寓教于乐的教育理念，让受教育者在学习过程中充满欢乐，充满信心，激发兴趣。具体的方法有：一是在教学管理方面，要增加人文关怀的相关内容，激发受教育者自我完善的愿望。二是在教育方法方面，要突出"乐中求学、乐中求教"，在教育者与受教育者之间形成良好的师生关系，以积极的情绪来感染学生，达到以情施情、以情育情，实现教学过程中情知交融。三是在教育者自身素质方面，要提升教育者的职业素质，态度要随和，讲课幽默，深入浅出，化难为易，采用情景式教学，让教育者对课程产生兴趣，并进行引导和点拨，提升教学质量和水平。

（三）拓宽思维空间，坚持循循善诱

循循善诱是教育过程中使用的方法之一，可以对误入歧途的受教育者通过正确的教育和引导，让其回归正途，重新树立自信心、找回自我，让其重新树立远大的理想和人生观、世界观与价值观。循循善诱也是传统文化教育中很常用的方法，其主要是以循序渐进的方式进行启发和诱导，使学生走出悲观情绪的困扰，恢复心理平衡。循循善诱是孔子对启发式教学的理论概括。孔子以其广博的知识，启发学生的求知欲望，又循序渐进地引领弟子加深学问，使弟子掌握丰富的知识，学到修身的方法。

现代心理学证明，人的思维发展有一定的层次性和阶段性，应依据不同层次和阶段特点循序渐进地实施启发诱导教育。目前，我国正在进行政治和经济体制转轨，很多受教育者在价值观、人生观和世界观方面比较迷茫，树

立了享乐主义、拜金主义的腐朽思想和观念，进而使得一部分青少年误入歧途，对自己的身心健康造成了很大的威胁，还对社会的发展造成一定程度的影响。况且，传统文化教育工作对心理问题和心理疾病重在矫治和治疗，轻启发引导，没有注重受教育者的心理自我修复功能，严重降低了传统文化教育的实效性，严重影响了传统文化教育工作的进程。这些问题在传统文化教育过程中是存在的，在传统思想政治教育中也是同样存在的。比如，传统思想政治教育中，主要是以灌输理论和填鸭式教学为主，不注重与受教育者的情感交流，没有注重受教育者的兴趣和爱好，不能够启发受教育者的思维，教学方法单一化等，使得教学效果不明显。

目前，我国正处在高速发展阶段，社会主义事业的建设需要全面发展的人才。因此，我们不管在思想政治教育的教学过程中，还是在传统文化教育或者其他教育过程中，都要注重教育者与受教育者之间的交流，从情感方面循序渐进，让教育者与受教育者变成无话不说的朋友，教育受教育者与他人建立良好的人际关系，通过情感交流对其进行感化、引导和教育，让其树立信心，并适时地进行启发和点拨，转换角度和思维方式，扩大思维范围。鼓励受教育者参加有益的社会活动，通过参与活动完善并激发受教育者的心理自我修复功能，促进心理健康发展；在学习方面予以鼓励和引导，提升受教育者的自主学习能力，纠正自身的不良习惯，抛弃错误的价值观，树立正确的价值观、人生观和世界观，抵御消极观念的侵蚀和外界因素的影响。

（四）化有声为无声，坚持寓教于境

寓教于境是指通过建立一定范围的良好风气，创造学习、工作的有利条件和人际关系，利用良好的环境对人的心理和思维进行潜移默化的影响，使其改正不良的习惯，树立正确的价值观念，达到教育目的的方法。寓教于境，还可以说是环境熏陶，是一种隐性的教育方法，是根据人们的思想必然受到周围政治、经济、文化、思想和道德等环境影响而实施的。人作为社会的成员，在日常的社会生活中，社会生活方式、思想意识、文化水平和人际关系的好坏都会影响一个人的世界观、价值观和人生观。这就说明一个良好的客观环境对人的成长和进步有着十分重要的作用。《太子少傅箴》说："近朱者

赤，近墨者黑"；《大戴礼记·曾子制言》说："蓬生麻中，不扶自直；白沙在涅，与之俱黑"。

目前，中国经济飞速发展，但是综合国力还不强。为了更好地建设社会主义事业，还要大力培养全面发展、具有改造社会能力的接班人。那么，担任这个任务的中国高等教育责无旁贷。同时，这也决定了中国的教育不能是简单的"成才"教育，应该是高层次的"成人"教育。

第三节　儒家传统文化中《论语》蕴含的生命教育思想

半部《论语》治天下。如今看来，治天下仅仅是某种特定的效果。更重要的是，帮助人们走上人生的正路，是《论语》对每一个人的意义所在，而人的意义必须在其漫长而又短暂的生命旅途之中展现出来。要展现人的意义，就必须进行生命教育，因而研究《论语》中所蕴含的生命教育思想极具价值。《论语》所反映的孔子思想的基本特质可以看作是一种生命的学问，它充满为人处世的道理及人生信条，是对人生终极意义之关怀，体现着生命特征、生命观、生命道德规范、生命成长之道、生命理想等丰富的生命教育内容，表现出重生有为和向往生命和谐的教育特点、高超有效的教育方法和层次各异而又切实的教育目标，从不同方面可以使人的心灵得到安顿，具有超越时空的特点和功力。

一、丰富的生命教育内容

（一）多样化的生命特征

人是真、善、美统一的基础。人是自然发展的产物，其本质是一切社会关系的总和，是真的化身；人是伦理道德的创造者和拥有者，追求善的品质，是善的化身；世间万物只有人能追求品位与和谐，是美的化身。《论语》富含人生艺术，体现出多样化的生命特征。

1. 有教无类——生命的平等性

生命平等的应然性贯穿整个历史，马克思关于人的全面发展理论尊重个体生命的存在及其平等性。孔子践行的有教无类思想，打破了民族、国别、贫富、贵贱、年龄、亲疏、智愚、善恶等限制，追求受教育的平等。孔子是中国历史上打破"学在官府"的第一人，他的弟子条件低到"自行束脩以上"①。生源广至中原的鲁、卫、宋、齐、陈，甚至边远地吴、楚、秦，杂如"一箪食，一瓢饮，在陋巷"② 的颜回、煮蕾烹薇的曾参、富累千金的公西华、小他 7 岁的冉伯牛、小他 9 岁且性格鲁莽的子路、愚笨的高柴、"朽木不可雕"还"昼寝"的宰予、偏激的颛孙师等。

可见，孔子的有教无类思想折射出生命的平等性是我们进行生命教育的出发点。坚持生命的平等性，就应该抛弃一切不利于生命存在和发展的言行。

2. 因材施教——生命的独特性

因材施教反映了生命的独特性，生命教育绝不同于工厂千篇一律的加工标准产品，而是以每个生命个体的无法取代性为前提，比量体裁衣更具有生动的生成性特色。生命教育不仅要求平等对待每个生命，而且应尊重生命的个体差异，承认生命的天赋和秉性，其前提是对生命个体了如指掌，同时尊崇教育规律。因材施教要求教育主体选择最宜人的方式方法，成全生命的自由成长历程。因材施教理念告诫我们，生命教育要从生命个体的实际出发，坚持尺有所短、寸有所长，而不能违背人的个性。以此为基础，才可能找到自己的最佳"坐标"，实现人尽其才，才可能使生命价值最大化。

3. "逝者如斯夫"——生命的有限性

生命的有限性是指生命存在的条件性、相对性、受限制性。主要表现在：其一，生命的存在离不开"肉休"这个前提，即生命对肉休的依赖性；其二，不可抗拒因素随时可能使生命消失，即生命在大自然中的脆弱性；其三，由于时间的不可逆性而导致的生命的一维性，来世和再生都是幻想；其四，作为自然和社会双重身份的人的受限制性。有限性是生命的本真规定之一，它的结果就是死亡。生命的有限性昭示我们要珍惜生命，教育我们要把握好

---

① 出自《论语》。束脩（xiū）：一束干肉，即十条干肉，是古代一种最菲薄的见面礼。
② 出自《论语》十二章。

生命历程，不仅要增加它的长度，更重要的是扩充其"厚度"，即"含金量"。不可抗拒力量之外的任何生命伤亡及无所作为都是对它的亵渎和践踏，是生命教育的败笔和悲哀。

孔子说的"逝者如斯夫，不舍昼夜"①，表达了他认为人必须突破局限以求超越的感叹，因而他坚持重视生命、有所作为的积极生存观。因为"死"作为一个与人的生命存在、精神存在密切相关的终点，更加凸显出人生意义及终极意义实现的紧张性和紧迫性。

4. 仁爱为怀——生命的向善性

生命的向善性为生命教育提供了逻辑前提和实践基础，施行仁爱是实现生命教育最重要的实践方法。如上文所述，孔子从不同角度谈"仁"，极力推崇"仁"的重要，正是以人性向善为前提基础的。否则，他怎么会说"子欲善而民善矣！君子之德风，小人之德草，草上之风必偃"②，"为政以德，譬如北辰，居其所而众星共之"③ 以及"无为而治者，其舜也与！夫何为哉？恭己正南面而已矣！"④ 这些话都暗含生命的向善性，如果人性不向善，"草上之风"就不可"偃""众星"未必会"共"，又怎能"无为而治"呢？可见，生命的向善性是实施生命教育的逻辑前提，坚持生命向善体现积极向上的心态，对人类恪守建立共同的美好家园之信念意义深远。

5. 自强不息——生命的坚韧性

自强不息是中华民族传统的优良品质。《周易》有言，"天行健，君子以自强不息"，告诉人们应该像自然一样刚劲强健，永远向前。生命不息，奋斗不止。即使颠沛流离也不屈不挠，成就这种精神的因素是韧性，是坚定的信念、意志和毅力。即使遇到艰难险阻时也能坚持，而非无所不为。"君子固穷，小人穷斯滥矣"⑤，体现了生命的坚韧不拔和积极的入世态度。如今有的人经不起一点挫折，生活中稍不顺己意就怨声载道，或者愤世嫉俗，表现出消极无为，甚至寻死觅活，完全丧失了生命的坚韧性。殊不知生命在逆境中闪光，在骄纵中暗淡，在执着中升华，在享乐中平庸。

6. "君子不器"——生命的超越性

孔子认为，君子不能像器皿一样只有某种特定用途，不应该把自己当作

---

① ② ③ ④ ⑤　出自《论语》。

特定的工具来使用，而要注重生命的不断发展，注重道德品质和精神境界的提升。孔子把学生培养成为具有专门知识和生存技能的职业人、工具人至多算是他热爱并献身教育的"副产品"。他开办私学的终极目的是培养具有独立人格的"君子"，让生命个体承担传承"道"的历史重任。

人的生老病死、悲欢离合是生命的实然状态和自然规律。超越肉体生命的短暂有限，实现精神、价值生命的永恒是人类普世的生命价值观。从以上所言可以看出，把握生命特征是生命教育的基础和重要环节，更是生命教育的现实需要。

（二）以价值为中心的生命观

《论语》反映出孔子以价值为中心的生命观，从不同方面强调人应该创造价值，主要包括人的人格价值、人的社会价值和人的类价值，其中人格价值包含人的理想道德价值和独立人格价值。

孔子说："君子有道者三，我无能焉；仁者不忧，知者不惑，勇者不惧。"[①] 孔子谦虚地说他没有做到君子应遵循的三个原则，即仁、智、勇，可见他对人生价值的重视。为了成全体现人格价值的"仁"，他认为当道德价值和生命价值发生矛盾和冲突时，人就宁肯牺牲生命。在他看来，人的理想道德价值高于人的生命价值。这种价值取向使得重气节、尚情操的风尚在中国历史上经久不衰，层出不穷的民族英雄和革命志士既推动了历史前进，又实现了他们的人生价值。孔子还重视人的独立人格价值，强调发挥人的道德主体性和主观能动性，因为它们是创造任何价值的必要条件。人的社会价值是指人对社会的贡献和正当索取，这涉及孔子的义利观。"义"是指体现社会公利的道德标准，"利"是指个人利益。孔子主张"见利思义""见得思义""义以为上""义然后取"等，显然有重义轻利倾向。这种倾向注重社会公利，强调个人对社会的贡献，个人对社会贡献的大小决定着他的社会价值。这种价值取向有利于应对当前浮躁的社会形势下，人人追求名利得失而导致的努力最小化与利益最大化的矛盾。人的"类价值"就是指人类作为一个整体所具有的价值，在"人之生也直"中，"直"在甲骨文中即是"德"字，

---

① 出自《论语》。

说明人生下来就有正直的美德。孔子以价值为中心的生命观抓住了生命存在的依据，为体现生命意义提供了可能，是现代生命教育可资借鉴的重要内容之一。

（三）以"仁"为核心的生命道德规范

在 15000 余字的《论语》中，"仁"字竟然出现 109 次，涉及 58 章。"仁"的一般意义是"爱人"，具有人本主义意味；其特殊意义是忘我甚至"无我"的积极奋发精神，是孔子所认为的最高道德标准；"仁"的更本质意义，乃在于它是孔子世界观的重要组成部分，是他一切思想的出发点和归宿点。然而到底什么是仁，孔子并未从概念上加以说明，也没给它下定义，也许因为仁不是一个概念，而是人的存在本质。与其说仁"是什么"，不如说它"要如何"，是一种存在状态，是在过程中存在的本质。仁在每一个人的心里，是人之所以为人的内在德行。所以说，仁的地位很高，含义丰富，对人的生命成长相当重要。

1. "仁"的地位

作为伦理思想的重要内容之一，"仁"产生的根源是社会关系大变动。"仁"是对人与人（包括父子、君臣、朋友、夫妇）以及国与国之间关系的伦理总结，因而具有很丰富的内容。"仁"字始见于儒家经典《尚书·金縢》："予仁若考。"这里的"仁"指好的道德。孔子首先把仁作为儒家最高道德规范，提出以仁为核心的一套学说。仁的内容甚广，核心是爱人。从字形及词源来看，"仁"字从人从二，指人们之间互存、互助、互爱之意，其基本含义是指对他人的尊重和友爱，以孔孟为代表的儒家把仁的学说施之于政治，形成仁政说，在中国政治思想史上产生了重要影响。

孔子视"仁"为最高道德原则、道德标准和道德境界。他第一个集整体的道德规范于一体，形成了以"仁"为核心的伦理道德规范，它包括孝、弟（悌）、忠、恕、礼、知、勇、恭、宽、信、敏、惠等内容，是各种道德规范的内在依据，各种道德规范是"仁"在不同方面的具体体现，或者说是对人与人之间关系正面的、有一定特色的写照，如对父母、兄弟、上司、下属、朋友的仁就分别表现为孝、弟（悌）、忠、恕、信。其中孝悌是仁的基础，是仁学思想体系的基本支柱之一。"忠"其实就是积极意义上的"仁"，"己欲立而立人，己欲达而达人"①。"恕"其实是消极意味上的"仁"，"己所不欲，勿施于人"②。孔子回答子张问仁时说："能行五者于天下为仁矣。"③ 五者就是指"恭、宽、信、敏、惠"，因为"恭则不侮，宽则得众，信则人任焉，敏则有功，惠则足以使人"④。

2. "仁"的含义

"仁"是理解《论语》或孔子思想的钥匙，它涉三个思想层面：其一，人之性，即每一个人都具备的人性；其二，人之道，就是人活在世界上对事物具体的选择途径；其三，人之成，也就是人格的完成和生命价值的实现。这三个层面显示了"仁"可以视为"人"的实现，同时，肯定了人有无限的潜能。这三个层面的意义都可用"仁"的概念来涵摄。不同学生问仁，孔子给予不同回答，这是他实施教育的绝妙之处，绝非是低层次的纯粹知识位移式的上传下，而是他与弟子间的生命共鸣和精神洗礼。甚至对同一学生的不同成长阶段，"仁"的含义也不同，因为孔子的回答是针对学生不同时期的特点，指点他们如何择善，更能体现"仁"的动态性意义。如对樊迟的三次问仁的回答是："爱人。"这是孔子指点樊迟的人生正道，一目了然。但爱人并非善恶不分，而是以道来爱人。"仁者先难而后获，可谓仁矣。"⑤ 这预示着人生以付出为重，强调奉献精神，才能体现人生价值。"居处恭，执事敬，与人忠。虽之夷狄，不可弃也。"⑥ 平时态度庄重，对工作认真负责，真诚地与人交往等德行看起来平常，但始终坚持却不易。

3. "仁"的作用

孔子对"仁"的思想的重视，表明"仁"的思想和学说是孔子整个思想体系的价值核心，也是儒家学说的核心，对中华文化和社会的发展产生了重大影响。孔子从不同方面、不同角度多次说明"仁"和行仁的重要性。

其一，"仁"是"礼""乐"之灵魂。"礼""乐""仁"都是人的生命

① 出自《论语·雍也》。
② 出自《论语·卫灵公》。
③⑤⑥ 出自《论语》。
④ 出自《论语·阳货》。

活动中必不可少的，"仁"是内在的东西，是行礼作乐之人的真情实感；"礼""乐"是外在的东西，有具体的表现形式与器物，内外必须统一，才成为礼乐。

诚于中而形于外，"慧于心而秀于言"。一个人若没有仁爱之心，再怎么表现都是无意义的。"人而不仁，如礼何？人而不仁，如乐何？"此处"仁"意为真诚的心意，舍去仁则礼乐无所用，没内心向善的心意，外在的礼乐规范就不能发挥其作用。

其二，从人与环境之关系角度阐述"仁"的重要。"择处不仁，焉得知？"① 这里"仁"是民风淳朴之意，是许多人走在正道上的效果。如果人与人真心诚意来往交流，就会形成淳厚风气。孔子认为选择缺乏淳朴民风的地方居住算不上明智，也说明"仁"不可或缺。

其三，要使生命处于正途，非行"仁"不可。"不仁者，不可以久处约，不可以长处乐。仁者安仁，知者利仁。"此处"仁"指人之道，即人生正途，具体表现为择善固执。行"仁"者走上人生正道是其本性，而非外力所迫。"唯仁者，能好人，能恶人。"说明行"仁"的人能分别对好人坏人表现出适宜的态度。"苟志于仁矣，无恶也。"② 表明不行仁，一个人难免做坏事。以"仁"作为立志的目标，去恶从善的行仁是人生历程，即择善固执。重要的是立志之后一定要努力践行，即正确选择和坚持走人生正道。对当政者来说，仁德还能保持百姓对他们的支持。

"知及之，仁不能守之，虽得之，必失之……"③ 对百姓来说，仁胜于水火。"民之于仁也，甚于水火。水火，吾见蹈而死者矣，未见蹈仁而死者也。"④ 走上人生正途是人活着的根本目的，但人们往往只知道为了谋生而忽略了生活的目的，难怪做到"杀身成仁""舍生取义"的人少之又少。

其四，孔子认为对任何人来说，行仁并非"力不足"。"有能一日用其力于仁乎？吾未见力不足者，盖有之矣，吾未见之也。"⑤ 从伦理学角度来看，仁而无私并不难为，但人们却往往不愿为之。尽管如此，孔子依然坚持认为行仁并非难事，完全由主观意愿决定，与客观条件无关。他说："仁远乎哉？

①⑤　出自《论语·里仁》。
②　出自《论语》。
③④　出自《论语·卫灵公》。

我欲仁，斯仁至矣。"① 当冉求说"非不说子之道，力不足也"② 时，孔子说"力不足者，中道而废。今女画。③" 依孔子之道，是要求人择善固执以成就完美人格，所以冉有会有力量不够的想法，但孔子压根就不相信他力不足。

其五，"仁"是君子成就名声的必要条件。"君子去仁，恶乎成名？君子无终食之间违仁，造次必于是，颠沛必于是。"④ 行仁必须有恒心、有毅力，有坚定的信念和坚强的意志，否则，面对富贵就会不择手段，面对贫贱不以其道去之，不计后果。

总之，以"仁"为核心的生命道德规范告诉我们，应有诚心为仁的愿望，进一步实践本质爱人的"己欲立而立人，己欲达而达人"⑤"己所不欲，勿施于人"⑥ 等人生正途，才能表现出"泛爱众，而亲仁"⑦ 的"仁"的价值。这种非思辨的理论，结合实际，有极强的可行性和可操作性，可视为人性解放的终极关怀。

（四）"一以贯之"的生命成长之道

《论语》中两次提到"一以贯之"，学者们对这四个字的解释和理解颇有出入。一次是孔子问子贡："赐也，女以予为多学而识之者与？"对曰："然，非与？"曰："非也，予一以贯之。"这里的"一以贯之"是针对"多学而识之"而言的，说明他有一个中心思想可以统合不同的知识，这不是一般人能够做到的。这个中心思想到底是什么呢？傅佩荣先生认为这个中心思想是"仁"，孔子的一切知识都环绕着"人之性、人之道、人之成"而展开。另一次是孔子对曾参说："参乎！吾一以贯之。"曾子曰："唯。"子出，门人问曰："何谓也？"曾子曰："夫子之道，忠恕而已矣。"杨伯峻认为，这两次"一以贯之"相同，子贡等弟子所重视的，是孔子的博学多才，认为他"多学而识之"，而孔子所重视的，则在于他的以忠恕之道贯穿于其整个学行之中。

---

① 出自《论语·述而》。
②⑤ 出自《论语·雍也》。
③④ 出自《论语》。
⑥ 出自《论语·卫灵公》。
⑦ 出自《论语·学而》。

"一以贯之"是指完整的系统或中心思想，是人的理性发展和实践心得达到一定程度时都会向往的境界，自古及今如愿以偿者寥寥无几，犹如凤毛麟角。曾子将一以贯之理解为"忠恕"未必正确，值得商榷。首先，忠恕的内涵外延皆不如"仁"，充其量是仁的下位概念。其次，曾子小孔子46岁，"参也鲁"，他在年轻时就能领悟孔子一贯之道的可能性不大，充其量只看到现实生命的互动，难以全面顾及生死之道及人生意义问题。忠恕之道无法解释"朝闻道，夕死可矣"①之中对"生死之道"的信念，否则，孔子的人生境界就会过于浅显。最后，孔子认为只有"天"才能了解他。"莫我知也夫!"②，"不怨天，不尤人，下学而上达，知我者其天乎!"③这么说来，曾参的忠恕之道要等同一以贯之就难免片面了。

总之，"一以贯之"之道有助于我们顺应客观规律和生命之道，展现生命旅途，是提升生命意义和超越生命境界的必然前提。

（五）实现"大同"的生命理想

人生理想是与奋斗目标相联系的有一定实现可能的信念，是人们在规划自己的生命活动中，以现实为基础、符合客观规律、经过艰辛努力可能实现的人生奋斗目标。理想规定着人生的行为，指明人生前进的方向，提供人生奋进的动力，预示着人生的境界。理想是人的价值意识的最高形态，是人们在社会实践中形成的具有现实可能性的对未来价值目标的向往和追求。信念是实现理想的必要条件，动态的生命充满着不断的选择，如果没有理想，选择就会受到阻滞，生命就会缺乏发展的机会。理想是一个人生命的灵魂，没有理想的人无异于行尸走肉，没有光明之灯的指引，其人生就会黯淡无光，因为他没有目标和目的，没有前进的动力，所以无从体现人生价值，难以奉献社会，根本无意义可言。

远大而崇高的理想不见得都能实现，却一定不能没有理想。理想的重要性不在于被实现，实现理想的过程重于其结果。壮志未酬远胜过无志之徒的碌碌无为和无所事事，生命的价值往往在于理想实现的过程之中。理想往往与立志密不可分，没有理想就谈不上立志；不立志，没有志向，理想就是空

---

① 出自《论语·里仁》。
②③ 出自《论语·宪问》。

洞的。常言说，有志之人立长志，无志之人常立志。有志无志，有理想无理想之差距一目了然。

二、鲜明的生命教育特点

在"人是教育的对象"和"教育的对象是人"的前提基础上，生命教育通过有目的、有计划、有组织地熏陶人的生命意识，培养人的生存能力，提升人的生命价值的教育，使人认识生命、珍视生命、欣赏生命，探索生命意义，实现生命价值，提升生命境界。据此角度来看，《论语》中反映出孔子重视生命，尤其是人的生命，追求人与自身、人与社会、人与自然的和谐，提升生命意义等生命教育特点比较鲜明，至今看来仍难能可贵。

（一）重视生命存在

人类社会的存在和发展离不开生命的参与，生命是世界变得美丽而宜人的必要条件。为此，任何有志于为他所处的社会贡献一己之力者无不看重生命，例如圣贤孔子。

孔子重视动物的生命。载："子钓而不纲，弋不射宿。"意为孔子钓鱼时不使用绑着许多钩子的绳，捕鸟时不射归巢的鸟，见证了他重视动物生命的仁德思想。

孔子更重视人的生命。当人的生命和动物的生命之间存在取舍时，孔子肯定注重前者，这和他的"爱有差等"原则如出一辙。"厩焚。子退朝，曰：'伤人乎？'不问马。"① 就充分说明他重视人的生命甚于财富，即便是地位极为低下、身份卑微的车夫、马夫。由于人的生命极为有限，却要追求无限超越，一方面，人通过世代繁衍使个人有限的生命得到无限的延续，就和自然界的无限生命相伴随，从而实现个体的人对于生命永恒的追求；另一方面，孔子重视"礼"，"生，事之以礼；死，葬之以礼，祭之以礼。"② 不只是教导子女应对父母孝敬，也是通过慎重对待"死亡"表示对人的生命的重视。

---

① 出自《论语·乡党》。
② 出自《论语》。

(二) 向往生命和谐

人的思想往往是对自我人生经验的体悟，孔子也不例外。"吾少也贱，故多能鄙事"① 的生命体验使他的思想与生命紧密相连，他践行了自己提倡的生命智慧，最终落脚于生命和谐的境界。

和谐是孔子世界观的内容之一，也是一种认识论，或者说是一种精神境界，更是一种实践追求。孔子的中庸思想最能体现他重视和谐。总之，《论语》中反映孔子注重事物发展过程中的和谐因素，以道德人文精神贯通天、地、人，使它们成为德行相合、生生不已的统一体。

(三) 观照生命意义

生命意义的根基是一种终极价值，它对人类具有普遍适用性和普遍约束性，寻求这种根基就是探寻正确的人生之路，人生之路即上文所说的生命成长之道。"天地之性，人为贵"②，说明人是宇宙的精华，万物之灵长。一粒种子会展现出生命的力量，一棵小草要抖出生命的绿色，一朵小花也要绽开生命的靓丽，人更要活得有意义、有价值。受见"利"忘"义"倾向与重"物"轻"人"教育的影响，在名利场中奔波的人们往往忽视生命意义和价值及人生目的，只追求知识的转移、传递、堆积及其物化的"效益"，显然是教育异化的表现，扼杀生命就在所难免了。所以，孔子提出的择善固执的人生之道、追求自由的生命本性、化命运为使命的抱负、最终达到天人合一的境界均可作为从事生命教育时探索生命意义的理论资源和突破口。

三、有效的生命教育方法

从教育是人的生命的存在形式，是生命间的共鸣互动，是"唤醒人的生命意识，启迪人的精神境界，建构人的生活方式，以实现人的生命价值的活动"的角度来看，孔子的教育方法丰富多样、独特有效，在很大程度上诠释了教育的真谛，值得生命教育借鉴。

---

① 出自《论语·子罕》。
② 出自《孝经·圣治》。

（一）身教示范

所谓身教示范，就是在教育活动中，教育主体能以身作则、率先垂范，所谓德高为范或身正为范。孔子开创的儒家教育中，身教示范尤其重要。孔子所言"三人行，必有我师焉"，"择其善者而从之，其不善者而改之"告诉我们，进行教育时要身体力行，以不断地完善自己为教育他人的前提。

首先，孔子主张身教示范，肯定上行下效的作用。他认为"其身正，不令而行；其身不正，虽令不从"①。孔子把君子和小人的"德"分别比作"风"和"草"，认为"草上之风必偃"②。《论语·为政》篇中展示为政者以德行为本，不断完善自己，为百姓做出好榜样。这些都是强调道德的示范作用。而道德是人类的独有，不可能单独存在，所以在孔子看来，要对他人有积极影响，就必须提高自我道德修养。

其次，孔子说到做到，时时处处以身作则，以自己的高尚行为和伟大的人格力量来感染学生。孔子以自己的谦恭、博学、上进形象和忧国忧民精神感化学生。学生感慨"夫子之墙数仞，不得其门而入，不见宗庙之美，百官之富"③，坦承"仰之弥高，钻之弥坚，瞻之在前，忽焉在后，夫子循循然诱人。博我以文，约我以礼，欲罢不能，既竭吾才，如有所立卓尔，未由也已"④，就不足为奇了。

再次，在榜样作用的基础上，孔子在不同场合的言行举动都会对学生和后人产生深远影响，为我国的礼仪之邦做出不朽贡献。《论语·乡党》篇记述，孔子在乡里表情温和恭顺，在宗庙和朝廷说话流畅谨慎，接待外宾时矜持庄重，出使外国举行典礼"执圭"时慎重敬畏，斋戒时改变饮食及住所。结合以上所述孔子形象和他的名言"文胜质则史，质胜文则野"⑤ 我们不能不佩服孔子这位身教的践行者。在生命教育中，身教示范不仅能激发生命间的相互共鸣，而且可达到生命体验应有的显著教学效果，体现出孔子高超的

---

① 出自《论语·子路》。
② 出自《论语·颜渊》。
③ 出自《论语·子张》。
④ 出自《论语·子罕》。
⑤ 出自《论语·雍也》。

教育艺术。

（二）自我教育

自我教育就是主体先把外在的道德规范或道德目标内化为自己的道德修养，再外化为自觉的道德行为。孔子强调自我教育，要求教育主体能够修养成为道德高尚的"君子"，成为维护和巩固封建宗法社会秩序、治国平天下的"君子儒"。

孔子主张整个社会都要为营造良好的道德风尚而重视自我教育。只要人们自觉修身，就可以提高整个社会的道德素养，从而营造良好的社会道德风尚。

《论语》中孔子自我教育的方法主要有学习、自省、自讼、克己等。对于前人积累的道德知识和经验，孔子坚持活到老、学到老。

（三）启发诱导

作为伟大的教育家，孔子在教学过程中能娴熟地运用启发式教学方法，完全可以为生命教育所采纳。启发是为了唤醒生命活力，如果启而不发，说明生命意识没有被激活，缺乏生命自觉。"启发"是"举一反三"的前提，是教学艺术和魅力的体现；"举一反三"是"启发"的实践结果，是一种旨在发挥生命创造性的教学。

第五章

中国和谐传统与现代德育目标的构建

第一节 中国传统文化的"和谐"思想

在中国的传统文化里蕴含着丰富的"和谐"思想,"和谐"思想贯穿于上下五千年中华文明的各个时期,渗透在各家流派思想文化和人类社会生产生活的方方面面。"和合"思想为我国当代的和谐文化建设积淀了思想基础和文化内涵。

一、中国传统"和谐"思想源远流长

和谐一词在中国古代,本用于音乐,在礼乐教化中讲究韵律和谐。它内化为人心,如《中庸》所说,喜怒哀乐"发而皆中节,谓之和"。又泛化为人伦关系,比喻夫妻和睦为"琴瑟和谐",或如司马相如弹给卓文君听的《琴歌》,"交情通体心和谐"。最终引申到政治领域,如《左传》襄公十一年晋侯所说:"八年之中,九合诸侯,如乐之和,无所不谐。"东汉末年曹操的智囊、政治家仲长统说:"和谐则太平之所兴也,违戾则荒乱之所起也。"元代戏剧家关汉卿说:"遂令鱼共水,此得和谐。"

(一)先秦诸子百家关于"和谐"的思想

和谐是先秦诸子百家学说的重要命题与核心精神。儒、墨、道、法、兵等主要思想学派对和谐思想都有深刻的阐发。儒家提倡"中和",强调"礼

之用，和为贵"，注重人与人之间的和睦相处，人与社会的和谐发展。道家则追求人与自然的和谐统一，提倡遵道以行，率理而动，因势利导，合乎自然，虚静处下，海涵宽容，从而建立起自然和谐的治国秩序。墨家倡导"兼相爱，交相利"①，主张实现个体与社会的有序一体，道德与功利的和谐一致。法家主张对个人、社会、国家三者关系正确定位，在当今社会的格局内，实现国家主导下的社会和谐。

（二）两汉经学关于"和谐"的思想

从经学的产生和发展过程来看，两汉儒家皆以读经、说经和注经为主要任务，经学实质乃儒学与王权政治的合流。因此汉儒们也就比较完整继承了先秦儒家关于"和谐"的思想，进而进行了丰富和完善。然而，随着儒学的社会政治的功能逐步形成并不断得到加强，儒学作为一般伦理道德修养和政治理想层面的作用也就逐步减弱，原先通过道德教育、理想教育去启发出人们遵守道德规范、追求理想社会的自觉性也逐步减弱。

（三）隋唐佛学关于"和谐"的思想

佛学禅宗认为心为天地万物的根源，万事万物的成毁俱在心的一念之间，人生的各种烦恼即是妄念而起，只有从破妄念入手，才能解脱烦恼，恢复心灵的自由，才能达到"涅槃"之境。佛学中强调所谓的心灵的自由实质就是传统文化中关于人与人、人与自我和谐思想的宗教化发展。

（四）宋明理学关于"和谐"的思想

无论是理学派还是心学派，都集中体现于对"孔颜之乐"研究和探讨上。《论语·先进》篇记载，孔子问弟子子路、曾点、冉有、公西华有什么志向，他们回答不一，孔子说"吾与点也"，这一典故，对宋明理学中的"孔颜之乐"问题产生了巨大的影响。"孔颜之乐"不仅是超越贫富等物质享受的，也是超越事功的，同时还是超越于社会道德伦理。"孔颜之乐"实际主要是在人与社会的和谐、人与自然的和谐、个体身心的和谐之中所体会到

① 出自《墨子》。

的自由、自然与安畅，是对人生进行深刻反思之后所达到的一种很高的精神境界，是立足于人生的终极意义的思考下，对于主体与他人、社会、宇宙关系的自觉理解与自觉体会下形成的儒家最高层次的精神境界。

（五）现代西学东渐带来"和谐"思想

19世纪中叶以后，随着中国封建制度的开始解体，当时以儒学为代表中国传统"和谐"思想已走向了衰落。世纪之交，戊戌变法志士号召人们去冲决封建礼教的罗网，传统文化在西方经济、政治、文化的冲击下，遭到了激烈的批判，从而到了不进行变革就无法继续生存的局面。20世纪20年代以后，在西方文化冲击下，思想界开始思考如何继承和发扬中华文明的优秀传统，以保持民族的自主精神等问题。这时，人们在汇通中西方文化的前提下，也用西方的"和谐"思想来解释传统儒学，发扬民族传统文化，使其在当代人的思想道德修养和民族主体意识的确立方面，发挥积极的作用。

所有这一切均表明，以儒家的伦理道德、身心修养为主"和谐"思想是中国传统文化的本质属性。中华文明之所以能够生生不息，中华民族之所以能够自立于世界民族之林。这与我国传统文化中的"和谐"思想、"和谐"精神有着密不可分的关系。我国传统文化中的"和谐"理念与追求，是博大精深的思想体系，是传统文化核心精神的集中体现，是一笔弥足珍贵的历史文化遗产。

二、中国传统"和谐"思想的基本内涵

在中国的传统文化里蕴涵着丰富的"和谐"思想，"和谐"是贯穿于上下五千年中华文明的文化精髓和灵魂，是人与万物的生存与发展的根源，它渊远而流长，作为中国传统文化的核心内容，"和谐"文化具有以下基本内涵。

（一）中和之道

传统的"和谐"思想内涵之一就在于推崇"中和"，重视"中庸"；"和

合"为中和、中庸,是一种和谐、适度的状态。"中和""中庸"既是"和合"的最高标准,也是"和合"价值实现的严格原则与规范。《易经》崇尚中和,强调"中"是最好的位置,"中"是天下之大本,"和"是天下之大道,矛盾双方的"大和"状态又叫作"中",能寻找到并在实践上通过"中"的途径达到目标,就是最好的方法,亦即中庸之道。中和之道意味着事物处于一种最佳的对立统一关系中,处于最佳的不偏不倚、无过不及的平衡状态或统一状态,体现着阴阳对立统一的整体和谐无偏性,完全合乎规律性。孔子认为中庸至德是"山之静"与"水之动"的和谐统一,都要力求适中、恰当,以免"过"与"不及"。孟子认为,对一切事,要以"和"为原则,力求适中。"中和"有两方面的含义:其一,是指时时执中。"道也者,不可须臾离也;可离,非道也。"中和强调的是对道的时时、处处的坚持。其二,要求应时而中,即"执中善权"。北宋程颐提出了"以中为贵""中重于正"的命题,充分体现了《易传》尚中的观点。总的来说,要求人们在待人处事的社会实践中,坚持适度的原则,恰到好处,以实现人格完善、社会和谐。

(二)和生万物

"和合"是一切事物存在与发展的基础。《吕氏春秋·有始》认为,"天地和合,生之大经也;夫物合成,离而生,知合知成,知离知生,则天地平矣。"意思是说,天地的和合是万物生存的根本,和合而成,别离而生,这是天地自然和人类社会发展的必然和客观规律。它既深刻反映了人生天地间的自我创造使命,又和盘托出了天地自然与人事活动相互依存、相互统一的辩证关系。"和实生物、和生万物",是对"和合"思想最基本特征的揭示,这种境界有着丰富和深刻的内容。事物的生成与存在需要多种因素、多种要素的相互作用、共同推动,如果事物要生存下去,或者新的事物要产生,就需要有"和合"。

(三)和而不同

"和合"这种境界,从根本上说是一种多元与开放的状态。这种状态,就自然本身而言,是自然世界的和谐而有序的运行;就人之生存而言,是个体的身心处于一种和谐而安宁的状态；在价值观方面，是允许多元价值并存；就人与人而言，是人与人之间的和睦与友爱；就人与自然而言，是人与自然的协调与合一；就人与社会而言，是人之融于社会。

（四）天人合一

"和合"文化不仅在于它强调的是一种道德观、宇宙观，还在于它开启了一种天人合一、物我两忘的人生境界。中国古人在自己长期的劳作中，在与自然和宇宙不断的融合过程中，深深地体会到人与自然界之间的统一、感应与和谐，才是根本上的"天人合一"。这一观念不仅明确了人必须根据"天人合一"的相互影响来规定自己的行为，而且从价值取向中奠定了中国人独特的"和合"文化的内涵。

中国传统文化中的"天人合一"之"天"，既指精神上的信仰，同时又指客观存在的自然界。"天人合一"不仅指明了人和精神信仰之间不可分离的关系，又说明人与大自然之间相互依存的一种太和境界。"天人合一"根本上就是天地万物、宇宙生命的和合。"天人合一"是《周易》的核心理念，是万物和谐的前提和基础。《周易》认为，宇宙万物是一个以太极为本原的井然有序的有机整体，其中任何一个事物均与其他事物乃至宇宙整体休戚相关，人作为宇宙万物中的一个成员，当然也是宇宙整体不可分割的一部分。庄子在《逍遥游》篇中强调事物的本性便是不停地变动，因而是相对的；人的努力目标是"天人合一"。为做到这一点，人需要对事物有更高一层的理解，由此得到的快乐才是"至乐"。庄子在《逍遥游》篇中描述了在他理想中达到至乐的人，需凭借自然的本性，顺应六气（阴、阳、风、雨、晦、明）的变化，而游于无穷之中。冯友兰解释说：在庄子看来，这样的人是至人、神人、圣人，是完美的人、心灵自由的人、真正的圣人。因为他超越了普通事物的界限，还超越了我与世界、我与非我、主观与客观的界限。只有达到"至人无己，神人无功，圣人无名"[1]的境界，他才能够纯然快乐。他超越了我，达到"无我"的境界，与道合一。道无为而无不为，因为"无为"，所以"无功"；圣人与道合而为一，因此也"无功"。圣人治天下，就

---

[1] 出自庄子的《逍遥游》。

是让世人自由自在，自由充分发挥所有的才能。道"无名"，圣人与道合一，因此也"无名"。

三、中国传统"和谐"思想的主要内容

由于天地和谐，阴阳和合使万物化生、存在，所以和包含着天、地、人三极的内容。自然万物和谐发展才能并行不悖，人间万物和谐才能彼此共存共荣，所以和为君子的最高境界。所以中国传统文化的"和谐"应该包括天、地、人的和谐。

（一）人与人关系层面上的和

中国传统文化以人为本位，以和为最高价值。在人与人的关系上主张以和为贵，宽和处事，从而创造人际和谐的环境，追求以和谐为目标的大同社会。孔子提出的理想人格是善于以宽厚处事、协和人我的人，"君子和而不同，小人同而和"。① 又说"君子矜而不争，群而不党"②。其意是说，保持和谐而不结党营私，行为庄重而不与他人争执，善于团结别人而不搞小团体才称得上君子。在这里，孔子区别了"和"与"同"两个概念。"和"是多样性的统一，"同"是一味地附和乃至结党营私。君子应取前者而弃后者。孟子甚至提出"天时不如地利，地利不如人和"③，把人和提到了至高无上的地位。他还提出"老吾老以及人之老，幼吾幼以及人之幼"④，"老有所终，壮有所用，幼有所长，鳏寡孤独废疾者皆有所养"⑤ 等有关人和的思想。以孔孟为代表的儒家还提出了仁、义、礼、信、智、勇、忠、孝等一系列旨在实现人和及社会和谐的道德原则，提出了建设大同社会的远景理想。宋代张载在《正蒙》首先使用了"天人合一"概念，并提出了"民吾同胞，物吾与也"的思想，意即人类是我的同胞，天地万物是我的朋友，天与人、万物与

---

① 出自《论语·子路》。
② 出自《论语·卫灵公》。
③ 出自《孟子·公孙丑下》。
④ 出自《孟子·梁惠王上》。
⑤ 出自《孟子·梁惠王下》

人类本质上是相通的。

（二）人与社会关系层面上的和

中国古代和谐思想源远流长，早在春秋时期就有了"和生实物，同则不继"① 之说，认识到和是万物生存的基础，所谓和就是以他平他，不同的因素、成分相互作用，以一定的关系构成和谐的整体，这是一切事物存在的基础。在人与社会的关系上，基本上形成了儒家偏重于"有为而治"、道家偏重于"无为而治"的两种治理模式。儒家的"有为"主要包括：导之以德、齐之以礼、和之以乐、任之以贤、使之以惠等一系列旨在实现"人和"，进而达到实现社会和谐的措施，强调要把民众放在首位，爱民、重民、惠民、乐民，爱惜民众，广施仁爱，方能赢得民心。如政治上，提出宽猛相济、德刑并用、德主刑辅。经济政策上，主张"富民""惠民""不患寡而患不均"②，缩小贫富差距及反对统治者赋敛无度。老子从万物的本原"道"出发，推演出其治世良方，即按事物自身应有的规律办事，不要人为地干涉事物的发展，在实践层面上是要求统治者不要为所欲为，执意妄为，统治者应该是我无为而民自化，我无事而民自富，从而达到统治者与被统治者之间相安无事，和谐共存。老子尤其反对肆意扰乱民众的生活，倡导让民众按其自然本性过日子。如果时时干扰老百姓的生活，让老百姓无所适从，那样最终只能失去天下。"无为故无败，无执故无失"③，就讲这个道理。此外，墨子提出了"兼相爱，交相利"哲学，认为兼爱互利是为治之道，强调此是"圣王之法，天下之治道也"④。先秦思想家把和作为最高的政治伦理原则，作为政治理念要达到的最高境界。

（三）人和自然关系层面上的和

中国古代很多哲人提出了"天人合一"的思想，强调要处理好人与大自然的关系，要尊重自然，保护自然，才能实现人与自然的和谐发展。在天人

---

① 出自《国语·郑语》。
② 出自《论语·季氏》。
③ 出自《道德经》第六十四章。
④ 出自《墨子·兼爱》。

关系上，儒家提出"致中和""合而为一"的思想，道家提出了"天人合一"观，这些观点虽然角度不同、领域不同，但"和合"的本质是相同的，"天地感而万物化生，圣人感人心而天下和平"，要实现人与自然的和谐发展也是相通的。在这些问题上，道家提供了最深刻并且最完善的生态智慧。他们强调，人类要以尊重自然规律为最高准则，以崇尚自然、效法天地作为人生行为的基本依归。反对一味地向自然界索取，反对片面地利用自然与征服自然。老子认为，生物来源于自然，人亦来源于自然，人和生物必须在自然给予的条件下求得生存。生态系统是"道"循环运动的产物，道生之，德蓄之，物形之，势成之。道缔造了生物，德养育了生物，周围环境使它成为一定的生态，生态遵循道所固有的规律运动。循环往复，周而复始、生生不息。他提出人要尊重自然崇尚自然，效法天地。"人法地，地法天，天法道，道法自然"①。按照他的无为学说，一个人应该把他的作为严格限制在必要的、自然的范围内。必要的是对于一定的目的是必要的，绝不可以过度。自然的是指顺乎个人的德行，不做人为的努力。这样以和作为生活的原则，实现和谐。庄子也强调人必须顺应自然，与自然和谐，达到"天地与我并生，而万物与我为一"的境界。

传统思想文化中的"和谐"思想，涉及人与自然、国家地区和国家地区、人与社会、人与人、人与身心各方面，它对人与人之间的和睦相处、维系社会的安定和谐推动各民族融合与发展发挥了不可或缺的作用。在落实科学发展观、构建社会主义和谐社会的今天，"和谐"思想对我们处理人与自然、人与人、人与社会的关系依然具有很好的借鉴意义和价值启示，它是中华民族文化的宝贵财富。

第二节　中国和谐传统的德育价值

"和谐"思想是中国传统文化的精髓，它旨在调节人与人、人与社会、人与自然以及个人内部身心关系，并促进其和谐统一，进而构建理想的"大

---

①　出自《道德经》。

同社会"。中国古代"和谐"思想与道德的属性是高度契合的，因为道德的基本内涵是人们在共同社会生活中，约定俗成的行为规范的综合，它同样是在调整人与人、人与社会、人与自然以及个人内部身心关系，并促进其和谐统一。由此可见"和谐"不仅是中国传统伦理道德的基本属性和历史传统，更是其建设和教育的根本价值取向，它充分反映在中国传统伦理道德中的"和谐"价值取向和"五伦"规范上。

一、中国传统伦理道德中的"和合"价值取向

（一）"天和"是中国传统伦理道德的最高目标

所谓"天和"，也称"天道"，就是指要尊重生命、遵从自然法则，达到人与自然的和谐、共生。中国传统和谐伦理思想以"天人合一"即"天和"为最高目标。《易经》提出"夫大人者，与天地合其德"的思想，认为天地之德在于生育万物，而人类之德则在于保障万物的生生不息；《中庸》中说："万物并育而不相害，道并行而不相悖"；荀子也认为"万物各得其和以生，各得其养以成"，强调天地万物都是相辅相成的，是相互依存的有机体；道家思想更加强调天人合一，天道自然的观念，认为天道的本性为和谐，人道应师法自然之天道，强调"天地与我并生，而万物与我为一"①。

（二）"人和"是中国传统伦理道德的重要目标

"人和"也称"人道"，就是指要维系做人的基本准则，达到人与人及人与社会的和谐统一。中国传统和谐思想以仁爱思想为核心。仁是儒家思想的核心，是"人和"最高准则。孔子认为，仁的基本要义和精神实质就是爱人，故具备仁德者应坚持"忠恕"之道，"己欲立而立人，己欲达而达人"，"己所不欲，勿施于人"。爱人从"我"出发，自己怎样对待自己，也就应该怎样对待别人。孔子提出"小人同而不和，君子和而不同"的命

---

① 出自《庄子·齐物论》。

题，追求"和合"的君子境界，主张社会中的人际关系要和谐。中国传统儒家另一代表人物孟子提出了"父子有亲，君臣有义，夫妇有别，长幼有序，朋友有信"的"五伦"思想，成为中国传统和谐伦理思想中处理人际关系非常重要的伦理规范。孟子还提出"正人先正己"的主张，以此来处理人与人之间的矛盾冲突，强调"与人为善"，每个人都在良好的伦理氛围中改过自新，自为至善。在处理人与社会关系问题上，中国传统伦理思想提倡"家和"为基础，天下和为目标，"父子笃，兄弟睦，夫妇和，家之肥也。大臣法，小臣廉，官职相序，君臣相正，国之肥也"①。荀子在讲到人与群体关系时提出："人能群，彼不能群也。和则一，一则多力，多力则强，强则胜物"，强调人要合群，人与群体相互依存，相互促进。

（三）"心和"是中国传统伦理道德的基础目标

所谓"心和"，就是指通过个人修行，达到人自身的身心和谐统一。"心和"是"人和"和"天和"的基础和前提，没有人的身心的自在和自为，就不可能有人与人之间的和谐，也不可能有人与自然之间的协调。心和是中国传统和谐伦理思想追求的首要目标。心和即人自身的身心和谐，它既指自然人意义上人自身的形体与精神之间的和谐，也指社会人意义上人行精神秩序或状态的和谐宁静。中国传统伦理思想强调人的身心的协调，主张自我修为，强调修身养性，追求高风亮节的思想境界，做到不以物喜，不以己悲，保持一种豁达淡然的心态，使身心各安其所。心和强调以中庸的境界规划自己的修为。孔子就指出人的行为应"无过无不及"：一个人的行为，不能走极端，既不要过分，也不要不及，"过犹不及"，以此来达致理智、健康、平和、心灵和谐的价值目标。

中国传统伦理道德重视人、自然、社会三者关系的和谐协调，致力于构造"天和""人和""心和"三者的统一，即达到中国传统伦理的终极价值——"太和"境界和"大同"盛世。这种"太和"和"大同"盛世反映了中国传统伦理道德是一种"和合伦理"。

---

① 出自《礼记·礼运》。

二、中国传统伦理道德的"五伦"规范

（一）"五伦"的基本内涵

"五伦"也称"五常"，它是中国传统社会基本的五种人伦关系，即君臣、父子、夫妇、兄弟、朋友五种关系，是狭义的"人伦"。伦，人伦，就是人与人之间的道德关系。孟子认为：父子之间有骨肉至亲，君臣之间有礼义之道，夫妻之间挚爱而又内外有别，老少之间有尊卑之序，朋友之间有诚信之德，这是处理人与人之间关系的道理和行为准则。"使契为司徒，教以人伦：父子有亲，君臣有义，夫妇有别，长幼有序，朋友有信。"① 人伦中的双方都是要遵守一定的"规矩"。为臣的，要忠于职守，为君的，要以礼给他们相应的待遇；为父的，要慈祥，为子的，要孝顺；为夫的，要主外，为妇的，要主内；为兄的，要照顾兄弟，为弟的，要敬重兄长；为友的，要讲信义。

"五伦"体系是几千年中华伦理文化传统中最重要的，也是最符合中国古代传统的道德规范，经过了几千年的演化和沉积，经受住了时间的考验，成为几千年来支配国人社会生活的最有影响力的传统观念之一，是中国传统礼教的核心，也是长期维系中华民族这个大族群的纲纪。五伦规范中的所涉五种人伦关系是人的常道，是人正常的也是永恒的关系，是人不应规避、不能规避的五种关系，也就是说，人不能逃避这五种关系中所指称的五种责任，而这五种责任又可划为家庭责任和社会责任两大类。因此，人不应脱离家庭以规避家庭责任，不应脱离社会以规避社会责任。

（二）由"五伦"演化到"三纲"

为进一步加强道德教化，董仲舒对五伦观念作了进一步的发挥，将"五伦"中所注重的道德义务的双向互动关系简化为君臣、父子、夫妻道德关系，强调其主从关系，也就是君为主，臣为从；父为主，子为从；夫为主，

---

① 出自《孟子·滕文公上》。

妻为从。亦即所谓的"君为臣纲，父为子纲，夫为妻纲"。具体地说，君、父、夫体现了天的"阳"面，臣、子、妻体现了天的"阴"面；阳永远处于主宰、尊贵的地位，阴永远处于服从、卑贱的地位。董仲舒以此确立了君权、父权、夫权的统治地位，把封建等级制度、政治秩序神圣化为宇宙的根本法则。从宋代朱熹开始，三纲五常联用。

两者相比较，"三纲"是一种的道德律令，比"五伦"更有力量，也更为苛刻，是"五伦"中的核心规范。从"五伦"到"三纲"的内在原理是一致的，仍然强调个人对"家""国"必须履行道德责任与义务。从内在方面来说，两者都以血缘关系为基础，从"家"的和谐出发，求取国家、民族、天下的和谐太平；整个伦理体系都需要体现在每个人的人生追求中，每个人都必须进入"修身、齐家、治国、平天下"的道德进阶的路径。

当然，受历史和时代的局限，"三纲五常"中蕴含着许多负面思想。如："三纲"理念里存在着强权和专制意识；"五常"理念里也有着明显的不平等。这些都需要我们批判地吸收。

三、中国传统"和谐"伦理及其实践的反思

(一) 积极意义

中国传统伦理的和合精神，融思想观念、思维方式、行为规范、社会实践、社会风尚为一体，反映着人们对社会伦理秩序的总体认识、基本理念和理想追求，是中国传统伦理乃至传统文化的核心内容和内在本质。郭齐勇说，儒家"伦常之道，有助于社会秩序化、和谐化、规范化，其生聚教训之策，更足以内裕民生而外服四夷"。中国传统伦理特别是其中的和合精神经过长期积淀和发展，已经深深地融入中华民族的血脉之中，成为中华文明的基本特性和独特价值，具有重要的社会作用。

1. 推动了中国古代生态文明建设

在"天人合一"伦理思想影响下，中国很早就产生了生态环境保护的思想诸如遵循自然规律进行劳作，广泛保护珍稀野生动植物，适度开发自然资源，维护生态平衡，使自然资源得以永续利用等。在这种思想的指引

下，中国古代还通过设置专门政府机构——虞衡制度，颁布律令等方式保护自然资源与生态环境。另外，还较早地建立了"自然保护区"对环境进行卓有成效的保护。古代"天人合一"伦理思想以及生态文明建设所导致的结果是孕育了中国古代发达的农耕文明，为中华民族繁衍生息奠定了坚实的物质基础。同时这种人与自然和谐相处的伦理价值取向，也深深地影响着中国古人的审美情趣和审美价值。比如向往脱离世俗、归隐山林的生活情趣；崇尚与自然协调，人工与自然融为一体的园林建筑美感；超凡脱俗、留有意境的书画艺术等。这些审美情趣和审美价值深深影响着中华民族，直到今天。

2. 维系与强化了中国式的家庭秩序和家族制度

我国传统社会是建立在亚细亚生产方式基础之上的社会形态，它与西欧社会伦理的重要区别之一在于，中国传统文化重视家庭伦理构建，西欧传统文化重视区域伦理秩序。正如有的学者指出的那样：中国国家起源于亚细亚方式，家庭是它的根基，故伦理思想极为重视调节家族内部关系，可以称之为家族主义伦理；西方国家起源于雅典式，它打破血缘家族关系进入国家，故而伦理思想十分重视调节个人和地域群体的关系，可以称之为地域主义伦理。中国传统伦理把家庭伦理置于社会伦理之上，把家庭道德规范看成是首要的伦理原则。《孟子》强调："父子有亲，君臣有义，夫妇有别，长幼有序，朋友有信。"其中有三个伦理关系属于家族内部的道德规范。《礼记》所列出的"十义"中，有八个道德规范是调节家庭内部成员关系的。董仲舒提出的"三纲"中有两纲属于家庭伦理。《大学》提出"家齐而后国治，国治而后天下平"，把家庭伦理看成是社会伦理的基础，甚至看成是"平天下"的基础。家庭伦理的出发点和致用之功都是和合，即"家和万事兴"。这种思想在明代洪应明所著的《菜根谭》中得到了集中反映。该书写到："天地不可一日无和气，人心不可一日无喜神。""家庭有个真佛，日用有种真道，人能诚心和气，愉色婉言，使父母兄弟间形骸两释，意气交流，胜于调息观心万倍矣。"由此可见，和合精神始终是家庭伦理的根本主旨，始终是家庭伦理的主要功效。和合精神指导下的家庭伦理，维护了中国传统家庭秩序，强化了中国传统宗法制度，也为社会奠定了稳固根基。

3. 维护了社会秩序，推动了社会经济发展

抛开其消极因素不说，客观讲"三纲五常"① 对于调整人和人、人与社会关系，进而维护社会秩序和稳定发挥了重大作用。我们都知道，人生活在一定社会环境中，这就决定了人与人、人与社会必然会发生关系。如果没有一定的伦理道德作为支撑，社会就会陷入纷乱之中。"三纲五常"提出后，以其注重人伦社会价值观、注重等级秩序价值观、注重家国的集体价值观、重义轻利的道德价值观有力地维护了封建社会秩序，对于人民相对安居乐业、经济社会发展发挥了重要作用。中华民族在自汉以后两千余年的封建社会发展史上，以不屈不挠的顽强意志和勇于探索的聪明才智，谱写了波澜壮阔的历史画卷，创造了同期世界历史上极其灿烂的物质文明与精神文明。万里长城、大运河、明清故宫以及多姿多彩的各种出土文物，无不反映出大胆、高超的生产技术；同时在思想文化、科学技术领域产生了无数杰出的人物，创造出无比博大、深厚的业绩；而包括指南针、造纸术、火药和印刷术这"四大发明"在内的无数科技成就，更使全人类获益匪浅。其原因很多，但毋庸置疑，以"三纲五常"为核心的伦理道德应该说发挥了重要作用。

4. 维护与加强了中华民族团结

比较重视人与自然、人与人之间的统一和谐是中国传统文化中一个一以贯之的重要内容，这有利于维护和促进中华民族的团结统一，正如1993年第三届"中华民族精神与民族凝聚力"国际讨论会纪要指出的那样："源远流长的和谐意识是中国社会自秦以来高度统一的重要原因之一。"有学者把中国传统文化重视和谐与统一的特点界定为"中华和合文化"，并认为："中华民族已经形成了运用和合概念与和合文化研究自然界的生成和人的生成，研究事物发展变化的规律，研究人与自然和人与社会的关系，研究人的身心统一规律和养生之道的文化传统。"和合伦理精神所产生的强大的向心力、凝聚力、整合力和生命力，调和了人与人、族与族的诸多关系，孕育了中国多元一体的民族共处格局，促进了中华民族大家庭发展共荣。

---

① 三纲指父为子纲、君为臣纲、夫为妻纲。五常传说不一，通常指仁、义、礼、智、信。简称纲常。出自《白虎通义·三纲六纪》。

5. 促进了中华民族精神形成和发展

以"三纲五常"为核心的中国传统伦理道德的长期推行和实践，有力地促进了中华民族精神的形成和发展。首先，传统伦理以"求道即求真——自强不息的精神"为终极价值目标，儒家注重积极有为的人生实践，儒家求道、求真、求诚的价值本体论培育了中华民族自强不息的民族精神。其次，是传统伦理追求"求善与求美——讲道德重教化的精神"培育了中华民族讲道德、重教化的民族精神，为中国人树立"仰无愧于天，俯无愧于地"① 的正人君子观念、建立道德观念、协调人与人之间的伦理关系、培育中华礼仪之邦起到了根本的指导作用。再次，传统伦理强调"成圣与合群——团结统一的精神"，设计了中国人的理想人格即圣人。最后，传统伦理推崇的理想社会是一个天下为公的小康社会和大同社会："大道之行，天下为公。选贤与能，讲信修睦。故人不独亲其亲，不独子其子，使老有所养，壮有所用，幼有所长，鳏寡孤独废疾者，皆有所养"②，培育了中华民族团结统一的精魂。

6. 抚慰与安顿了人们的心灵和精神家园

和合精神具有终极关怀的人文情愫，彰显"天、地、人、物、我"之间的生命感通，在礼乐伦理教化中达到修身养性、完善自我、成就自我的目的。

中国传统伦理特别强调修身的重要性，始终从"自我"角度出发，达到"仁"的境界。这可以从《论语》和《菜根谭》两部伦理学典籍中得到充分的证明。其中《菜根谭》说："处世让一步为高，退步即进步的张本；待人宽一分是福，利人实利己的根基。"中国古代所有的道德文章，几乎毫无例外地规劝人们要"厚德载物，雅量容人"。比如《礼记·礼运》说："何谓人义，父慈、子孝、兄良、弟悌、夫义、妇德、长惠、幼顺、君仁、臣忠，十者谓之十义。""十义"均强调从内敛、克己出发，通过修身养性，达到心平气和，做到"己所不欲，勿施于人"③，"己欲立而立人，己欲达而达人"④，实现人的内心和谐以及人与人之间的和谐。

---

① 出自《孟子·尽心上》。
② 出自《礼记·礼运》。
③ 出自《论语·卫灵公》。
④ 出自《论语·雍也》。

（二）消极作用

诚然，中国传统"和合伦理"的提出和推行，它本身是为维护封建统治秩序的，我们在看到它所带来的积极作用的同时，也要看到它的消极意义。在长期"和合伦理"的推行下，中国文化的精髓长期被扭曲，过分强调和合的表面现象，由此造成了五弊端：等级观念、沉沦思维、近效取向、家族本位、缺乏实证。同时在"和合伦理"的指引下，形成中国人片面强调"和合"心理，如"一团和气"，甚至江湖义气、重人事轻科技、平均主义等。而且，和合精神最大的缺陷在于缺乏创新力。这些都不适应现代社会的要求，因此，需要摒弃。

第三节　现代德育目标的构建

从中国传统伦理道德建设历史经验以及当前德育现状分析，要加强和改善德育工作，就必须认真审视并确定德育目标。所谓德育目标，就是德育活动预先设定的教育结果，也就是我们通过德育活动希望教育对象所能达到的规格和质量。

一、传统"和合伦理"经验启示

中国传统以"天和""人和""心和"三位一体的"和合伦理"思想，并辅之以"五伦"具体规范，共同构建了中国传统伦理道德思想体系，并且取得了显著成效。

（一）当前"人与自然和谐"德育现实价值

古人强调人要以尊重自然规律为最高准则，以崇尚自然、效法天地为人生行为的基本依归，以达到天地与我并生①的境界。这种"天人合一"的伦

---

① 出自《庄子·齐物论》。

理思想，季羡林给予了高度评价，指出它代表了"中国古代哲学主要基调的思想，是一个非常伟大的、含义异常深远的思想"。须知，人毕竟生活在自然界之中，人是自然的一部分。正确认识和把握人与自然的对立统一关系，人与自然和谐相处，不仅关系着自然界的生态平衡，而且也关系着人类自身的生存和发展。但实际上，人们却忽视了人与自然和谐相处之道，只知道一味征服自然，无限度地向自然索取。随着现代文明的推进尤其是科学技术、工业革命的发展，使我们面临着极为严重的生态危机：全球变暖、臭氧层破坏、酸雨、淡水资源危机、能源短缺、森林资源锐减、土地荒漠化、物种加速灭绝、垃圾成灾、有毒化学品污染等。用恩格斯所告诫的话说："我们不要过分陶醉于我们对自然界的胜利，对于每一次这样的胜利，自然界都会报复我们。"这些生态危机，若不给予重视和解决，其结果必然导致地球和人类的自我毁灭。因此，人与自然的和谐共生，比任何时候都显得重要、现实和紧迫。我们加强和改善德育，首要的价值就是要积极构建人与自然相处关系的和谐之道。这不仅是我们德育的最高价值，也是最重要的德育内容。

（二）当前"人与人、人与社会和谐发展"的德育现实价值

古人非常重视"和"在处理人与人、人与社会关系中的重要作用，所谓"以和为贵""家和万事兴"，从而创造出民主公平、法制健全、团结友爱、充满活力、安定团结的人与人、人与社会和谐相处的理想境界。抛开维护封建统治秩序、压抑人性、等级森严等消极因素不讲，中国这种传统"和合伦理"应该说在维护社会秩序、促进经济社会发展上起到了非常重要的作用。这对我们今天构建社会主义和谐社会具有重要借鉴意义。毋庸置疑，改革开放40多年来，我们经济建设取得了令世人瞩目的成就，GDP总量跃居世界第二位，较好地解决了贫困问题。但随着改革开放的深入，一些深层次矛盾不断爆发，城乡、区域、经济社会发展很不平衡，人口资源环境压力加大；就业、社会保障、收入分配、教育、医疗、住房、安全生产、社会治安等方面关系群众切身利益的问题比较突出；体制机制尚不完善，民主法制还不健全；一些社会成员诚信缺失、道德失范，一些领导干部的素质、能力和作风与新形势新任务的要求还不适应；一些领域的腐败现象仍然比较严重；敌对势力

的渗透破坏活动危及国家安全和社会稳定。另外，我国正处于并将长期处于社会主义初级阶段，由于经济体制深刻变革、社会结构深刻变动、利益格局深刻调整、思想观念深刻变化，由于发展不平衡、不协调、不可持续问题短期内难以根本解决，人民内部各种具体利益矛盾难以避免地会经常地大量地表现出来。这些问题，如果不引起我们高度重视并加以解决，其后果不仅会影响我国社会主义现代化建设，而且会将我国改革开放成果毁于一旦，更别说实现中华民族伟大复兴。因此，人与人、人与社会和谐相处，比任何时候都显得重要、现实和紧迫。我们加强和改善德育，其内在动力和重要内容就是要积极构建人与人、人与社会和谐相处。

（三）当前"个体身心的和谐发展"的德育现实

个体的身心和谐，在中国古代，也称为人的神形合一，主要是指人生在世，要保持平和、恬淡的心态，具有良好的道德修养和人格，以维护和增强身心健康。中国古代这种"持中贵和"讲求个人道德修炼，继而达到身心和谐的"和合伦理"，在推进个人实现理想人格，造就了中国传统知识分子人格独立、精神自由的个性传统，进而促进民族精神的形成和发展发挥着重要作用。这对于我们今天加强和改善德育，促进社会主义和谐社会的构建具有重要借鉴意义。众所周知，随着我国社会主义市场经济的建立和发展，我们获取并享受着改革发展的丰硕成果，但也要看到随着社会竞争加剧、利益格局调整、思想多元多样、公德流失滑坡、拜金主义盛行、生态灾难频繁、政治信仰动摇、个人本位主义、缺乏生命尊重等现象出现，导致部分人始终处于身体亚健康状况，人的思想开始迷惘，精神压力越来越大，甚至于濒临心理崩溃的边缘。这种精神疾患以及私德的沦丧，不仅给个人带来严重的危害，同时也给社会带来不安。所以，有专家忧心忡忡地说，精神危机一旦发生，或许要比经济危机更加可怕，这是一场没有硝烟的战争。我们都知道，人生活在自然界和社会之中，人是自然界和社会的一分子。个人身心和谐与否，直接关系着社会和谐、自然和谐。因此，我们加强和改善德育，其前提基础和基本内容就是要推进个人身心和谐，因为这不仅关系着个人的全面发展，也关系着人与人、人与社会、人与自然的和谐。

二、当前德育目标体系的现状分析

认真审查当前我国德育目标系统现状时，我们不难发现它存在着两个方面的问题。

（一）缺乏"生态德育"的目标和内容

长期以来我国学校德育内容主要围绕如何处理人与他人、集体和社会的关系组织的，而相对忽略了如何处理人与自然，包括人与其他生命体的关系的教育内容。尽管从 20 世纪 80 年代起我国的环境教育就已经起步，但也基本上停留在知识的传授上，而没有自觉地把其纳入德育内容中、渗透进学校的各个环节里，更谈不上对塑造"理性生态人"最为重要的情感体验、习惯养成及价值观的培养。首先，理论研究滞后，思想上重视不够，学科体系不健全。有关生态知识的教材缺乏，严重影响了生态伦理的教学；各种教材中有关生态的知识太少，且不系统；各种考试中有关生态知识的，少之甚少。其次，德育对象仅限于学校里，忽视了社会教育的作用；公民生态知识得不到普及，从主观上制约生态道德观的养成，难以用生态道德观自律。

（二）德育目标与社会现实需要脱节

德育目标的设置严重偏离受教育者品德发展水平和品德发展需要，缺乏层次感和系统性。理论上没有建立科学合理的德育目标结构体系，实践中缺乏可操作性的德育子目标，德育过程中错误地把德育总目标当作德育起点，致使德育定位发生偏差。德育目标是指通过道德教育培养使受教育者在思想、政治、道德品质等方面应达到的总体水平和要求，是教育目的在德方面的具体化，是预期的道德教育结果。德育目标的确立，从根本上体现了一定社会政治经济对受教育者在政治、思想、道德、法纪、人格、心理等方面的要求。因此，德育目标的确立，还需考虑两个重要因素，即受教育对象的心理因素和教育者的认知因素。不仅如此，德育总目标必须根据受教育者身心发展规律、心理发展水平，特别是品德心理发展水平和品德发展需要，由浅入深，从低到高，分解为具体地适用于各级各类学校的德育子目标，构成一个纵横交错、协调一致的德育目标网络系统和德育目标体系。唯有如此，教育者才明确自己的教育对象应达到怎样的德育目标，明确自己的教育在德育目标体系中的位置、作用。这样，才能适应实际工作的需要，真正使德育目标落到实处，提高德育工作的针对性。因此，必须使德育目标系列化、层次化、科学化，不能笼统地用一个目标去制约各级各类学校的德育任务和内容的确立、德育原则和方法的选择、德育过程的组织和实施，甚至用一个总目标去衡量各级各类学校德育质量优劣、效果好坏，评价各级各类学校德育的性质水平，以及受教育者的道德水平。

三、现代德育目标体系的基本内容

根据"人—社会—自然"和谐共处的现代德育目标，结合现实需要，现代德育目标体系应包括三方面的内容，即生态德育、公民德育和私德教育。

（一）生态德育

1. 生态德育的基本内涵

生态道德亦称环境道德，是调整人与自然和生态之间行为规范的总和。而生态德育，则是指通过一定的教育活动，对受教育者施加系统的生态道德影响，使他们认清遵守和讲求生态道德行为的基本原则和规范的意义，能够从人与自然相互依存、和睦相处的生态道德观点出发，自觉地主动地履行维护生态平衡的责任和义务，自觉修养爱护自然环境及生态系统的思想觉悟和行为习惯。生态德育继承了中国传统"和合伦理"中"天人合一"伦理思想，其目的就是要建立"人与自然和谐共生"关系，它是现代德育最高价值，因为这关乎整个人类生存的未来。

2. 生态德育的主要特征

第一，生态德育在价值取向上超越了现代道德教育的狭隘视域，从关注人与人之间的道德关系跨越到对人与自然和谐共处、协调发展的生态学价值的关注。生态德育通过对人类中心主义的消解，自觉地上升到自然界和人类社会历史发展的高度，站在自然界发展演变规律的角度去看待人类作为"类"而存在和发展的可能性与合理性，重新体悟人类各种行为的道德价值，把培养向自然开战的个体勇敢性、自豪感等价值追求，自觉转向培养人类与大自然和谐相处的"类"生存品性，真正做到把人类看作是大自然的一部分，大自然生存则人类生存，大自然灭亡则人类灭亡。

第二，生态德育在德性养成方式上超越了现代道德教育以说服教育和榜样示范为主要实施途径的个体主体特征，呈现出人类与大自然和谐融合的类主体特征。一方面，作为交往和对话对象的大自然恬淡宁静，行"无言之教"，受教育者在实践体悟中寻求和保持与大自然的和谐统一，其德性境界上呈现上不封顶状态。另一方面，生态德育不再局限于灌输"民族""国家""种族"的狭隘道德价值观，引导受教育者体悟"类与类"之间的互惠共生关系，承认不同民族和国家人民道德价值的异质性，在长远利益和基本利益方面共同合作，共同解决人类面临的各种难题，谋求人类与大自然的长远协调发展。

3. 生态德育的目标追求

第一，确立生态道德善恶观。以是否有利于人与自然的和谐发展作为衡量行为善恶的标准。正如现代生态伦理学创始人之一的莱奥波尔德所说："当一切事情趋向于保护生物共同体的完整、稳定和美丽时，它就是正确的；当一切事情趋向于相反的结果时，它就是错误的。"确立这样的善恶观，有助于激发人们发现大自然的美，产生对自然的热爱之情，对大自然美感的认识是形成生态道德的基础。

第二，唤醒生态道德意识。生态道德意识是根据社会和自然的具体可能性、最优地解决社会和自然关系的观点、理论和道德情感的总和，它是社会和自然最优相互作用的条件。生态意识来源于对以往人类活动中违反生态规律带来的严重后果的反省和对后代人的责任。破坏自然就是破坏人类的生存条件，因为人类生命的延续依赖于自然系统功能的持续发挥，从而确保能量与营养的供给。美国生态学家奥德姆说："尽管人类已经取得了巨大的技术进步，但仍然寄生于生物圈，以维持生存。寄生物的生存有赖于减少危害和建立起有利于寄主的正反馈。"人与生物圈之间的寄生—宿主模式决定了人类必须善待地球，否则会危及人类生存。因此，谋求人与自然的和谐，解决生态环境恶化问题，最重要的是要唤起人们自觉保护生态环境的意识，这也是生态道德教育的首要任务。

第三，强化生态道德责任。作为人类的一分子，每个人都有相应的社会责任，作为自然的一分子，每个人都有相应的自然责任或生态责任。目前的生态危机由于人类活动造成的，人类有责任恢复、重建生态平衡。如果说自然界最终通过人类达到了自我意识，那么人类也应该认识到自己在自然中的地位和作用：人是自然进化的引导者和管理者，他的使命和责任就是促进自然整体价值的提高。人类如果仅从自己的需要和利益出发去对待自然，只是将自然视为实现人的价值的工具，那就会辜负自然对他的生存和发展的恩赐，丧失自然赋予他促进和完善自然进化的天职，最终沦为一个自私的可怜虫，陷入物种进化的死胡同。因此，如果不明确这种生态道德责任，就无法培养学生的生态道德自律能力。

第四，培养生态道德能力。生态道德能力是人所特有的一种超越自身功利而履行人类的生态义务、实践较高意志的本领及心理素质，包括生态道德认识能力、实践能力以及对错误行为的抵制能力等，这是有深厚的自然基础的。人与自然要和谐发展就要使人类行为既是为了人类的利益，也是为了自然的利益，既是利自在，也是利他在。生态的"是"与人类行为的"应该"是一致的。生态道德能力是人的生存和发展能力的重要内容。这种能力的培养就成为生态道德教育的关键环节。

（二）公民德育

1. 公民德育的基本内涵

公民道德，就是指一个国家所有公民在协调处理人与人、人与社会关系时必须遵守和履行的道德规范的总和。从其内容看，主要包括基本道德规范和社会公德规范、职业道德规范、家庭美德规范，涵盖了社会生活的各个领域，适用于不同社会群体，是每一个公民都应该遵守的行为准则。与之相适应，公民德育就是要通过一系列的教育活动，使受教育者知晓现代社会人与人、人与社会相处时应遵守的行为规范，进而促进"人与人、人与社会的和谐相处"。

2. 公民德育的指导思想

根据我国国情和现实需要，公民德育的指导思想是：以中国特色社会主义理论体系为指导，坚持科学发展观，坚持党的基本路线、基本纲领，重在建设，以人为本，在全体公民中牢固树立建设有中国特色社会主义的共同理想和正确的世界观、人生观、价值观，在全社会大力倡导"爱国守法、明礼诚信、团结友善、勤俭自强、敬业奉献"的基本道德规范，努力提高公民道德素质，促进人的全面发展，培养一代又一代有理想、有道德、有文化、有纪律的社会主义公民。

3. 公民德育的目标追求

公民德育的目标追求，集中反映在它的主要内容及其要求上。这就是以"爱国守法、明礼诚信、团结友善、勤俭自强、敬业奉献"为主要内容和要求的公民道德基本规范，以"文明礼貌、助人为乐、爱护公物、保护环境、遵纪守法"为主要内容和要求的社会公德，以"爱岗敬业、诚实守信、办事公道、服务群众、奉献社会"为主要内容和要求的职业道德，以"尊老爱幼、男女平等、夫妻和睦、勤俭持家、邻里团结"为主要内容和要求的家庭美德。

（三）私德教育

1. 私德教育的基本内涵

私德，顾名思义，就是指与公德相对应的个人品德修养。他与公德相辅相成，缺一不可，共同构成社会道德。

2. 私德教育的重要性

没有个人的"私德"，也就没有真正意义上的"社会公德"。梁启超在《论公德》中说："道德之本体一而已，但其发表于外，则公私之名立焉。""人人独善其身者谓之私德，人人相善其群者谓之公德。"这就是说，私德是个人立身之本，公德是服务社会国家之本，如果个人私德不良好，往往就会妨害公德，所以一个人的私德是十分重要的，私德是公德的基础。私德，往往表现在独处之时，所以古人重视"慎独"。也正因为独处时最能表现私德，因而一个人的私德如何难以直接考察。但是，从一个人在公众场合的表现，则可以推测这个人独处时的品德状况。

我们经常会看到一些人在公开场合高谈"仁义道德"，背后却干着道德败坏之事，这种集体行为与个人行为的背离、知与行的背离，其根本原因就在于现在所推行的德育注重道德知识的传授，却忽视品德的培养，以至于人们缺乏的不是道德认知，而是道德品质。所谓道德品质，是指道德在个体身上表现出来的稳固的心理特征，即品德。而私德正突出地体现个人品德修养。因此，重视和加强个人的私德教育，有利于公德的培养，有利于集体行为与个人行为的统一，有利于知与行的统一。

　　3. 私德教育的目标要求

　　私德教育包括"知、情、意、行"即道德观念、道德情感、道德意志和道德行为四个内容。

　　道德观念是指对道德行为准则及其意义的认识。其中包括道德概念、原则、信念与观点的形成以及运用这些观念去分析道德情境，对人、对事和对自己的言行做出是非、善恶等的道德判断。

　　道德情感是伴随道德观念所产生的一种内心体验，也就是人在心理上所产生的对某种道德行为的爱慕或憎恨、喜好或厌恶等情感体验。强烈、健康的道德情感对品德的形成具有重要的意义，它是个体道德行动的内部动力，也是一种自我监督与自我检查的力量。在现实生活中，人们首先通过感情表明他们的需要，通过感情与他人建立或割裂联系，人们常常以他人的情绪表情和事物信息的情绪性作为鉴别判断的线索，以自己满意、不满意，肯定或否定的情绪化特征作为不加选择的第一反应，进而获得道德审美和精神享受。

　　道德意志是在自觉执行道德行为的过程中，克服所遇到的困难和障碍时所表现出来的意志品质。道德意志实际上是道德观念的能动作用，是人利用自己的意识通过理智的权衡作用去解决道德生活中的内心矛盾与支配行为的力量，这种力量经常在人为实现道德目标的行动中，通过采取积极进取或顽强自制两种形式得到具体表现。意志与行为紧密相连，体现在行为之中，是调节行为的精神力量。一个人有了道德观念，但是否引起行为，能否抗拒现实生活中的各种诱惑，使道德动机在内心冲突中战胜其他非道德动机，往往取决于其道德意志力。道德意志在道德观念转化为道德行为的过程中起着十分重要的作用。

　　道德行为是人在一定的道德意识支配下表现出来的对待他人和社会有道德意义的活动。它是人的道德观念的外在具体表现，是实现道德动机的手段。道德行为有两种不同的水平，初级水平的道德行为是一种不经常的、不稳定的、有条件的道德行为；高级水平的道德行为是一种无条件的、自动的、带情绪色彩的行为，即道德习惯。良好的道德行为习惯，能使品德从内心出发，不走弯路而达到最高境界；而不良的道德行为习惯，会给改造不良品德工作带来困难。道德行为从根本上说是一种自律行为，人们道德水平的提高有赖于自身内在主体精神和能动性的激发和激活。

第六章

新时期高校德育教育创新研究

党和政府对高校德育工作始终是非常重视的。新中国成立以来，高等学校继承和发扬党的优良传统，教育和帮助广大学生坚持正确的政治方向，培养了一大批德才兼备的人才。

第一节 新时期高校德育的内涵和在现实中的地位

德育即思想、政治和品德教育。中国共产党十一届三中全会以后，高校德育的领域被拓宽了，经过 20 多年的努力，现在已形成包括思想教育、政治教育和道德品质教育在内的德育体系。

中国共产党十三届四中全会以来，党中央高度重视高等学校的德育工作。教育部会同中组部、中宣部已经连续多次召开全国高校党的建设和思想政治工作会议，交流经验，研究问题，采取措施，使高校德育工作得到加强。

中共中央、国务院《关于进一步加强和改进大学生德育教育的意见》指出："高校要坚持育人为本，德育为先，把人才培养作为根本任务，把思想政治摆在各项工作的重要位置，具有重大而深远的战略意义。"

切实加强和改进大学生思想教育工作，培养造就千千万万具有高尚思想品质和良好道德修养、掌握现代化建设所需要的丰富知识和扎实本领的优秀人才，使大学生能够与时代同步伐、与祖国共命运、与人民齐奋斗，这对于确保实现全面建设小康社会，进而实现现代化的宏伟目标，确保实现中华民族的伟大复兴，具有重大而深远的战略意义。

一、正确认识"高校德育首位"论

学校教育要坚持育人为本，德育为先，把人才培养作为根本任务，把思想教育摆在首要位置，主要原因如下。

（一）中国特色社会主义的性质要求学校教育把德育放在首要位置

我们社会主义国家的教育，是社会主义培养各种专门人才的事业。社会主义的经济和政治决定了社会主义教育的性质、目的、制度、方针和教育的思想政治内容。社会主义教育的目的，是培养社会主义事业所需要的各类人才，要求培养出来的人才必须为社会主义建设事业服务。这是我国高等教育的目的，也是我们高等学校的主要任务。社会主义制度的性质决定着社会主义高等教育的性质，同时，也决定着社会主义大学的办学方向，必须坚持党的领导，坚持社会主义方向，坚持马克思主义在科学文化和学术工作中的指导地位。把德育放在首位，这是我国高等教育社会主义性质的重要标志。作为社会主义的高等学校，如果忘掉或丢掉甚至摆错了德育的位置，就必然会迷失方向，误人子弟，误国误民。

（二）党的教育方针决定了学校教育要把德育放在首要位置

邓小平同志指出："我们的学校是为社会主义建设培养人才的地方。培养人才有没有质量标准呢？有的。这就是毛泽东同志说的，应该使受教育者在德育、智育、体育几个方面都得到发展，成为有社会主义觉悟、有文化的劳动者。"

党的教育方针，充分体现了全面发展的教育原则。在德智体全面发展中，邓小平同志还强调："学校应该永远把坚定正确的政治方向放在第一位。"

在德智体全面发展的问题上，有人总结说，学生的智育不合格是"次品"，体育不合格是"废品"，而德育不合格则是"危险品"。它生动形象地阐述了德、智、体三个方面的关系。就育人来讲，三者是相互关联、相互依存、相互渗透、相互制约、相互促进、不可分割的统一整体。

但是，根据马克思主义辩证唯物主义的观点，构成矛盾统一体的各方，其地位和作用是有主次之别的。如果没有这种明确的区分，就不可能弄清事物的性质，把握事物的本质。依据这一理论，在全面发展教育方面构成的矛盾统一体中，能够体现其性质、本质的，只能是德育。因为，德育所要解决的是学生社会意识的问题，即政治立场、思想观点、行为规范等方面的问题。具体来说，是解决学生为谁而学、学成后为谁服务的问题。我们社会主义大学培养的是能够坚持正确的政治方向，拥护共产党的领导，愿为社会主义祖国献身的高级专门人才。要完成这一任务，只有依靠德育。

（三）学校的中心工作需要把德育放在首位

当前，"以教学为中心"的思想被各类高校充分重视并贯彻实施，"以教学为中心"无疑是正确的，它与德育不但不矛盾，而且是相辅相成的，缺一不可。

教学包括德育。现代教育理论认为，教学应该着眼于学生的全面发展，培养全面和谐发展的个性。著名教学论专家赞可夫在《新教学论本质》一文中指出，教学的主要任务是既在掌握知识和技能技巧方面达到高质量，又在学生的发展上取得重大进步。

也就是说，教学并非只是传授业务知识，片面地着眼于智力，而应当把教学看作是落实教育方针的主要途径。教学过程中应当包括德育、智育和体育，而且，德育还应该是教学的一项主要内容和首要任务。

德育在教学中起主导作用。在整个教学过程中，德育以其方向性贯穿于其他诸项教育之中。它不仅对智育起着主导作用，同样在体育中也起着主导作用。如果离开了德育，整个教学过程就很难顺利进行，这已是被实践反复证明了的。

二、新时期高校德育创新的必要性

德育创新是主体（人）为了一定的目的，遵循德育发展的规律，对德育进行变革，从而使德育得以更新与发展的活动。

创新是一个民族的灵魂，是国家兴旺发达的不竭动力。一个没有创新能力的民族，难以屹立于世界民族之林。历史进步的本质在于创新，民族的振兴、国家的强盛同样离不开创新，任何工作没有创新就没有活力，没有生命力。同样，高校的德育工作也只有在实践中不断创新，才能有新的活力，才能适应时代的进步与发展。

德育工作的显著特征在于，它随着时代的变化、社会的变化、生活的变化而变化，具有开放性、现代性、发展性。德育的这些特征要求我们德育工作者，在实践中必须不断地去探索、去实验、去研究、去创新，但是，强调高校德育工作的创新，不是全盘废弃过去的东西。德育工作是一个系统工程，具有一定的规律性。德育工作涉及方方面面，反映了德育客观规律、德育工作的实践经验，以及国家关于德育工作的法律、法规、政策等。我国的高校德育工作经过几十年的探索实践，总结出了许多工作规律，积累了大量的丰富经验。这些规律、经验凝聚了广大高校德育工作者先进的德育理念，为培养面向现代化、面向世界、面向未来的，德智体美等全面发展的社会主义事业建设者和接班人任务的顺利完成提供了有力保证。高校德育工作所取得的这些成绩有目共睹，所形成的理论、探索的规律、积累的经验、创造的方法，应当在实践中予以继承，并使其成为德育工作创新的基础。

新时期高校德育工作所面临的国际和国内环境已经发生了重大变化，高校德育唯有创新才能发展。新时期高校德育的对象已经发生了巨大变化，具有新的特点和要求，高校德育唯有创新，才能适应德育对象全面发展的要求。新时期高校德育的客观环境发生了变化，高校德育唯有创新，才能走出发展的困境。

第二节 新时期高校德育创新的理论基础和原则

实践基础上的理论创新，是社会发展和变革的先导。通过理论创新推动制度创新、科技创新、文化创新，以及其他各方面的创新，不断在实践中前进，永不自满，永不懈怠。这是我们要长期坚持的治党治国之道。新时期高校德育创新工作必须有坚实的理论基础为指导。

一、新时期高校德育创新的理论基础

中国传统文化是历经几千年的社会变革和发展而形成的一种思想和知识系统，中国传统文化追求人与自然的和谐、人与人的和谐，把天、地、人看作统一的整体，以"人与天地万物为一体"①"天人合一"② 为最高境界。

中国传统文化是以伦理观念、伦理道德修养及治国安邦之术为核心的。其内涵和特征主要有四：突出伦理本位，倾心于现实政治，宣扬主体意识主要包括认识的主体性、道德的主体性和生活的主体性，强调整体观念。

（一）科学发展观中的"以人为本"思想

我国正处在社会发展的转型时期。一方面，我国社会主义改革开放与发展市场经济使社会生产方式、生活方式发生转变；另一方面，随着信息网络技术的发展，世界正走向知识经济时代。社会与时代的发展变化必然要求教育与时俱进，培养适应社会转型需要的人才。德育是培育社会精神和人才思想意识的工作，无疑需要体现先进性与发展性，需要改革和创新。但是，它的改革创新必须用新的理念做指导，对传统的理念进行扬弃和超越。

以人为本的科学发展观，是体现社会主义性质与价值取向的社会理念，与其一致，德育必须坚持和弘扬"以人为本"的理念。

以人为本，就是要把人民的利益作为一切工作的出发点和落脚点，不断满足人们的多方面需求和促进人的全面发展。马克思说过，任何一种解放都是把人的世界和人的关系还给人自己，这是以人为本的根本。以人为本，说到底，就是解放人，使人的潜能得到主动、全面、充分的发挥。

因此，以人为本，是做好德育工作的基础和前提。坚持以人为本，就要求我们在德育的过程中，做到尊重学生、理解学生、关心学生和信任学生，注重学生个性发展和全面发展的统一，注重学生创造性人格和健康人格的统一，注重学生"学会"和"会学"的统一，促进学生全面发展。

---

① 出自《孟子·梁惠王》。
② 中国古代哲学中关于天人关系的一种学说。

(二) 系统科学理论中的"大德育"思想

系统科学是研究事物整体联系和运动发展规律的科学，其要点为：

第一，任何一个事物的存在都表现为一个系统。系统是由事物内部互相联系、互相作用、互相依赖和影响的若干部分组成的有机整体。整体性是系统的一个本质属性。系统总是处在赖以生存和发展的环境之中，并不断同环境进行物质、能量和信息的交换。

在德育这个系统中，包含着三个最基本的因素，即教育者、受教育者、教育过程。其相互联系，互相影响，十分密切。加强高校德育创新，必须从整体性大背景的变化出发，树立战略意识、时代意识。从整体观念和联合作战的思想出发，明确调控目标，使各系统整合成一种合力，形成上下连接、左右贯通、立体交叉的德育网络。高校德育工作量大面广，组织过程耗时耗力，没有有效的调控机制，就可能导致无序无效。因此，实现德育效果的最大化，不仅需要校内各种教育资源的整合，还需要学校、社会和家庭加强联系，相互协调，从整体上优化育人环境。

第二，系统内部各要素具有层次性和等级性，系统的不同层次有着不同的规律。德育的层次性取决于德育对象的层次性，要提升德育效果，必须把握层次性要求，树立德育对象主体性观念，加强针对性工作。研究德育对象的层次性，要注重学生全面发展和理想人格塑造的序列性，在学生学习过程的不同阶段、不同时机、不同教育环节，实施不同的教育内容，采取不同的方式、手段，满足学生不断增长的需要，分层次有重点，由低到高，由浅入深，形成循序渐进的系列教育格局，使实践随着教育理论的发展向更高层次迈进。

第三，结构性系统功能的发挥，不仅取决于组成该系统的各个部分本身，而且取决于各个部分的结构形式，系统的总功能不是各个组成部分功能的简单叠加，而是各个部分功能的有机结合。

这一理论要求我们要立足于从要素、结构、功能与所处环境的相互联系和制约关系中，分析系统中各要素的结构功能，有意识、有目的地使系统内部各要素达到最佳建构和配置，以求系统形式结构最优和功能最优的整体效应。

因此，要做好以下几个方面的工作。高校、社会与家庭之间的沟通、合作与融合。高校内部各个工作部门、各个岗位之间的协调、有机结合。高校德育工作中的目标、内容、途径、方法、管理和评价等因素合理配置，整体联动，构建一个和谐的大德育工作系统。

二、新时期高校德育创新的原则

（一）主体性原则

所谓主体性原则，就是指在高校德育工作过程中，始终将大学生置于主体地位，始终把大学生看成是德育活动的主体，注重培育和造就大学生的主体性。

把学生作为学校教育的价值主体，确立学生在高校德育中的主体地位。转变将学生仅仅作为教育和管理的对象的现象，坚持以学生为根本，以学生为核心，以学生为目的，尊重学生，理解学生，关爱学生，把促进学生的成长、成才作为高校德育的根本价值取向。

把学生作为学校教育的动力主体，激发学生自我教育的积极性。转变过多地强调教育管理工作者的主导责任，而对学生的主体作用和自我教育重视不够的现象，致力于唤醒学生的主体意识，激发学生的主体热情，调动学生的主体积极性，在课堂教学、校园文化、社团活动、社会实践等环节中，更加充分地发挥学生的主体作用。

把学生作为学校教育的权利主体，切实维护其合法权益。转变重管理、重视对学生的义务要求，而轻服务、忽视学生权益维护的现象，高度重视学生所应具有的受教育权和公民权，使高校德育的过程，成为尊重和维护学生合法权益的过程，成为服务学生成长成才和全面发展的过程。

把学生作为学校教育的发展主体，促进学生的全面发展。转变重知识轻素质、重灌输轻发展的现象，构建科学与人文相统一的素质结构，社会化与个性化相统一的人格结构，促进学生各种素质的和谐发展。

（二）开放性原则

所谓开放性原则，是指高校德育创新必须彻底打破传统的封闭模式，在德育的目标、内容和手段等方面实行全方位开放，把学生从以往的束缚中彻底解放出来，使他们在开放式德育过程中，处于自主、自觉、自愿的状态去接受、思考、判断和分析。

1. 德育目标要体现开放性

德育目标是高校德育的指针和方向，决定了德育内容、手段和方法等的选择，在德育工作中始终起着主导性和规范性的作用。考察世界先进国家高校的德育目标，可以从中发现，开放性是他们德育目标的共同特色。例如，德国的德育目标是培养具有向世界开放人格的人；美国的德育目标是注重在开放式德育中发展学生的道德推理能力和创造能力，强调使个体成为有自理能力、有自信心和参与意识的自主公民。

按照《中国普通高等学校德育大纲》的具体描述，我国的德育目标是："使学生热爱社会主义祖国，拥护党的领导和党的基本路线，确立献身于有中国特色社会主义事业的政治方向；努力学习马克思主义，逐步树立科学世界观、方法论；走与实践相结合，与工农相结合的道路；努力为人民服务，具有艰苦奋斗的精神和强烈的使命感、责任感；自觉地遵纪守法，具有良好的道德品质和健康的心理素质；勤奋学习，勇于探索，努力掌握现代科学文化知识，并从中培养一批具有共产主义觉悟的先进分子。"

从美国、德国的德育目标中可以发现：注重开放性和个性培养，是这些国家德育目标的主要价值取向。它们强调在开放中培养学生健全的人格，发展学生个性，在轻松活泼中让学生自觉接受和体验德育。因此，我国高校德育目标应在现有的基础上，吸纳西方国家德育的一些有效成分。

2. 德育内容要注重开放性

学生的道德发展是一个持续的、有内在规律的过程。因此，德育内容的开放性，应遵循学生道德发展的规律，充分考虑学生理解和接受的能力，根据时代发展和形势变化而不断丰富和更新。

首先，把道德教育内容的价值准则和规范系统向学生开放，让学生独立思考，理性选择。

其次，灵活使用不同的德育理论和教材。在遵循国家德育统一目标的原则下，根据本地和学生的实际，引进和吸纳一些先进国家的德育理论和经验，开阔学生视野，增加对全球德育发展趋势的了解。

最后，德育内容应贴近实际生活。学校应根据学生实际，定期进行一些诸如形势教育、国家方针政策教育、法纪教育、公德教育、健康教育、环保教育，等等。这些德育内容鲜活丰富，与实际生活密切相关，学生容易理解且乐意接受。

3. 德育手段要展现开放性

充分运用现代科技手段，展现德育课堂教学的开放性。如用计算机模拟一些在实际生活中涉及道德问题的个案，再组织学生进行分析、处理。用电化教学再现历史画面和生活情境，让学生身临其境，真切体验，增加感性认识，使开放中的德育课堂变得生动活泼、丰富多彩，提高德育课堂的教学效果。

（三）实践性原则

所谓实践性，是指高校德育创新应在开放的基础上，通过师生互动和活动体验，使德育过程成为激发学生道德思维和创造的过程，在动态中实现德育的内化、提升。

1. 德育课堂要贯穿实践性

德育课堂的实践性就是培养学生分析问题和解决问题的能力，使实践的过程成为学生道德自我完善成熟的过程。为突出德育课堂的实践性，要彻底革除传统的观念，打破德育课堂固定、静态、纯理论模式，将课堂融入现实生活，使德育课堂成为学生真刀真枪解决实际问题的大舞台。

首先，德育课堂的实践性，要突出教师与学生、学生与学生间的互动，在互动中交流、探讨、内化、提高。

其次，德育课堂的实践性，要突出学生动手、动脑能力的培养，使学生面对现实生活中的道德问题，能够从容地运用自己的道德经验去解决处理。

2. 德育活动要突出实践性

德育活动的实践性，应注重学生在活动中的亲身体验，强调学生通过实践活动获取直接经验。高校具有德育作用和效果的活动不少，比如新生军训、社会实践、希望工程等。这些活动可以按照现代德育理念进行科学设计，重点开发，突出活动中学生对事物的感性认识，充分调动学生的感觉器官与心灵的双向交流，把交流中获取的感觉、感知、感情通过思想的过滤、提炼，升华到理性认识，凝结成自己的道德观点。

（四）层次性原则

所谓层次性原则，是指高校德育工作要根据不同教育阶段大学生的年龄特征和思想品德水平，确定不同的教育方法、教育目标、教育内容和教育要求等，做到因人施教、因龄施教、因情施教。

1. 要因人确定德育工作目标

高校德育工作目标缺乏层次性，将有可能导致在教育学生时，采取精英主义立场，德育工作的天平倾向少数大学生，热衷于抓尖子、抓典型，忽视甚至放弃了多数学生。在德育过程中重理论知识的灌输，轻道德体验、道德情感和道德意志的培养与塑造，轻行动的锻炼。在德育效果上，大学生在学校里能自觉按学校要求去做，是"好"学生，到社会则按自己的要求去做，是个"差"学生，形成"虚伪"人才。因此，高校德育工作要拟订一套基本的道德要求，努力分层次、有步骤地引导大学生从低向高、脚踏实地从基本道德要求向较高道德追求迈进。

2. 要因人确定德育工作的广度和深度

大学生由于年龄和身心发展水平的差异，所能接受的德育内容层次的广度和深度也就不同。因此，高校德育工作要在具体要求、内容上必须与其相适应。极少数大学生存在厌学、心理障碍等情况，如果内容的广度和深度脱离了其实际，即使内容正确无误，其结果必然是无效或者收效甚微。

3. 要因人确定德育工作的手段和方法

高校德育课教师必须认真研究大学生的个性特征，分清其应达到的道德水平，分清其因个体经验、阅历的不同而呈现出的不同个体道德成熟水平，对不同学生选择并实施不同的手段和方法。

第三节　新时期高校德育如何创新

科学发展观的概念，指的是坚持以人为本，树立全面、协调、可持续的发展观，促进经济社会和人的全面发展。这一概念给处于困境中的高校德育注入了新鲜的血液，指明了新的发展方向。高校德育应以科学发展观为指导思想，进行德育理念创新、德育内容创新、德育方法创新、德育机制创新、德育评价创新、德育环境创新和加强师德，使高校德育重新焕发生机和活力，为我国社会主义现代化建设培养更多道德品质过硬的优秀人才。

一、高校德育理念创新

在高校德育创新中，理念创新尤其具有先导性和根本性。主要是树立"以人为本"的德育新理念，尊重大学生的主体地位，注重大学生个性的发展和潜能的开发，从而实现大学生全面、和谐、自由的发展。

马克思主义唯物史观把人类社会既视为一个自然历史过程，又视为人自觉活动的结果，认为社会发展是客观规律性与人的主观能动性辩证统一的过程。科学发展观把以人为本作为自己的核心和本质，把人的全面、和谐发展和社会的全面进步作为自己的出发点和落脚点，这正是对马克思主义历史主体论的继承和坚持。德育是关于人全面、和谐发展的科学。以科学发展观指导现代高校德育，必须把以人为本确立为高校德育的基本理念，进一步凸显学生在德育中的主体地位，把学生作为学校教育的价值主体、动力主体、权利主体和发展主体，紧紧围绕促进学生的成长、成才的目标，从当代大学生的思想、学习和生活实际出发，坚持德育塑造人的基本定位，并将塑造人与为了人、激励人、服务人、发展人统一起来，不断增强教育的针对性、主动性和创造性。贯彻"以人为本"的德育理念，就要做到教师与学生角色的准确定位。

（一）要破除"教师中心论"的旧观念

教师在德育教育教学过程中，既是教育者又是受教育者，这样才能做到与学生教学相长，相互提升；同时，教师的角色应由"演员"向"导演"转变，教师要善于调动每一个学生的内在积极性，发挥每一个学生的主体能动性，使学生从被动的受教育者成为主动学习的自我教育者，而且把这种"人本"思想体现在对学生的日常生活和学习的关心、帮助、尊重和激励上，成为学生的良师益友，准确把握学生的思想动脉，积极引导学生道德的发展方向。

（二）要树立"学生中心论"的新观念

充分发挥学生自身的主体意识，让学生在德育教育教学活动中"搭台唱戏"，成为活动的主角。这样，不但会满足学生自我实现的心理需求，还要增强学生的价值感和成就感。同时，学生角色成为"演员"后，原先那些社会要求就会转化为学生的自我要求，那些外在的道德原则和社会规范就会内化为他们自身的道德信念和行为准则。从而使学生由"道德他律"变为"道德自律"，自觉规范自己的行为，成为德行高尚的人。

二、高校德育内容创新

要从全面建成小康社会的实际出发，从高校学生全面发展的需要出发，坚持以学生为本，解放思想，实事求是，与时俱进，遵循德育发展的新理念，在实践中不断创新高校德育内容。

（一）德育内容创新应与时代发展相适应

《中国普通高等学校德育大纲》指出："高等学校德育要适应新的历史条件，不断改革内容和方法，不断创造新经验。"传统的德育往往强调其政治性功能，关注学生的政治方向和思想品德，这无疑是十分重要的，但面对未来社会，如果还局限于此，显然不能满足社会和受教育者自身发展的需求，这种纯思想教育和政治性的品德教育将显得苍白无力。

21世纪的德育，其目标应该从单纯的政治思想品德功能，向注重学生综合素质和个性发展进行拓展，从而符合知识经济对人才全方位的要求。德育内容将根据新世纪的世界格局，根据受教育者的特点，不断改革和完善教学内容，在提高受教育者的综合素质上下功夫，促进人的全面发展和个性的自由发挥，从而使德育理论成为一个能适应变革的综合化新体系。同时，适应民族性教育和国际性教育的双重需要，德育工作在进一步深入挖掘和继承民族优秀历史文化传统的同时，把传统文化与现代化科学嫁接起来，把德育内容与世界政治、经济、文化、军事等方面联系起来，从横向和纵向两个方面不断拓展德育工作的范围和空间，从而从大视野、大思路去迎接世界的风云变化和发展格局，培养全面发展的综合型素质人才。

社会主义荣辱观是我国社会主义道德建设过程中的一项重要理论，具有很强的思想性、指导性和现实针对性。它集中体现了爱国主义、集体主义、社会主义思想，体现了社会主义基本道德规范的本质要求，体现了依法治国同以德治国相统一的治国方略，是中华民族传统美德、优秀革命道德与时代精神的完美结合。高校应将荣辱观教育融入德育中，切实加强和改进当代大学生思想教育工作，培育并帮助大学生树立正确的人生观、价值观和道德观。

（二）德育内容应与人才发展的需求相适应

20 世纪 70 年代以来，国际教育界通过了《学会生存》《学无止境》《学会关心》《教育——财富蕴藏其中》四个重要文献。21 世纪教育委员会提出人才素质的标准如下：

第一，有积极进取开拓的精神；

第二，有崇高的道德品质和对人类的责任感；

第三，在急剧变化的竞争中，有较强的适应能力和创造能力；

第四，有宽厚扎实的基础知识，有广泛联系实际、解决实际问题的能力；

第五，有终生学习的本领，适应科学技术综合化的发展趋向；

第六，有丰富多彩的健康个性；

第七，具有和他人协调和进行国际交往的能力。

这给我们发出一个强烈的信号，国际教育界人才培养思路发生了重大变化，从学知识到做事到与他人相处，再到学会发展，学会做人，都开始把眼光从单纯的专业技能教育，转向全面素质的提高，都强调人才培养要从单纯知识的掌握，到能力的发展，到与人相处的艺术，到广泛可持续发展的潜质。

可见，德育在人才素质的培养中具有重要的位置。德育内容创新要以科学发展观为指导，把学生培养为全面的人、独立的人、道德的人、健康的人、创新的人，即不仅要关注受教育者政治方向、思想观念等意识层面上的问题，也要关注受教育者身心健康；不仅注重受教育者知识、技能、思维培养，也要十分重视受教育者情感、意志、兴趣、需要、信仰等个性素质，以及社会责任感与社会能力的培养。

总而言之，德育不仅要为受教育者成长指明方向，而且要为受教育者成长所需的个性与才能的发展提供必要的指导与帮助。

三、高校德育方法创新

（一）科学运用典型示范的方法并确立引导式德育方法

运用典型示范的方法，就是利用典型的人和事例对学生进行教育，引导学生去学习、对照和仿效。典型示范法的特点是将抽象的说理变成活生生的典型人物或事件来进行教育，从而激起人们思想情感的共鸣。

第一，深入实际，善于发现典型和推广典型，树立的典型必须有群众基础，其先进事迹必须真实可靠；第二，组织、引导学生有计划、有步骤地学习先进；第三，做好宣传工作，使学生提高学习榜样的思想认识，端正学习态度，如参观展览、听报告会、与模范人物座谈、听先进个人介绍经验等；第四，形成一个比、学、赶、帮、超的良好舆论环境，推动学习；第五，德育工作者自己也要把先进人物作为追赶对象，这样引导学生学习榜样才能有力量。

譬如，南阳师院学生江雨佳同学的先进事迹，先后被中央人民广播电台、中国教育报、河南日报、浙江教育报等一百多家媒体深度报道，被网友誉为"最美大学生""最美文明学生"。这位朴实和直率的女孩，已经被誉为南阳师院一张耀眼的"道德名片"。身为"卧龙学子"，江雨佳自进入南阳师范学院以来，就牢记十个字："好事无大小、做了就是美"的做人做事准则。2013 年寒假期间，江雨佳在豫浙两地自费发起"鞭炮换礼品"活动。她拿出700 元压岁钱，购买了一些日常生活用品来交换居民家中的鞭炮，并倡议市民争做"弃炮族"，少放烟花爆竹，远离火患，远离雾霾。2014 年暑假，她主动走上街头，开展香烟换巧克力"街头劝戒烟"活动。3 天时间，共有250 位市民同意了她的戒烟建议。2014 年国庆长假期间，江雨佳同学自发走进温岭市坞根镇革命老区开展"爹娘的微笑"公益摄影活动。7 天时间里，她共为103 位 60 岁以上的老人拍照，并冲印出 16 英寸照片赠送给他们。她先后发起"我陪孤寡老人过春节""寻找关爱抗战老兵""暑期独自赴老区支教""寒冬深夜当'更夫',巡逻敲梆保民安""第一个为修缮'红色遗产'捐款""露天爱心超市——爱心捐赠、物物交换"等系列志愿服务爱心活动。江雨佳在平静中坚持付出爱心、平凡中持续担当的感人事迹,激起广大青年学子的共鸣。她组建的爱心团队,带动身边的人一同奋进,用行动传递青年正能量。江雨佳同学的先进事迹,展现了新时期一名大学生的高尚品质。

(二)重视校园文化建设并确立渗透式德育方法

校园文化是社会文化的一种亚文化,是具有高等学校特点的一种精神环境和文化氛围,它包括学校的教学、科研活动,以及校风、学风、校园环境、制度建设、管理水平、生活服务等多方面的内容。大学生生活绝大部分时光是在校园文化的潜移默化作用中度过的,通过校园文化的渗透可确立渗透式德育方法。

1. 由有形教育向无形教育转化

有形教育指"两课"教育、党团组织生活、形势政策报告以及政治学习和讨论等专门的德育活动。无形教育指校风、学风、教风、班风等校园文化的潜移默化。有形教育是必要的。但是,若在运作方式上恰当地借助于无形教育,效果可能更好。无形教育形式多样,生动活泼,寓教于美,寓教于乐,使学生在无形无声中受到熏陶和感染,校园文化就具有这种无形教育的特点,因此,加强校园文化建设,努力塑造校园精神,弘扬富有时代特色的校园精神主旋律,成为教育学生的重要力量。

2. 由有意识教育向无意识教育转化

有意识教育,是指有目的、有计划、有组织地对大学生施加思想、政治和道德影响的以理性形式出现的德育活动。无意识教育,是指体现一定价值观念和审美意向的、以感性形式出现的各种有声有色的校园文化活动及物质环境。校园文化通过提供具有教育意义的场景和活动,对大学生施加影响,使其在无意识中得到教诲。因此,在校园文化建设中,大力绿化、美化校园,发扬为人师表、尊师爱生的风气,完善校园文化设施,开展丰富多彩的文艺活动,努力营造校园氛围,这是使有意识教育向无意识教育转化的重要条件。

3. 由外在教育向自我教育转化

不管是有形教育向无形教育转化，还是有意识教育向无意识教育转化，归根结底，是外在教育向内在教育即自我教育的转化。作为校园文化主体的大学生，其活动的主要结果应该是他们自身的发展。为此，校园文化建设中，应该创造各种学生喜闻乐见的形式，如各种演讲赛、辩论赛、学生宿舍文明建设等，通过学生积极主动的参与，不断提高学生自我教育的能力。

（三）拓展高校德育渠道并确立体验式德育方法

实践教育作为高校德育的渠道，是近年来高校德育工作者创造的一种理论联系实际的教育方法。

这里的实践主要包括三层含义：一是指德育对象的人生实践、人生体验、如参观访问、社会调查、社会服务活动等。二是德育活动中的社会实践。如公益劳动、青年志愿者服务队等。三是德育行为的践行、养成，如学生参加军训、规范管理。实践教育之所以作为高校德育的一个重要方法加以提出，主要因为下列因素：从实践上看，改革开放以来，高校德育在实践方面大胆改革，成绩显著，走出了一条成功的路子；从理论上看，实践既是德育的起点，又是德育的终点，还是德育实施的重要途径和方法，高校应重视实践教育，确立体验式德育方法。

首先，要引导学生勇于实践。即增加学生对人生的感性认识、初始认识，建立学生的初始信念。艰辛知人生，实践长才干。为此，要让学生深入生活，了解生活的底蕴。

其次，要从根本上提高对社会实践的认识。当前，我国改革发展正进入关键时期，高校德育要突出拥护和支持改革这个时代性课题，要通过理论教育和社会实践，从根本上坚定改革的信念，正确对待改革中利益关系的调整，积极为推进改革贡献力量。为此，要适应改革开放的新发展，及时调整充实德育基地，使实践教学制度化、规范化和系列化。

最后，注重德行养成。"纸上得来终觉浅，绝知此事要躬行。"一个人要养成良好的道德行为，只有理论知识是不够的，必须付诸实践，知行统一。

（四）贯彻因材施教原则并确立咨询式德育方法

因材施教，就是区分层次，因人施教，根据不同对象的特点和需要开展工作，在德育过程中，确立咨询式德育方法，融德育内容于其中，往往会收到很好的效果。从目前的发展趋势看，心理咨询不仅是一种治疗过程，更重要的是一种帮助、启发和教育的过程。咨询式德育方法是满足学生多方面的需要，是通过咨询机构在开展咨询服务的同时，兼有培训与辅导，以及评价与对策研究在内的三个相互联系的组成部分。

1. 咨询服务

它是整个咨询机构的首要任务，其内容涉及大学生有关的诸多方面，不仅是心理领域，如理想、人生、人格、社会、友谊、爱情、学习，以及某些病症，而且涉及工作方法与能力培养、就业、择业等方面的一些咨询内容。

2. 培训与辅导

旨在按照某种特定的要求，依据人的心理形式、变化和发展的相关原理，通过一定的背景与技术手段，训练辅导某个群体或个体达到某种特定的要求，从而增加一些培养学生心理素质或其他方面的不足内容。

3. 评价与对策研究

咨询式德育方法要科学化与正规化，评价与对策研究，是必不可少的。这项工作是建立在咨询案例的积累与总结上。因此，咨询档案的建立成为首要的任务。结合高校的状况，可以进行以下几方面的评价与对策研究：一是新生基本素质的评价与分析，目的是把握学生的素质倾向性，并依此提出合乎科学的教育方法，真正做到因人施教。二是学生的基本素质评价与教育对策研究，目的在于科学地预测与把握学生的发展趋势，提出相应的教育对策，达到良好的教育效果，并为学生的择业提供指导性意见。三是常规测评内容与方法的研究，这是辅助咨询的手段，主要是通过一些量表来对学生进行评价。

（五）借助大众传播媒介实现德育手段的现代化

1. 要注重传统媒体的德育功能开发

当今时代，是一个大众传播媒介飞速发展的时代。报纸、杂志、书籍、广播、电视、电影、录像等大众传播媒介被称为最重要的舆论工具，我们在注重传统媒体作用的同时，更要加强对其功能的开发，如在学生宿舍安装闭路电视，充分利用校报、广播台等，及时传播正面信息，分析热点、难点问题，帮助大学生化解矛盾，把问题消灭在萌芽状态。

2. 利用多媒体技术并增强德育课效果

信息技术、网络技术、多媒体技术，在教育领域中的运用，使传统教学手段正发生着日新月异的变化。思想教育的个别谈话式将一改传统的"直面"的形式，不受时间与空间的限制，教育者与受教育者之间的信息、思想、情感等内容的交流，将通过计算机这个中介来进行。新时代的高校德育，一方面，坚持和强化对大学生的社会意识形态教育、中华民族传统美德和优秀文化教育；另一方面，要努力实现德育课教育的现代化、多媒体化，深入研究德育课教学方法的特殊规律，开发一些多媒体德育教学软件，改变德育教学中呆板的一面，激发大学生学习的兴趣。

3. 运用现代网络技术并实现德育网络化

德育信息网络包括校报、校刊、校广播台、校有线电视台、阅报栏、宣传橱窗，特别是校园计算机网络。该网络既应当充当"把关人"的角色，尽可能把一些流入学校的消极信息过滤掉，又应当发挥"天平"的作用，对一些难以过滤的消极信息进行平衡。该网络的主流应是积极向上的，阻挡、抵制网上的消极信息；要调动可以利用的校园内各种资源，或制作软件，或主动发布信息，主动向各种不良信息应战；要调动广大学生参与的积极性，让学生熟悉现代信息社会的基本运行手段和运行规则，使他们走出校园面对信息冲击，能显得比较成熟和从容。

四、高 校 德 育 机 制 创 新

只有建立一套在社会主义市场经济条件下有效运转的，科学化、规范化的工作机制，才能使高校德育工作按照其固有的规律，正确有序地运行，健康持续地发展。当前，要重点健全四大机制。

（一）健全领导机制

党委是学校德育工作的领导核心，应当研究德育的指导思想、工作方针、任务和重要问题，主持制定德育的总体规划与实施计划，定期分析学生思想政治状况和德育工作情况。在党委的统一部署下，建立和完善校长及行政系统为主实施的德育管理体制，校长对学生德、智、体全面负责。一般应明确一名副校长（可由党委副书记兼任）具体负责德育工作。可成立学校德育工作领导小组，也应建立相应的德育工作领导小组。

高校的党委宣传部、学生工作部、"两课"的教学部门、教务处、学生处、团委是组织德育实施的主要职能部门；党委组织部、学工部、人事处是德育队伍的管理部门。学校的其他相关部门都要主动参与、密切配合，真正做到齐抓共管。

各省、市、自治区和中央有关部委教育部门应有相应的机构，推动本地区和本系统高校德育的组织实施。

（二）健全激励机制

激励机制实际上是竞争机制。建立德育激励机制，应遵循教育的外部关系规律，及时地学习和贯彻领导机关有关德育工作的指示精神和信息，以激励和调动全体教职工搞好德育工作的积极性，其理论依据是施教者和受教者均有搞好德育工作的内在动力。其基本途径是鼓励和保护各种形式的竞争，通过物质和精神的两种鼓励方法，通过责、权、利的再确定和再分配，充分调动施教者和受教者的积极性、主动性、创造性，以互相配合，互相促进，齐心协力地把德育工作搞好。

目前，一些高校已经采取将德、智、体综合测评与学生的评优、学生贷款、奖金的发放实行挂钩的办法，也有的高校出台了对德育工作者工作成效的考评和评估的操作方案，对提高德育工作队伍的工作效果也起着激励作用。这种考核和评估要按照不同层次的工作目标，不同的工作职权确立不同的评估内容和标准，实行定性和定量结合，纵向、横向比较结合，专项考评和综合考评结合。考评结果要与物质奖励和精神奖励挂钩，通过考评合理拉开收入档次，激励先进，督促后进，及时改进工作。

（三）健全协调机制

高校德育是一个"和谐的大德育"系统，需要高校内部各个工作部门、各个岗位的协调和配合。

建立有效的协调机制，动员各方面的力量，包括党政协调、教育和管理协调、专职人员和非专职人员协调，特别是后者。要明确分工、职责，处理好集中教育与分散教育、阶段性教育与日常性教育的关系，专职人员要集中精力去解决那些带有普遍性、倾向性的思想认识问题，而在具体工作过程中出现的各种思想问题，应由做行政、业务工作的同志随时加以解决。

做到协调，就要明确直接从事教学、科研、后勤等工作同志的教育职责，提高他们"教书育人，管理育人，服务育人"的自觉性，同时，要求专职德育工作者要熟悉业务，提高科学文化素质和思想理论水平。这样，才能把德育工作同专业教学工作、行政管理工作，以及后勤服务工作有机结合起来，更好地服务于德育工作。

（四）健全投入机制

德育经费要确定科目、列入预算。基本来源为政府拨给的事业费和收缴的学生培养费或学杂费。高校德育经费投入的范围，包括对学生进行思想教育的教学、管理和日常德育活动两部分。思想教育教学、管理经费投入，包括马克思主义理论课和思想品德课教学、德育专职人员和"两课"教师的培训提高、社会考察与调研、有关教研室的业务条件建设和图书资料、德育科研。日常德育活动经费投入，包括对学生的日常思想品德教育、假期和课余组织的学生实践、大型德育活动，以及用于学生和德育队伍表彰等所需经费。学校应把建设适应学生德智体全面发展的现代化德育设施、设备和活动场所、基地纳入总体建设规划，并从基本建设费和设备费中给予保证。各级政府要在德育工作"硬件"建设上给予支持和优惠，不断增添活动场所，更新设备，完善设施，从而使高校德育工作的各项方针政策真正落到实处。

五、高校德育环境创新

德育应是全社会的力量共同投入完成的大工程，要遵循德育规律，建立起学校、家庭、社会"三位一体""齐抓共管"的"大德育"格局。

(一) 高校、社会和家庭各司其职

从学校方面看，幼儿园、小学、初中、高中、大学每个阶段都应很好地开展德育工作，这几个环节是相互衔接的，德育工作是一个过程，把每个阶段抓好，才能为高校德育工作铺好路，打好基础。高校是大学生成才的摇篮，营造优良的德育氛围，对大学生思想品德的形成和发展起着至关重要的作用。高校要全面贯彻和执行党的教育方针，加大德育工作的力度，全方位、全过程、多角度地对学生实施教育和影响，在各门学科教学中都努力渗透思想品德教育。高校德育工作要贯穿于学校工作的各个方面，贯穿于学校教学、科研、学科建设，以及行政管理、后勤服务的各个环节，做到教书育人、管理育人、服务育人，实现全过程育人、全员育人、全方位育人。

从社会方面看，社会的各个部门和行业，也应配合高校德育工作。大学时期是大学生世界观、人生观、价值观形成的重要时期，社会环境的优劣，对其思想道德素质培养起着重要的作用。优化社会环境应引起全社会的高度重视，需要各级党委、政府和全体公民的共同努力。党和政府要充分宣传党的路线、方针和政策，使公民理解、拥护、支持和参与改革；继续加强党政干部的廉政建设，加大查处腐败现象的力度；继续加强社会治安综合治理工作，坚决查处"黄、赌、毒"现象；努力优化社会舆论环境，充分发挥舆论在道德建设中的引导、评价、监督作用。

从家庭方面看，家长要时刻关注孩子的变化，多与孩子沟通、谈心，及时纠正他们错误的人生观、价值观。将孩子引向正常生活的轨道，跟上时代潮流。

(二) 高校、社会和家庭的沟通与合作

毫无疑问，在对大学生的德育教育过程中，学校、社会、家庭三者的影响，都是不可忽视的，需要学校、社会、家庭三个方面形成一个有机的系统来共同完成。当前，高校德育工作中存在着与家庭、社会协调不够的问题，必须加以克服。

学校要主动争取家庭、社会对学校德育的支持，充分发挥家庭、社会教

育的积极作用。教师要主动联系家长，建立家、校联系制度，互通学生有关情况，使学生的教育不留"盲点"；同时，使家长的意见及时得到反映，促进学校德育工作和家庭德育工作有针对性地开展。

学校应充分开发、利用社会丰富的德育资源，开展德育工作。通过校企合作、产教结合等形式，多渠道创建校外德育基地，紧密结合学生学习的专业实际，聘请有关人员为校外德育辅导员，并定期请他们来校讲课，通过走出去、请进来，开阔学生视野，使培养出来的学生适应社会的需要。学校应该定期对学生进行跟踪调查，了解社会对人才培养的要求和学生适应社会的情况，以改进高校德育工作。

六、加强师德建设

邓小平同志指出：一所学校能不能为社会主义建设培养合格的人才，培养德智体全面发展、有社会主义觉悟、有文化的劳动者，关键在教师。

在高校德育中，教师作为人类灵魂的工程师，发挥着主导作用。一所学校的教师师德状况如何，不仅可以反映出该校教师队伍素质的高低和教学质量的好坏，还直接影响着师生的精神风貌和学校的整体文明程度。在学校德育工作中，衡量德育效果的高低，通常是看德育目标转化为个体品质的程度。如果教育培养目标的要求能够转化为学生个体的素质，那么德育工作就达到了预期的效果。德育效果与受教育者的接受程度有关，也与教育者自身的思想修养有关。教育的一般规律告诉我们：教育是教育者和受教育者的双边活动，且教育者在活动中起重要作用，也就是说，在德育工作中，教师队伍的师德状况是决定德育效果的主要因素之一。这是因为教育具有以人格培养人格，以灵魂塑造灵魂的特点。长期的教学实践表明，教师良好的思想观念、品德修养，对学生的健康成长具有重要的导向作用和潜移默化的影响作用。

制度建设是教师队伍建设的基础。俗话说，没有规矩，不成方圆。良好师德的养成是一个渐进的过程，既要靠自律，也要靠他律。在师德建设中，既要重视思想教育的作用，又要从制度上加以严格的约束和管理，督促教师自觉履行教书育人职责。

当前，应重点制定和完善以下几项制度。

（一）师德学习培训制度

首先，政治素质的培训。主要包括政治理论教育、时事政策教育、法律法规教育等。当前，要重点加强对各项政治理论重要思想的学习，以及党的有关路线、方针、政策和重大时事政治的学习，使广大教师坚定其政治信念。

其次，道德素质的培训。主要包括公民道德规范教育、教师职业道德教育、学术道德教育等。重点应学习《我国公民道德建设纲要》《高等学校教师职业道德规范》等文件，提高广大教师爱岗敬业，忠于职守，教书育人，为人师表的自觉性。

最后，业务素质的培训。主要包括学习教育的新理论、新观念、新思想、新知识、新方法等。通过业务素质的培训，使广大教师不断提高教育理论修养、知识水平、教学能力，从而更好地担负起教书育人的职责。

（二）师德考评监督制度

充分发挥师德考评和社会监督作用，是提高师德水平的重要保证。"人非圣贤，孰能无过"[①]，有了他人和社会的监督，使教师更加注重自己的一言一行。对教师师德的考评，也是对教师德才表现和工作成绩的综合检查，对教师本身的发展有着重要的影响作用。高校应采取民主公开的方法，建立健全教师自评、教师互评、学生评价和领导评价相结合的考评机制，使教师更清楚地认识到自己的形象，从而督促自己在任何时候都要做到为人师表。

（三）师德激励约束制度

良好师德的形成，既要靠学习教育，也要靠激励约束。学习教育是基础，激励约束是一种必要的手段。激励就是表彰先进，树立榜样，建立师德标准；约束就是对违反师德的教师，按照规定严肃处理，对于品德不良，师德败坏，社会影响恶劣的，坚决取消其教师资格。从而使教师在制度的约束下，自觉规范自己的言行。良好师德的养成，有助于强有力的激励和约束机制，只有这样，才能确保师德建设取得实效。

---

① 出自《左传·宣公二年》。

（四）师德内化自律制度

提高师德修养，离不开外部的条件和作用。但是，主要还是依靠教师自身的主观努力和高度的自觉性。师德修养就其本质来说，是教师内心的自我认识、自我教育、自我提高。因此，建立师德内化自律制度，十分重要。内化就是教师将社会约定的职业道德规范转化为教师自身的行为准则，将外在的约束和要求转化为自身道德修养的过程；自律就是无论是否有外在的约束或监督，教师都能严格要求自己，自觉自愿地遵守规范。内化自律制度的建立，使得教师在行动中遵守师德规范时，内心会感受到欣慰和愉悦；如果违背了原则，就会内疚和自责，从而达到"慎独"自律这样一种高度自觉的道德境界。

七、德育评价机制的创新

（一）建立多功能的学生德育评价机制

高校的学生德育评价的目的，不仅仅在于评定学生的德育水平，对学生的德育状况有一个诊断，更重要的意义是，通过德育的评价起到鼓励先进、鞭策后进的激励作用。只有通过充分激发德育评价的激励功能，才能使学校的德育活动自始至终处于一种积极活跃的最佳状态之中。

（二）德育评价要从"单一结果评价"向"多样结果评价"转变

当前，德育评价单一结果的评价形式，越来越不能反映学生多样化的状况和不同的个体特点，在客观上也不能适应高校素质教育的推行和社会对人学生多样人才的现实需求。因此，德育评价在内容上，要从单纯重视道德认知成绩的评定，转向对学生的"德"和"能"综合素质的全面考察。在结果上，要从单一综合定性等级评价转变为客观反映学生各类情况多样化的纪实评价，建立起综合性的、多样化的学生新型评价体系，积极推进学生德育评价体制的革新。

(三) 德育评价要将"自评"和"他评"结合起来

在高校的育人过程中，教育者和学生都是主体，既要充分发挥教师在教育过程中的主导作用，也要充分尊重学生的主体地位。这是一个重要的现代教育理念。但是，在现实的学生德育评价过程中，学生往往处于较为被动的被评定地位，学生德育评价往往注重"他评"，而忽视学生对自身德育状况的"自评"，没有能充分体现和发挥学生的主体地位与作用。因此，我们要通过德育评价从"他评"到"自评"的转变，将两者有机地结合起来，积极引导学生把德育的外在要求转化为内在的动力，促使评价活动成为学生自我教育、自我调节的有效载体，更大地发挥德育评价的导向激励功能。

(四) 德育评价要将"定性评价"和"定量评价"结合起来

在现实操作中，通过定量评价产生学生德育定性等级的办法，带有很大的不合理性。同时，由于定量评价是产生学生德育定性等级的基础，因此，学生都十分注重各项指标的得分，这往往导致高校学生德育评价，由对学生德育的诊断与激励变成学生对利益的追逐，所以，要定性评价与定量评价相结合。定量评价是指采用数学的方法，收集和处理数据资料，对评价对象做出定量结论的价值判断。定性评价是指不采用数学方法，而是根据评价对象平时的表现，现实的状态或文献资料的观察分析，直接对评价对象做出评价的价值判断，以求得对学生更客观和更全面的评价。

第七章

高校德育中传统文化的隐性教育研究

中国优秀传统文化是新时期高校德育的重要内容。

在高校德育视角下，进行传统文化的隐性教育研究，首先，有利于传统文化德育内容的重新探求。传统文化德育内容博大精深，但是，由于其传承的选择性和统治维护的服务性，许多富于思想、哲理的文化被遗弃进了历史的角落，而我们所熟知的却只有为数甚少的经典。新时期，传统文化中有关德育内容的重新探索，将有利于呈现更加丰富的内容。其次，对德育内容的整理、发掘和拓展将起到一定的推进作用。最后，隐性教育方法的引入，对德育方法理论的研究也将起到一定的积极作用。高校德育中传统文化的隐性教育研究从一个全新的角度研究新时期高校德育的内容与方法，为高校德育各方面的研究提供了一定的见解，以期能对我国德育的方法研究发展起到一定的推动作用。

第一节 传统文化与隐性教育的相关理论概述

任何事物的研究都必须有相应的理论作为基础。高校德育中，传统文化的隐性教育，也是需要在相关理论的支持和引导下，才能够顺利进行的。

一、传统文化的内涵及其与德育的关系

中国传统文化源远流长，博大精深，它是指中国历史上以农业经济为基础，以宗法家庭为背景，以中国传统文化伦理道德为核心的社会文化体系。

它包括哲学、教育、史学、农学、文学、艺术等为主要内容的中华民族所创造的物质和精神成果的总和。它包含着思维方式、价值理念、情感情怀、行为准则等广泛的内容。它是我们祖先传承下来的丰厚遗产，一直哺育着中华文明的发展壮大，至今仍发挥着重要的育人作用。

（一）传统文化的内涵

此处所指的传统文化，主要是指中国优秀的传统文化。更具体地说，是包含德育思想的相关中国优秀传统文化。众所周知，传统文化是历史的产物，内容博大精深的同时，也意味着内容的庞杂，许多思想也可能陈腐而不符合现实的需求。对此，我们在传承传统文化时只吸取其精华，而中国优秀传统文化就是中国传统文化中最精粹的部分，它是一个穿越人类生存时空的概念，具有历史的绵延特性。它是中华民族精神的传承载体、民族精神的外化形式，是中华人民勤劳和智慧的结晶。优秀传统文化表现出历史久远、内容丰富、内涵深刻、意境高远、气势恢宏的特点，它凝聚着中华民族积极奋进的进取精神，体现着中华民族自强不息、刚健有为的精神风貌，表现着中华民族崇高的精神品格和精神追求，富于中国民族特色的人文、伦理的价值。

（二）传统文化有着重要的德育功能

第一，民族精神、责任意识，有利于塑造大学生的思想灵魂。

中国传统文化中蕴含着丰富的民族精神和深厚的社会责任感，对提高大学生的理想信念及民族自尊心和自信心有着重要的作用和意义。顾炎武的"天下兴亡，匹夫有责"，于谦的"粉身碎骨浑不怕，要留清白在人间"，文天祥的"人生自古谁无死，留取丹心照汗青"，激励大学生把自己的命运同祖国、同社会的命运紧密联系在一起，把国家的利益看得高于一切，并自觉用个人的高尚人格，维护祖国的尊严，服务于祖国的需要，促进祖国的繁荣和昌盛，为国家的建设和发展可以奉献自己的一切甚至生命。"先天下之忧而忧，后天下之乐而乐"① 的博大情怀，"富贵不能淫，贫贱不能移，威武不

---

① 出自范仲淹《岳阳楼记》。

能屈"① 的高尚情操，"士可杀不可辱""三军可夺帅，匹夫不可夺志"② "舍生取义""天下为公"等优秀品质，无不体现了为社会尽责、为国家尽忠的献身精神，更体现了先人以国家利益为上的高尚情操。这种以天下为己任的民族精神和社会责任意识塑造着一代又一代的中华儿女，成了中华民族最具特色的精神品格和道德风貌。

在市场经济为主体的社会背景下，这一思想的学习对高校学生学会正确处理个人与集体、国家之间的利益关系，培养青年学生的集体主义、爱国主义精神具有重要的指导作用。新时期，继承和发扬这种以国家利益、社会责任为重的群体精神和责任意识，将有助于消解个人至上、自私自利、损公肥私等不良思想对当代大学生的影响，在根本上给予大学以思想灵魂的滋养和塑造。

第二，克己修身、"德性"文化，有利于完善大学生的品格道德。

中国比较重视人的行为的自我规范，注重个人的道德修养。这种重视人的道德价值观念的态度，对新时期高校德育具有极其重要的现实意义。长期以来，高校的教育侧重于对大学生世界观、人生观、价值观的教育，而对学生的基本道德品质教育却关注不足。中国传统文化中有关道德修养的内容广博而深邃，有很强的哲理性与思想性。无论是屈原《涉江》中的"吾不能变心而从俗兮，固将愁苦而终穷"、《论语·里仁》中的"见贤思齐焉，见不贤而内自省也"、《周易·乾·象传》中"天行健，君子以自强不息，地势坤，君子以厚德载物"、《三国志·蜀书·先主传》中"勿以善小而不为"，修身为本的重德精神，"壮有所用，幼有所长"，显著优良的品德思想，对大学生思想道德的培养将产生积极而深远的影响。

第三，天下为公、"义利"思想，有利于端正大学生的价值取向。中国传统文化鄙视只顾一己私利的行为，倡导谋"天下之大利"③，赞扬为社会、为国家、为民族的"夙夜在公"④，"以公灭私"⑤ 和"公而忘私，国而忘

---

① 出自《孟子·滕文公下》。
② 出自《论语·子罕》。
③ 出自《墨子·兼爱下》。
④ 出自《诗经·召南·采蘩》。
⑤ 出自《书·周官》。

家"① 的群体思想和行为；在义利思想上，特别强调"以天下为己任"，先义后利，义以为上。在获取个人利益时，一定要考虑是否符合"取之有道"的原则，提倡"见利思义"，反对"见利忘义"。在以追求利润为目标的市场经济背景下，拜金主义、本位主义、个人主义等思想不仅在社会盛行，校园这个小社会也受到了相当大的影响和冲击，一些学生的价值取向发生了严重的偏离，人生观念也开始动摇。新时期，高校加强传统文化的教育，其中的"义利"思想、价值观念有利于大学生避免唯利是图、拜金主义、享受至上等不良思想的影响，树立正确的价值观和人生观。

第四，诚实守信、和中理念，有利于建立诚信和谐的人际关系。

在市场化的背景下，中国传统文化有助于诚信和谐关系的建立。市场经济发展，使人们的主体意识不断增强，人们对于个人物质利益的合理性和合法性有了更深入的认识。促使人们平等、进取、价值、信誉、竞争、公平、法制观念等新的道德价值观念的形成和强化。但是，在利益最大化观念的驱动下，很容易导致人们唯利是图、金钱至上，重利轻义、不讲信用等不道德的现象也时有发生。我国高等教育领域，也同样受到市场经济消极影响的冲击。而中国传统文化中，特别强调诚实、守信，以及人与人、人与社会的和谐。传统理想人格推崇诚信仁善，认为仁者在对待学问的态度上，要严谨求实，从实际出发，实事求是。而在对待人际关系上，要求"言必信，行必果""自古皆有死，民无信不立"②、诚实守信。而市场更是呼唤诚信和谐，因而，在追求利益最大化的今天，传统文化对大学生诚信和谐理念的形成及良好人际关系的建立，都有着重要的作用和意义。

二、隐性教育的内涵及作用机理

（一）隐性教育的内涵

显性教育是指充分利用各种公开手段、公开场所，有领导、有组织、有系统的德育方法，通常以课堂教学为主，配合专题教育、主题讨论、学习整

---

① 出自《儒林外史·第六回》。
② 出自《论语·颜渊》。

改、文件报告等形式，具有内容系统、组织集中、目的明确、学习强制等特点。而隐性教育则是一种与显性教育相对应的教育方式、方法和手段。其概念的定义和内涵的诠释，因切入角度的不同，相关文献也有着不同的界定，这也是隐性教育研究存在主要争议的地方之一。综观相关隐性教育文献，对于隐性教育概念的界定主要在三个角度。

第一，对比显性教育的角度。从这一角度诠释的学者认为，隐性教育是一种非正规形式，是相对显性教育而言的，相对符合一般公认标准的"正规"形式而言的，它不是人们已经司空见惯的德育的常用形式，而是充分利用人们社会生活、日常生活中本身存在的形式。

第二，载体表现形式的角度。从这一角度诠释的学者认为，隐性教育是指"运用多种喜闻乐见的手段，寓教于建设成就、寓教于乐、寓教于文、寓教于游戏等，把德育贯穿于其中，使人们在潜移默化中接受教育"。

第三，教育要素特征的角度。从这一角度诠释的学者认为，隐性教育是指"教育者、教育内容、教育目标是不直接显露的，是隐藏的，其教育形式是侧面的、间接的，常采用'迂回''渗透'的教育方式"，是"采用非强制方式，在他们心目中产生一种潜在的说服力，从而把组织的意志变为他们的自觉行动"。

所谓隐性教育，是指教育者按照一定的社会目的和要求，通过潜藏的教育性因素间接地对教育对象的思想和个性渗透塑造性影响活动的手段和方式。作为一种教育方法，隐性教育利用隐蔽的方式巧妙地使教育对象掌握和理解抽象的思想道德概念，达到应有的道德理论水平，进而内化为自己的道德观念，使之成为道德评价标准，并自觉地指导自己的言行。

（二）隐性教育的作用机理

隐性教育是通过怎样的方式发生作用的呢？

有关心理学研究表明，人的思想的形成和发展依赖于人的相关心理因素的作用。这些因素主要包括认知、情感、意志等心理过程，当然还包括一直处于积累状态，只有等到发生质变才起作用的无意识。情感、意志、无意识等，都是隐性教育的主要影响对象。因为对情感、意志和无意识的影响过程都不是直白的教育过程，而是在受教育处于非教育认知的情况下受到的影响，隐性教育的各种方式对人的整个非认知的心理发生各有侧重的作用，从而达到潜隐的育人效果。

1. 隐性教育着眼于无意识视听，熏陶育人

车文博认为，无意识"是人所未意识到的心理活动的总和，是人脑不可缺少的反映形式，是主体对客体不自觉认识和内部体验的统一"。从中不难看出，无意识也是人脑对客体的一种非明显的认识，当无意识达到一定程度，就可以转化为意识，也可以说，无意识是意识形成的前提和基础，而意识则是无意识发展的转化对象和必然结果。只要当实践和认识提出对无意识的信息需求，而相关的无意识信息储备达到一定强度，无意识下所接受的内容就会向意识转化，进而对人的思想行为产生影响。隐性教育着眼于无意识接受，重视加强对教育对象日常接触环境的建设，并按审美要求把目标价值理念渗透其中，用浓厚的环境氛围来作用于教育对象的无意识心理。这些环境性内容对教育对象虽然不能发生直接的影响，但是，由于长期的影响，这些价值理念信息会一点点地积累到受众的意识底层，而当积累到达一定程度或现实中对相关相信提出需要时，这种信息就会出现并对受众的认知和行为发生影响。无意识的教育措施是多方面的，其中以视听环境建设为主。心理学家研究表明，人获得知识的主要途径或者凭借手段便是视觉和听觉。因此，根据视觉和听觉因素对无意识作用力最强的特点，搞好建筑规划、优化校园环境、建设文化长廊和融合教育内容的艺术作品、加强校园广播和学校报刊的传播设计，都将有利于无意识视听熏陶育人的实现。但是，环境性的无意识教育，必须建立在重视人的审美需要的基础上，要注意载体的艺术性和信息嵌入的适度性，否则很难达到预期的效果。

2. 隐性教育着眼于情感需求，服务育人

人是有着丰富情感的高级动物，人的心理活动过程也是情感变化的过程，并且它和人的认知过程也有着紧密的联系。人在认知的过程中的心理活动会影响人的情感，个人的情感情绪也会对人的认知起到推动或阻碍的作用。那么究竟什么是情感呢？

情感主要是指情绪和感觉，它是"人对客观事物的态度的体验，是人的需要是否获得满足的反映"。情感的形成有着复杂的过程，我们称之为情感过程，它和主要反映客观事物本身的认知过程不同，情感过程主要反映人的

需要与客观事物之间的关系。也就是当外界事物能满足或符合人的需要时，人就处于愉悦、积极、热情的情感状态，这时，认知的主动性和效率就会较高；当外界事物不能满足甚至有违人的需要时，人就处于紧张、焦虑、冷漠甚至愤怒等情感状态，这时认知的主动性和效率就会较低。因此，重视合理满足教育对象的情感需要，有利于防止教育中的排斥心理，有利于达成教育主客体双方的心理相容，为教育渗透创设良好的心境条件。在对情感过程的运用上，隐性教育有广阔的空间。常见的形式包括，在文化娱乐活动中加强高尚精神的感染，在知识和技能培训中渗透德育内容，在心理和法律咨询服务中开展思想疏导，在帮助解决现实问题中提出自我设计、发展建议等。这种教育方法的显著特点是，完全以提供需求服务的形式出现，在融洽、平等的氛围中完成必要的思想引导。情感因素的作用整体上以现实需要满足为前提。

3. 隐性教育着眼于意志强化，行为反馈育人

意志是与行动联系最为紧密的心理过程，因为有道德的认知并不一定有道德的行为，这一行为外化的过程和人的意志强弱程度有着重要的关联。

那什么是意志？意志主要是指"一个人自觉地确定目的，并根据目的来支配、调节自己的行动，克服各种困难，从而实现目的的心理过程"。一个人对某一目标是全力以赴、一往无前，还是有所保留中途退却，首先取决于对目标认知的深刻性，但更重要的是，取决于亲身实践的行为反馈。因此，在受众中内化的行动规范，教育者就算"说破嘴皮"，往往会因为社会或周围环境中一个潜规则的存在而显得无力，而教育管理者自身行为的失范，更会导致内化行为难以实现。比如，在市场经济发展的初级阶段，投机取巧风气盛行，而诚实守信则看成是愚蠢的代名词。在这样一种群体性压力下，诚信的理论教育就显得空洞而缺乏说服力。德育的目标是升华思想、规范行为，这一目标的实现因此也必须重视行为反馈的正向作用，从而确保教育导向得到巩固和落实。隐性教育是把教育导向渗透到制度、管理与服务中的教育方式，通过把教育导向渗透到对教育者的严格要求、对管理骨干的教育管理、教育服务，以及对象参与的社会实践活动中，让教育对象接触到的不同人群的行为导向，强化自身实践的行为心得，从而实现德育的最终目标。在意志培育方面，隐性教育有两个主要的方式：一是加强高校校园文化建设；二是

加强学校文化实践活动的发展，重点关注与人的切身需要相关的制度、管理、活动和服务等事项，传统德育对此涉及不多，但它却十分关键。

4. 隐性教育着眼于态度平衡，舆论导向育人

规范行为和态度是德育的主题，也是德育的直接目标。

那什么是态度？心理学辞典解释为：态度主要是指"个体基于过去经验对其周围的人、事、物持有的比较持久而一致的心理准备状态或人格倾向"。从中我们不难看出，态度综合了知、情、意三个过程部分，是属于人的个性倾向性范畴。态度有着对人、事、物的明显针对性，在日常生活中表现为信与不信、好与不好、要不要做、怎么做相结合的形式，具有一定的稳定性，对人的深层认识和外在行为，都有重要调节作用。态度的形成和改变主要受环境、大众媒体、他人等一系列因素的影响，而这一过程的完成与联想、模仿和强化这三个心理过程有着重要的联系。

心理学的认知失调论指出，改变人态度的途径有三条：一是消除环境中的负面因素；二是强调、肯定正面因素；三是增加、发展正面因素。根据态度心理的这种形成和改变机制，隐性教育通过营造积极的舆论导向氛围，抵制与期望要求相违背的行为和思想，肯定、推崇积极正面的规范，从而达到端正教育对象各种态度的目的。其具体的形式包括：通过校园广播、校园刊物等媒介正面积极引导，增强教育对象接触的正面因素；通过对典型人物、先进事迹的宣传和对不良现象的否定与批判，强调受众身边的正面因素；通过发展思想骨干队伍，搞好家庭、学校、社会的教育联络，发挥教育对象人际交往的强大态度导向作用，减少负面因素，扩大正面影响。当然，舆论导向必须以尊重人的归属与社会性需求为前提。因为只有关注和适当满足人的各种内在需要，才能有效调动教育对象对教育信息接受的积极性，才能实现教育的目的，否则教育作用的发挥就只沦为空谈。

三、隐性教育与显性教育的区别与联系

（一）隐性教育与显性教育的对立性

显性教育是指充分利用各种公开手段、公开场所，有领导、有组织、有

评估反馈机制，比较系统的教育方法。显性教育的教育目标明确而外显，在实施过程中，无论是课程的设置，还是课时、教学大纲，均是由国家统一制定，它是一种自上而下的具有一定规范性的教育。显性教育实施的基本方式是课堂"灌输"。

而隐性教育对比显性教育，则有以下不同的特征：

1. 教育方式上，间接性与直接性的对立

隐性教育的方式是间接的，它采取"迂回"的渗透式教育方式，将教育内容隐含在特定的环境、文化因素和团体活动之中，教育者与被教育者之间的信息传递一般是间接地进行，从而达到教育的目的。这种方式中，教育者不直接言明教育的内容和目的，而是将它们深藏在各类文体活动、科技活动、演讲赛辩论赛、精彩报告等各种载体中，让受教育者在参与这些活动时，不知不觉中受这种"氛围"的熏陶，提高各种素养。显性教育则与之相反，它是通过直接的课堂教育，将教育内容和教育目的明确地告之受教育者。很显然，隐性教育这种"旁敲侧击"间接达到教育目的的教育方式，相比要求明确的显性教育具有间接性与直接性的对立。

2. 教育过程上，顺然性与强制性的对立

隐性教育主要是通过对受教育的无意识作用来达到教育的目的，从受教育者的接受心理来说，具有顺然性。有关心理学研究发现，人的思想存在一种"自身免疫"的作用，即当有与自身原有思想体系相违背的思想进入大脑时，人自身的原有思想就会形成一个"防护层"，阻止外界思想的"侵入"，或者对外界进入的信息进行同化变异后再予以吸收，而当感知这种外界思想的程度越人，我们本身思想的"防护层"抵触也就越强烈。隐性的教育方式很巧妙地避开了这一冲突，它在实现人的思想教育过程中，不知不觉地、顺乎自然地将社会要求的思想意识和行为规范浸透到受教育者的思想中去。而显性教育则不仅规定了教学的时间表，而且还规定了在一定的时间，受教育者必须接受完相应的课程内容，并且还必须达到考核的要求。很显然，从心理接受的角度上，隐性教育更多地有顺其自然的特性，而显性教育则具有很强的强制性。

3. 教育内容上，隐含性与直白性的对立

隐性教育的隐含性主要体现在两个方面：其一，是教育内容的隐含性。

隐性教育的教育内容不像显性教育那样是外现的、明显的。它把所要求的内容融入各种载体之中，它没有明确规定，但时时作用于教育者的生活周围。其二，是教育手段的隐含性。隐性教育中，教育内容的传达不是直白的灌输，教育的载体不为大家所注意和重视，但同时又能有效地对受教育者发挥作用和影响。可以说，隐性信息的获得不是活动本身指向的目的，这种教育内容的获得只是附加物、伴随物，这种信息是受教育者通过自己的直接体验或间接观察获得的。隐性教育存在于校园的每一个角落，无论你参加文体活动、科技活动，还是参加演讲、辩论，无论你漫步校园还是听知名学者的精彩报告，你均会在不知不觉中受到影响。它们似乎来无影、去无踪，其实，教育的目的全隐藏在其中，学生在"无形"的"氛围"熏陶下，潜移默化受到影响，而实现健康成长。

4. 教育作用上，有效性与实效不足的对立

大学生正处于一个具有特别心理规律的年龄阶段，这一年龄阶段主要表现为思维活跃、感触敏锐、自尊心强、独立性强，怀疑、否定、价值观多元化等特点。当下思想工作者正面的"灌输"教育方式、方法很容易让学生产生逆反心理，从而拒绝接受教育者的观点，正面教育的实效日益下降，甚至起反作用。而隐性教育则是通过学生喜闻乐见的方式来影响学生，让学生在不知不觉的活动中感悟或者接受隐藏其中的教育目标，从而达到"春风化雨，润物无声"的境界。这种教育方式无论从教育内容还是手段上，都采用潜隐的方式，对于新时期的高校德育实效有着重大的作用，其教育的方式可以说，是实效不足的显性教育的一个重要补充。

（二）隐性教育与显性教育的统一性

隐性教育与显性教育虽然是两种不同的教育方式，有着不同的作用方式和效果。但在相同教育目标的统一下，两者也有着内在的联系与统一。他们之间存在相互补充、相互促进、相互融合、相互转化的关系。

1. 相互补充，德育内容受授与内化的统一

显性教育与隐性教育从教育方式上不存在主从关系，而是服务于相同教育目标的相互取长补短的教育方式。现实德育中，显性教育虽然面临许多困境，但是，其因有系统性、规范性等特点，其仍处于主要德育方式的地位。

而必须按时按量完成课时的显性教育，于教育对象而言，就是德育内容的受授。隐性教育因其独特的育人方式，在新时期受到了更高的关注，地位有所提高，大有取代显性教育之势，但隐性教育毕竟有其效果的不可测性、教育方式的不具可操作性，因而只有在显性教育的配合下，才能达到较好的教育效果。在隐性教育中，教育对象身临其境的感悟与体验则是对德育内容的强化与加升的过程。如果说，显性教育是知识传授教育的话，那么，隐性教育则是知识内化、品德形成与巩固的教育。

2. 相互促进，德育方式作用与反作用的统一

显性教育与隐性教育在认知和非认知领域之间存在相互配合的关系。显性教育形成的理性认知能对隐性教育的情感、意志、无意识等的形成过程具有主导和强化的作用，而非认知心理的积累又能促使教育对象主动参与显性教育的认知理解，从而达到一种良性的互动。在新时期，显性教育与隐性教育的这种促进作用对于高校德育具有很大的意义。无意识的情感、意志如果没有显性的提醒和强化，将只停留于心灵的最底层，而理性的认知如果没有得到自身的实践或者感受，很难在心理得到认同，也就是内容只作为一种知识，而没有被内化为潜意识的思想理念，从而外化为具体的行为。

3. 相互融合，德育载体传达与彰显的统一

显性教育与隐性教育在信息传达和彰显的载体方面存在共存。显性教育与隐性教育虽有各自的特点、作用载体、作用方式，但是，在多数教育载体中，往往是内容传达与彰显的融合，是形式的并存。例如，课堂主要是显性教育的载体，但是，课堂的设置和教育者的行为则可以是隐性因素；而学生生活或工作区设置的艺术建筑物是隐性教育载体，一般也承载着显性教育的文字内容等信息。因此，特征显性与隐性的明显与否，在一定程度上成了区分显性教育与隐性教育的手段。在新时期德育的方法创新研究中，这种载体的共存性成了显性教育与隐性教育相结合探索的依据和着力点之一。

4. 相互转化，德育过程目标与思想的统一

在显性教育与隐性教育过程中，存在思想内容相互转化的情形。所谓思想相互转化是指，显性教育内容与隐性教育的思想有相向发展的要求。显性教育的内容要求——也就是显性教育的目标必然成为隐性教育所传达思想品

质的指导。很显然，隐性教育与显性教育只是教育方式的不同而已，其教育的思想内容和目标要求都来自显性教育的具体规定。而隐性教育所倡导的平等互动、教育环境人文化等情况下表现出来的创新观念、思想趋势，也是完善显性教育目标内容的重要活力因素，是显性教育目标内容发展的重要借鉴，这也是对高校德育教育功能的重大完善。

第二节　高校德育中传统文化隐性教育的彰显载体

在高校德育中，传统文化隐性教育的彰显载体是指传统文化思想隐性彰显的途径和手段。传统文化教育作为德育的重要内容，其隐性教育的表现形式和隐性德育的表现形式必然有着相同之处，因而可以借鉴。另外，由于传统文化这一特殊而具体的德育资源，其彰显的形式又必然有着自己的特点，从而要求其有关相应形式的探究。传统文化隐性教育的主要彰显形式主要有教师的个人素质、开设的专业课程、高校的物质环境、传承的校园精神和校内的网络空间。

一、教师的人格魅力

叶圣陶先生说过："身教最为贵，知行不可分。"这强调了教师在"行"上的重要性，从根本上，讲就是强调教师在教育过程中个人素质的重要影响。教师的个人素质主要通过其学识、能力与道德素养来彰显。在教育过程中，教师不仅向学生传授知识和技能，而且教师的言行举止、价值观念、道德品质、敬业态度、进取精神和团队精神等，对学生世界观、人生观、价值观的形成，对学生思想品质和个性品质的发展都会产生持久的感染和熏陶，有时甚至会伴随学生的一生。教师的个人素质在一定意义上成了学生成长发展的要求，教师的道德素质、治学态度、价值理念等外化而成的言行举止，是学生模仿学习的主要对象，会对学生产生深刻而直观的影响。传统文化则通过作用于教师的道德品质、价值观念和个人知识能力等，来内化成教师的人格魅力，从而达到隐性德育的目的。

教师的人格魅力能有效地激起学生的效仿行为。心理学研究表明，学生对教师往往具有效仿性。从教师的思想观念、处事态度，甚至到教师的讲话习惯、日常细小的行为举止，都会成为学生效仿的对象。而具有人格魅力的教师更是会对学生的成长产生深远影响。因为具有人格魅力的教师的行为举止具有榜样性，它是人追求自我行为完美的理想形式。高校学生不仅会自觉仿效教师的言行，更会借鉴教师对事物的观点、看法，教师对科学、正义、生活的态度，以及他们对事业、工作的责任感。很多时候，这些比理性的德育知识教育更加生动、更能深入人的内心而更具有说服力。可以说，具有人格魅力的教师的一言一行发挥着隐性影响源的作用，时刻影响着学生的价值取向和行为方式。正因为如此，高校应加强教师的素质教育，提高教师关于优秀传统文化思想的内化与外化，彰显他们的人格魅力，以使其对大学生产生积极的正面的影响。

二、开设的专业课程

专业课程教学主要是指，除正式德育课程之外的各科教学，这是高校隐性德育的主要表现形式。在各种专业课的教学内容中，德育因素广泛而丰富。教师在教学的过程中，只要善加利用，就能使之对学生产生潜移默化的影响。由于这种影响自然无痕，天长日久，便具有育人于无形的功效，使学生的价值理念、思想品德受其影响而慢慢符合社会规范的要求。可见，强化专业课程的德育形式，对大学生的成长具有极其重要的作用。课程形式的隐性德育功能是显而易见的，但是，如何通过专业课程的教学来实现传统文化的彰显？传统文化与专业课程的结合，主要通过提高教师德育的自觉性、挖掘教材内容与传统文化思想的联系等两个方面来实现。

要充分发挥专业课程这一隐性教育形式的作用，首先，就要求各科专业教师要确实树立教书育人的德育意识，提高专业教师德育的自觉性。在新时期，专业教师的职责不再只是单单的知识与技能的传授，而更是要以人为本，全面关注学生的成长、成人和成才。在现实教学中各科教师其实都在无形地进行着学生的德育工作，只是其还处于无意识形态下的行为。要加强专业课程的传统文化思想的彰显，全员教师德育观念的树立是必要的前提。

其次，要充分挖掘各学科教学中有关传统文化的德育因素，增强教学内容和传统文化的联系。在自然科学类课程方面，要注意挖掘中国古代的领先科学，以及先辈们为追求真理的感人事迹与执着精神。阐发先人身上体现出来的敢为人先、严谨认真的科学态度，以及他们勤于思索、敢于探索的精神和勇气，从而达到学生坚韧、积极其人格的目的。在人文学科类课程方面，各人文科学课程与传统文化有着紧密的联系。教师在相关教学过程中，应充分挖掘人文学科中的传统文化因素，探究其价值理念、人文关怀、社会伦理的内涵，从而做到有效激发大学生的社会责任感和社会公德意识的目标。总之，课程教学是高校教育的基本活动，是大学生学习成长的主要阵地，这就决定了课程教学是高校传统文化隐性德育的基本而有效的形式。

三、高校的物质环境

高校的物质环境是指包括学校建筑、自然环境和人文景观等在内的物质实体构筑的校园空间。高校的德育活动是在一定的空间中进行的，而富有艺术感的校园建筑、优美的环境设施，并非是毫无生命和感情色彩的客观存在，它们对学生品德的形成、个性的发展有着潜移默化、悄无声息的作用和影响。教育学家苏霍姆林斯基说过："一所好的学校连墙壁也能说话。"可见，校园的物质环境在高校德育中有着重要的作用，其"润物细无声"的方式，不仅能起到陶冶情操、启迪思想、规范行为、激励上进的作用，更有着重要的象征意义和陶冶功能，可以调节和规范行为，形成奋发进取的精神面貌，提高人们的审美情趣和道德认识水平，全面提升人的道德素养。

高校物质环境作为传统文化的主要彰显形式，主要通过在校园物质环境建设中，要把人文资源、传统文化知识融进校园的每一个角落。首先，学校的规划建设要能彰显所倡导的校园精神。对此，在校园的硬件建设上大有文章可做。比如，校园中的花草树木、教室、走廊，都可考虑挂靠富有哲理性的诗句警语；而建筑物、道路的风格和命名，既可以考虑具有知识性，又可以具有教育性；校训、校史，还有校园"名人堂"、校园中先贤人物塑像、楼道的名人画像及其名言等，都可以加以重视。这种文化环境的建设别具匠心，使具有生命灵性的人文精神承载于有形的物体中，与自然风景和谐统一，让学生在浓厚的氛围中无意识受到教育的启迪和品性的塑造，对大学生思想政治与道德品质的形成有着重大的作用和影响。现代高校，种植具有人格象征意义的花草树木，使校园的自然风景具有文化的意蕴，而建设教育性人文景观，如富有爱国主义和高尚情怀的屈原塑像、具有博大中国传统文化内涵的"中华儒教园"、具有东方园林艺术魅力的仿东汉洛阳太学庭院式的太学广场等一系列人文景观，均是继承和弘扬中华优秀传统文化、培育大学生人文素质和民族精神的有力载体和彰显形式，使学生们的思想道德在无意识下受到感染和熏陶，从而达到教育的目的。总之，学校的物质环境和传统文化在各方面的融合，对大学生产生着潜移默化的影响，是高校隐性德育不可忽视的重要因素。学校的建筑设施、园林绿化以及各种装饰，不仅具有实际的使用价值，而且具有象征意义和陶冶功能。

四、传承的校园精神

传承的校园精神作为高校传统文化隐性德育的形式之一，主要是指由学校传统、教学理念、师生关系、学习风气等所凝练而成的富有学校特色的精神风貌。它反映并体现着学校成员共同持有的道德情感、价值体系、行为模式和目标追求。它散播于校园各个角落，时刻无形地作用着大学生的价值理念与思想道德，影响着学生的学习、生活方式，规范着学生的言行举止。学校的校园精神是学校师生在长期的教、学实践活动中，通过有意识的倡导强化，并经历史的沉淀、选择凝练而成，它所传承、倡导的价值理念和思想道德通过校内的各种环境因素及学校师生而得到彰显，从而赋予学校以特有的个性魅力。

传承的校园精神中校风是主要的构成要素。所谓校风就是一个学校本质特性和精神面貌的集中反映。良好的校风是一种无形的力量，它充满于整个校园，时刻作用于大学生四周，自觉地抑制和改变学生的不符合规范的行为和作风，从而使他们的言行举止符合它所要求的程度。在校风中，更为细化的班风对学生行为也有一种强有力的纠偏作用。它能使学生不断调整自己的思想和行为而符合所倡导的价值理念。总之，在这种无形而强大的力量作用下，学校所倡导的价值理念和行为规范就会被内化为学生内在的意识律令，从而形成符合要求的价值取向和行为习惯。

传统文化是培育和凝练校园文化、校园精神的重要资源。传统文化中所蕴含的价值理念、精神态度、行为取向，在现代大学文化和精神中都有所彰显。如湖南大学，无论是其"博学、睿思、勤勉、致知"的校风，还是"实事求是，敢为人先"的校训，都继承拓展了岳麓书院所沉淀的文化底蕴、倡导的教学育人理念。大学精神环境因是经长期实践活动并经历史的积淀、选择、凝练发展而成，其所倡导的价值观念、学习态度都具传统性的特点，与传统文化思想有着比较深入的融合。对此，高校要充分挖掘学校自身历史传统的宝贵资源，再结合学校发展战略和规划，根据学校办学思想和理念，努力凝练具有时代特征和学校自身特色的校园文化精神。新时期的高校建设，应当提升大学的育人理念、志向和精神境界，不断增强学校的文化底蕴，并通过大学文化的传播和大学精神的沉淀，发挥大学文化和大学精神对学生巨大的感染力、渗透力和熏陶力，从而起到凝聚人心、激励斗志、鼓舞士气的作用和效果。

五、校内的网络传媒

网络为学校德育开辟了全新而广阔的空间。新时期，互联网以其强大的交互功能成了高校学生了解世界，获取信息的一条便捷、快速的渠道。充分利用校园网络开展高校德育，是新时期良好的教育形式和难得的隐性资源。目前，高校网络建设初见成效，一大批富有特色的校园网站开通，有许多高校甚至还开通了红色网站、德育网页；此外，许多高校创建了校园 BBS，并利用这一网络工具来了解学生最新的思想动态，为高校德育工作的针对性实施提供及时有效的依据。

校内网络环境作为传统文化思想内容的隐性载体资源，主要通过以下两个方面来得到表达和彰显。一方面，通过网站的版面设计来得到彰显。就像人的眼睛是心灵的窗户一样，网站版面也是一个网站内蕴彰显的窗户。网站版面可以融合传统哲理名言、传统图画、圣人先哲的经典图像等这些富有传统文化思想的设计，这样不仅丰富、美化了网页的版面形式，而且也凸显出深厚的文化底蕴，让学生在浏览时潜移默化地受到熏陶和感染。另一方面，通过网站栏目、内容来得到彰显。新时期，高校学生对于缺乏新意，生硬说教和简单贴政治、道德标签的内容有很强的厌烦心理。德育网站内容的建设必须体现出海纳百川、兼容并蓄的时代精神，集思想性、教育性和多样性于一体，贴近学生，贴近生活而富有特色。对此要精心设计各种栏目，开展形式多样、生动活泼的网络德育活动，吸引大学生的广泛参与，寓教于乐。而把人生观、价值观、道德观等内容通过传统文化来传达，将会收到意想不到的效果。传统文化博大精深，有富有哲理的寓言，富有深意的诗谜、字谜、灯谜，富有传奇色彩的个人事迹，催人奋进的感人故事，等等。总之，传统文化可以把教育性内容，变得生动具体、富于视觉色彩和情趣，在潜移默化的影响下，能提高大学生的道德素质。从而实现网络科技在新时期高校德育中内容与形式、科技与人文的有机融合。

第三节　高校德育中传统文化隐性教育的意义及面临的困境

传统文化的隐性教育因其博大精深的内容，丰富多彩的形式，为高校德育提供了优良的资源，也因其"随风潜入夜，润物细无声"① 的影响方式为高校德育提供了新的育人理念。可以说，传统文化的隐性教育对于新时期的高校德育有着不可或缺的作用。在新时期的高校德育中，传统文化的隐性教育确实有着重要的意义，但是，其开展实施时也面临着不少的困难。

一、传统文化隐性教育的意义

中国传统文化的思想内容博大精深。其中，有富有哲理的神话寓言，有言志咏怀的诗词歌赋，有彰显人格魅力的伟岸身影，有蕴含崇高精神的动人事迹，等等。这些内容有着重要的德育功能。而引进隐性教育这一新的教育方法，让传统文化在德育内容的广度和德育实效的深度上都得到加强。新时

---

① 出自杜甫《春夜喜雨》。

期加强传统文化的隐性教育，不仅有利于优秀传统文化的传承，更重要的是，高校学生会在悄无声息的环境下受到其熏陶和影响，从而轻松有效地实现德育的目标。

（一）有效顺应大学生的接受心理和主体意识

相关心理学研究发现，人的思想具有一种"自身免疫"的功能。即人的思想一旦固定成型，当与固有思想体系相冲突的外界思想试图进入大脑时，人自身原有的思想体系就会对外来思想进行识别，阻止相异思想的"侵入"，或同化后再予以接收，且这种外界思想被感知的程度越大，它所受到的抵触也就越强烈。另外，在新时期，学生的主体意识日益增强，对教育信息的接受有着强烈的自主选择性，对"灌输"式、老师讲课为主体的传统教育形式有着强烈的排斥感。传统文化的隐性教育很好地解决了上述问题。

首先，隐性教育不同于显性教育，它是一种潜隐的教育方式，它把教育的意图和目的隐藏在与之相关的载体之中，通过间接的手段来达到教育的目的。这种教育方式使富有教育意义的哲理、价值理念、思想道德通过受教育者所喜闻乐见或者不易察觉的形式悄悄润入受教育者的心田，无形地作用于其心灵，使教育客体在不知不觉、无意识的情况下接受教育。这种接受教育的"无意识"状态，能大大弱化思想"防护层"的阻碍作用，从而有效地克服大学生在接受教育时的逆反心理和主体意识。另外，在隐性教育的过程中，大学生间接、无意识地接受教育的过程，同时也是一个自我比较、自我判断、升华发展的过程。在这一过程中，学生的认识不断提高，思想品质、言谈举止不断地向社会、学校所要求的方向发展。这在一定程度上也体现了学生学习成长的个体自主性。

其次，传统文化既是德育的内容，也是德育的一种形式。彰显德育思想的传统文化中有富有哲理的神话寓言、有言志咏怀的诗词歌赋、有彰显人格魅力的伟岸身影，有蕴含崇高精神的动人事迹等形式多样的资源。一个屈原，能给我们的不仅有其华美的楚辞，有其"路漫漫其修远兮，吾将上下而求索"① 的执着，"世人皆醉吾独醒，世人皆浊吾独清"② 的超然清高，更有其

---

① 出自屈原《离骚》。
② 出自屈原《楚辞·渔父》。

慨叹祖国命运而毅然投江的忧国身影。像这样彰显人格魅力的伟岸身影不仅形象，其故事的叙述更是富有趣味性，更易达到育人的作用。中国传统文化中这种事例数不胜数，而其他形式，比如，诗词、艺术、动人事迹也是好的教育形式，它们往往具有生动、形象、趣味性强的特点，符合学生的接受心理，具有很好的德育效果。可以说，传统文化再配合以隐性教育的方式，使教育更具有渗透性与潜隐性。

当然，我们应当看到，高校德育中传统文化的隐性教育还是依赖于教育者的"有意识"组织。也就是说，传统文化隐性教育的顺利开展，只有在教育者对教育的内容、方式、教育活动的程序做出精心选择和编排的情况下，创设出良好的教育情境，才能达到相应的效果。这样一来，在隐性教育的过程中，教育者不仅发挥了主导作用，使大学生得到了适当的引导，而且也充分发挥了受教育者在德育中的积极性和主动性。

总之，传统文化在隐性教育所创设的轻松愉悦的情境和氛围下，能有效地顺应大学生的接受心理机制，使他们真正将学校所倡导的价值理念、道德规范内化为自己的意思律令，从而外化为行为习惯，实现教育和自我教育的有效统一。

（二）全面作用大学生的学习环境和生活空间

高校传统德育主要通过政治理论课、形势政策报告会、党团活动等显性方式进行。它们的作用是明显的，但是，也存在一定局限，那就是它难以全面作用于大学生的学习和生活空间。一方面，传统德育虽然有直接的德育课程，但只有在大一开设的《大学生思想品德与修养》和两个学年的马克思主义理论课程，此外的其他课程，则对德育的关注非常少，对于四年的大学学习时间来说，这就很难全面作用于大学生的学习空间。另一方面，高校的非学习生活丰富多彩，形式多种多样，比如社团活动、文艺比赛、参观历史遗迹等。可以说，大学生的生活空间极其广阔，如果德育的影响只限于课堂教学的"正式场合"，而忽视课堂外的"非正式场合"对大学生德育的作用和影响，那么，德育的效果必定存在有效性不足的缺陷。

传统文化的隐性教育因其内容的广泛性教育方式的潜隐性，能完全覆盖广大学生的学习环境和生活空间，正好可以弥补传统显性德育的不足。众所周知，传统文化内容博大精深，形式丰富多彩。其深厚的人文内涵可以彰显于校园的每个角落。再加上传统文化借助校园的隐性教育资源，把其道德思想、价值理念融入各种生活环境的因素中去，通过生活环境对大学生思想形成产生作用。因此，传统文化的隐性教育完全可以突破时间和空间的限制，填补传统德育因依赖课堂教学而无法有效作用于高校学生的学习环境和生活空间的不足，进而全面深入地影响大学生的思想理念和行为规范。

传统文化的隐性教育可渗透于大学校园的每一个角落，不仅可以通过常规的课堂教学、生活的服务和管理来发挥作用，而且还可以通过校园的物质环境、精神环境和网络环境等，对大学生发生潜移默化的影响，使大学生在不知不觉中接受教育。无论是参加文体活动还是参加演讲辩论，无论是漫步于校园小道还是听知名学者的精彩报告，无论是在学习的教室还是在休息的寝室，都会在不知不觉中受到优秀传统文化的熏染。这种渗透于校园各个角落的影响方式无所不在，但又缥缈无踪，大学生的思想道德素质在这种方式下受到感染和熏陶，有利于德育实效的提高和行为的转化。传统文化采用的这种渗透式教育，讲究心理上的自然性、娱乐性、主体性，让大学生在不知不觉中受到教育，在自然熏陶下受到感染，因而能够有效地规避学生的逆反心理，使教育内容能润入大学生的心灵深处，使其在潜意识形态下就完成教育。

（三）积极内化大学生的德育知识和品德规范

传统文化的隐性教育能有效内化大学生所接受的德育知识和品德规范，这在一定程度上是归功于隐性教育的内在特性。显性教育一直是高校德育的主要形式，将来也会是高校德育传授的主要途径。但是，在新时期的高校德育中，由于学生状况、社会环境等因素的转变，使德育功能的有效发挥和德育实效的增强，仅依靠显性教育将成为空中楼阁。因此，充分发展其他教育方式的作用，以补充、强化和内化其德育效果，就显得十分必要。传统文化的隐性教育影响范围广泛，其能覆盖到显性教育难以作用的学习空间和生活环境，对显性教育有补充与强化的作用。在传统的高校德育中，大学生在课堂中受到的德育知识与品德规范，很容易因缺乏实践的验证而得到强化。相反，有时甚至因外在因素的干扰而被削弱。传统文化的隐性教育渗透于校园的方方面面，全面作用于学生的学习环境和生活空间，有效地融合德育学习与生活实践，弥补了显性教育的不足，使传统文化的教育能在学习、生活、实践等多维空间，对大学生的思想道德素质产生影响，使学生在课堂所接受的知识能及时得到巩固与内化。这种全方位影响教育所产生的必然效果是德育效果的显著加强，德育实效的大幅提高。

有了道德的认识并不一定就有道德的行为。只有注重道德情感和道德意志的培养，才能有效实现道德认识向道德行为的转化。传统文化的隐性教育通过学习环境和生活空间，潜隐地作用于道德情感和意志，强化显性教育所受知识的意志内化，从而实现认识向行为的有效转化。显性德育在培养大学生的道德认知能力方面有着重要作用。但是，道德品质的好坏与道德知识的多少并不成正比，如果不能将道德知识内化为道德意识，从而付诸实践，那么，再多的知识也不会起到应有的作用。道德情感和道德意志，是道德认识内化的必然结果，而道德行为则是道德情感和道德意志外化的主要表现。在德育及行为转化的这一过程中，任何一个要素的缺失甚至是发展的不平衡，都难以完成德育行为的顺利外化，进而形成健康良好的道德品质。传统文化借助隐性教育间接内隐的教育方式，以其丰富多样的内容形式给学生完全不一样的感受，可以有效地避免因直接说教而让学生产生的排斥心理。另外，具有德育思想的传统文化与校园环境的融合，让学生的道德情感和道德意志在浓厚的文化情境和氛围中得到了陶冶和培养，使大学生的道德认知能力在道德体验中得到了提高，大学生的道德认知与道德行为实现了更好的连接，其知到行的转化得到了有效实现。可见，传统文化的隐性教育在内化所受德育知识的同时，使德育形式和内容与显性教育相比较更加丰富与完善，更好地发挥了德育的作用。所以，新时期的高校德育，不仅需要显性德育，更需要隐性德育的支持和补充，传统文化的隐性教育，无论是在内容形式上，还是在教育方式上，都更好地给予显性教育以补充强化，更好地提高了高校德育的实效。

二、传统文化隐性教育面临的困境

传统文化在高校德育中有着显著的作用。但是，在新形势下，传统文化的隐性教育也面临着许多难题。德育形式的创新探求一直在向前推进，隐性教育、隐性课程研究，也取得了不少的成就。然而，在目前情况下，所有的研究都还处在起步阶段，德育视角下传统文化的隐性教育这一课题，几乎还没有学者研究，缺少理论基础。从具体内容上来讲，一方面，传统文化隐性教育内容存在"陈旧"特质，传统文化内容与彰显载体的融合，以及相关载体的研究，有待更进一步探究。另一方面，教师德育理念的滞后、传统文化素养的不强，都给传统文化的隐性教育带来了挑战。

（一）专业教师缺乏全员育人理念

新时期，随着市场经济的快速发展，改革开放的不断深入，学生学习生活的校内环境和校外环境出现了前所未有的变化。在以利润最大化为目标的市场经济环境下，学生出现了学习功利化、思想追求个人化、社会公德淡漠化等各种不良现象。可以说，新时期高校的德育工作更加复杂，面临着现实大环境的巨大挑战。在这种环境下，学校、家庭、社会都成了德育的主体，都需要承担起德育的职责。但是，当下仍有不少专业教师认为，德育工作只是辅导员或专职教师的职责，没有认识到专业教师在关注学生个人德育素质成长方面的重要性。有些专业教师只专注于自身专业的探究与教学，很少和学生在情感、生活、思想等各方面上的交流和沟通。有些老师更是只为了完成课时，上课照本宣科，出现老师大讲学生小讲的情况却视而不见。行动是意识的外化，只有有了根深于脑海的理念，才有行动实现的可能，专业教师这种德育理念的缺乏，让注重潜意识渗透的隐性教育遇到了困境。

（二）德育教师传统文化素养不高

传统文化的隐性教育对教师无论在学识还是在个人品质上，都有着较高的要求。但目前德育教师队伍与现实要求有着巨大的差距。目前，高校辅导员或者专职教师人员构成复杂，素质良莠不齐。其构成有任课教师、选聘专职教师、学校工作人员配偶、留校学生等，不一而足。这些队伍成员也许适应传统教育环境下的学生工作，但面对新时期的高校学生，显然遇到了不少困难，无论是其对学生的心理认识，与学生沟通的方式，还是其德育方法、其本身文化素养，都很难在德育中发挥应有的作用。尽管目前高校开始注重辅导员队伍的建设，高校辅导员也正在向专职化发展，但是，这一目标的实现还需要一个较长的过程。虽然目前高校辅导员的专职化和高文凭化，确实给高校的辅导员队伍带来了新的血液和活力，但是，由于缺少学校辅导员培育的针对性，从事辅导员工作的硕士研究生、本科生虽有相关的学生工作经验，却缺少深层德育理论及相关素养的修习，而对传统文化的了解和认识，也大都只停留在常识的层面。因而，这样一个德育队伍很难把握到传统文化的深刻内涵，将传统文化融合进尽可能多的环境资源进行潜意识的隐性教育。

（三）传统文化教育载体挖掘不够

传统文化的德育内容，只有通过隐性载体的承载与彰显才能达到教育的效果。而在目前情况下，传统文化隐性教育的载体，无论是在广度还是在深度上都挖掘不够。在广度上，主要表现为教育彰显载体的缺乏。一方面，隐性德育的研究起步比较晚，其载体、方法研究在近几年中虽已取得了一定的成就，基本的德育载体都有所涉及，但缺少系统深入的探求，大部分学术研究都停留在基本的要素上，重复或变化他人的观点，真正创新的很少。另一方面，传统文化作为德育的重要内容之一，其隐性教育在方法与载体上都有自身的特殊性，其彰显载体肯定有着特别的要求，由于缺少对这一课题的针对性研究，因而，其隐性教育的彰显载体大都只是借鉴隐性德育载体研究的成果。在深度上，主要表现为传统文化与载体融合的脱节。传统文化隐性教育载体有着隐蔽、零散、庞杂等特点，其与传统文化思想的融合虽有显露的，但多数是相对隐含而需要挖掘。由于高校德育主体本身对隐性教育理念的缺位，加上对传统文化深层思想把握的缺失，致使加强传统文化隐性教育在外化途径上遇到了障碍。因此，传统文化隐性教育的载体，无论在外在广度上还是内在深度上，都有开拓挖掘的要求。

（四）传统文化内容陈旧而缺新意

传统文化中的仁、义、智、信等古典思想，几千年来一直是用来进行德育的主要内容，在知识日新月异的今天，呈现出了陈旧而缺乏新意的特性。其主要表现在：一方面，传统文化内容的历史局限性。传统文化的德育内容，归根到底，还是传统的东西，在今天这样一个知识大爆炸、文化空前发展的时代,传统文化的"传统"特性更显得明显,而其自身与时俱进与创新的缺失或滞后,更是让传统文化显得陈旧。另一方面,传统文化传承的重复性。传统文化内容因长期反复强调而失去了新意。传统文化的传承有其选择性,那就是,最优秀、感人、脍炙人口的成果,才会被选为传承的主要对象。这样就使这些优秀的成果往往耳熟能详,连小孩都能张口即出。如果继续用这样历经数千年的经典来教育,肯定很难达到教育的效果,结果只会给学生留下老生常谈的可憎面目。另外,传统文化的传承也有其统治维护的服务性。许多优秀而富于思想的成果,也因此而遗漏于历史的角落。因此,传承下来的传统文化难免有历史的局限性而显得过时。对此,为了避免让学生因审美疲劳而出现不胜其烦的状况,在新时期,加强传统文化内容的重构与创新,显得十分必要而紧迫。

第四节　高校德育中传统文化隐性教育的对策思考

隐性教育是我们探索高校德育工作中的一种新的教育方式,它对我们提高高校德育工作的有效性,拓展德育空间有着极其重要的作用,也成了显性教育方式的重要补充。

一、教育方式层面

从教育方式层面来看,高校德育中的传统文化隐性教育要重视丰富德育工作的方式。

(一)注重隐性教育与显性教育相结合

隐性教育与显性教育是我们进行德育工作的两种教育方式,这两种方式的运用可以相互弥补各自的不足,使德育功效得到更大的发挥,两者相互渗透、相辅相成,各显优势,使高校的德育工作所存在的问题得以缓解或解决,而如何将二者结合起来并发挥更大的功效,是我们面临的又一新的课题。

显性教育，顾名思义，它的教育目的和目标都较明确，是教育者直接向受教育者传授道德知识，明确告诉受教育者应该干什么，不该干什么，直接对受教育者的道德修行施加影响，正面灌输，最终通过受教育者识记各个条目，在日常生活中对其加以约束，最终达到教育的目的。

这种教育具有以下优势：首先，教育目标明确。受教育者能非常清楚所要学习的知识内容，不至于迷茫而无所获，同时，也可量化教育效果，看受教育者是否真的识记并理解了这种知识。其次，教育内容系统化、理论化。随着我国对德育方面的重视，对德育知识课本教程的编纂日益完善，且是我国思想道德教育方面的专家合力对其知识进行梳理、整合成册，我国高校目前运用的教科书基本是以马克思基本原理、思想道德修养与法律基础、形势与政策等为主，学校把这些科目定为大学生在大学期间所必修的科目，这就保证了每个学生都有机会和条件学习这些知识，同时装订成册，也使每个学生所学习的课程可以一条主线串联起来，有条理，清晰明了，系统化、理论化。最后，教育行为制度化、规范化，在校学生要受国家法律、校规、班规等各项制度的约束，并受所在环境和风俗习惯的影响，以及道德舆论的监督，有利于学生规范自己的行为，提高自己的道德修养。

隐性教育，则是以一种潜隐的、潜移默化的、渗透的方式所进行的润物细无声的教育，它不明确告知受教育者所要达到的教育效果，也不告知其教育目标，更不是通过灌输的方式向其传授道德理念，而是营造一种氛围、通过设置各种道德实践活动，使学生置身其中，亲自体验这种教育理念，在不知不觉中受到熏陶、感染，使其内化于受教育者内心，自愿接受，并践于行，受到自己内心的约束所达到的效果要远远胜于被动地受到外界环境、制度的约束，效果要好得多。

隐性教育具有以下优势。

第一，教育方式隐蔽，可以避免受教育者产生逆反心理，使其在不知不觉中接受教育。当今的大学生自主性较强，有着自己的价值观和价值理念，有着独立的判断力，会选择适宜于自己的道德判断标准，做出自己的价值选择，直接正面的灌输会使他们产生抵触情绪，使他们自己觉得丧失了自己的主体性和独立性，而隐性教育则是先让他们在这种情境中感受价值观念，使其自己做出判断，自己选择正确的价值理念，故能产生良好的教育效果。

第二，教育范围较广，隐性教育可以无处不在，无时不有，我们可以在任何不同的地方营造这种教育氛围，它不分场合、不分时间，随时随地都能产生教育效果，教育资源丰富。

当然，显性教育和隐性教育也各自都有自己的弊端。如果把二者结合起来，将产生事半功倍的效果。我们在进行显性教育时，在德育的课堂上可以一改传统课堂的模式，由教师主讲改为教师和学生共同学习，或让学生自己探索学习知识，提高自我修养的方法。比如，一节课可以让学生以分组的形式，以自己的实际行动来体验这种知识，或者让学生自己做老师，来组织这节课的学习。应该如何着手才能让自己和其他同学都能领略这种道德品质，我们还可以采取让学生去敬老院、孤儿院等场所去慰问、帮助那些需要帮助的人，切实从内心深处领略助人为乐的精华，老师突破传统途径，可以使学生在寓教于乐中学到精髓。

另外，教师还可以结合当今热点，让学生关注国家大事，提升自我责任感，现在高校中已紧随时代步伐，校园内已多有电子屏，可以在每天晚上七点准时播放当天同步的新闻联播，立于教学楼的正前方，利于学生站在教学楼上即可关注新闻，关注国家大事。另外，这块大的电子屏还处于人流量较大且是校园的中心地带，这就给同学们提供了更为便捷的条件，方便同学们关注热点，关注国家。这样，有利于同学们自己开阔视野，同时也有利于国家大政方针政策的宣传。

除此之外，同学们还可以根据自己的兴趣去参加学校举行的各类学术类讲座，领略大师风范的同时，见识这个学科领域的最新的发展动向，可以以最便捷的方式，学到自己最想学习的知识。以上所举例子，是显性教育与隐性教育相结合的几种方式，当然，这是一种新型的教育方式，还有着广阔的空间，需要我们去探索、去研究和实践，总结经验，以此提高德育的有效性，扩展德育影响空间。

（二）身教胜于言教

在我们的印象中，德育知识的传授普遍是以教师的讲授、讲道理为主，这样的情况会使得学生对德育的认识是"假大空"，而没有实际的内涵，学生也多厌倦或敷衍，而没有身体力行，可在现实生活中，如果我们多以实际行动影响周围的人，教育效果肯定事半功倍。我们在德育工作中要更重视身教。

"身教胜于言教"这种教育方式，我们可以从美国心理学家阿尔伯特·班杜拉的社会学习理论中找到理论依据。社会学习理论是由班杜拉在1977年提出的，他重视观察学习、自我调节的重要作用，认为这会对人的行为产生重要影响，同时，他也认为，环境与人的行为之间也是相互作用的。

班杜拉认为，人的行为的习得有两种方式，一种是直接经验，而另一种是通过观察他人的行为而获得，即"通过示范所进行的学习"。

这种观察学习有四个阶段，分别是注意过程、符号形式表象化、表象转换为适当的行为、行为结果。这四个阶段为我们展示了人们间接行为习得的过程。这个过程说明了人的多数行为是通过观察别人的行为和行为的结果而学得的。既然人的行为是通过观察学习他人示范而习得，那到底能习得何种行为，以及这种行为该有什么样的表现，就需要依赖榜样的示范作用了，示范者如何，对学生行为的习得将会产生重要影响。因此，我们在德育工作中，不但要重视言教，更应重视身教，为学生树立一个学习和模仿的榜样，对学生产生潜移默化的影响。

二、教育环境层面

从教育环境层面来看，良好的教育环境能够给学生一种好的学习体验，让学生在充满传统文化的环境中去体会传统文化的精髓之处，从而在潜移默化中受到隐性教育和影响，所以，在隐性教育过程中必须重视培育良好的校园文化环境。

良好的校园文化环境的营造，对于我们提高思想道德教育的有效性，有着极为重要的作用。校园文化环境作为隐性教育的载体，是我们实施隐性教育的重要途径。校园文化环境主要包括精神文化、物质文化和制度文化等。所以，我们培育良好的校园文化环境，也主要是从这三方面着手。

（一）营造审美化的校园物质文化环境

校园的物质文化环境主要是指学生生活、学习的教学楼、图书馆、宿舍、餐厅、宣传橱窗等有形建筑，是学生所处的物质环境，对学生有着重要影响。在一个脏乱的环境里，人们会随手丢弃垃圾而不产生羞耻心理，而在一个整齐、洁净的环境里，人们则会自觉地遵守社会公德，保持美好的环境。以上这些都给我们传达了一个道理：要培育良好的校园环境。校园物质环境不但与学生的生活息息相关，而且还对学生思想道德的培养有着重要影响，因为它承载和传承着一个学校良好的教育理念，对学生产生润物细无声的作用，使学生在不知不觉中受到感染、熏陶，接受教育。学校应注重校园美好环境的建设。比如，整洁有序的教学楼，安静有氛围的图书馆，舒适合理的宿舍，等等。这些物质环境原是无生命情感的，但经过精心设计赋予它们生命，通过他们传达教育内涵，所达到的教育效果是传统教学模式所无法达到的。

（二）创建感召化的校园精神文化

校园精神文化是指能对学生产生影响的一些价值观念、价值取向、人文精神等。创建和谐的校园精神文化，可以从尊重学校的历史文化传统、培育大学精神和营造良好的宿舍文化和学术文化氛围等方面着手。

我们要尊重学校的历史文化传统。每所高校都有各自独特的成长历程和文化积淀，有着浓厚的历史气息和文化气息，我们传承这种文化，对学生责任感的形成有重要影响。

享誉世界的牛津大学，以自己拥有悠久的历史和厚重的学术氛围而骄傲，他们仍旧保留着这种优秀的文化传统，传承着学校的历史，发展至今，牛津大学依旧是世界上顶级的高等学府，他们仍旧有穿学袍的传统，仍旧保留着他们独特的师生交流方式——高桌宴会，以此来增进师生感情，来进行学术交流，来提高他们的社交能力，这种文化传统的传承，使每个牛津人都受益匪浅，因而培养着大批量的人才。

尊重学校的历史文化传统，并不意味着我们要全盘的接受，而是要取其精华，去其糟粕。学校好的历史文化传统，我们传承并发展，有利于学生形成对学校文化的认同，形成凝聚力，同时，培养学生的历史责任感。了解学校的历史文化，可以使学生在前辈的影响下，得到洗礼，得到激励，使其奋发向上，以前辈为榜样，成为国之栋梁。所以尊重学校的历史文化传统有着重要意义。

我们要注重培育大学精神。大学精神是一所学校的灵魂，是这所学校充满活力的主要体现。优良的大学精神对整个大学的建设和发展来说，有着举足轻重的作用。一所学校之所以充满生机和活力，就是因为这所学校有着自己的精神支柱，有着信念的支持，所以，培育一所学府的大学精神，至关重要。

大学精神是一种认知，是我们对大学的本质，大学的内在规律，以及在办学的实践之中所形成的系统化、理论化的价值取向，价值认同和价值观念，是每所高等学府的办学水平、办学特色，学校的整体面貌，以及在整个学界的声誉的体现，为我们提供了巨大的生命力和凝聚力，是每所大学发展过程中的重要支撑，同时，也是大学的个性所在。每个学子在这种大学精神的指引下，生活在这样的文化氛围之中，价值观、人生观、世界观都在大学精神的渗透和熏陶中形成。大学精神属意识的范围，它的影响是隐性的，是看不见、摸不着，悄无声息的，因此，我们在实施隐性教育的过程中，一定要重视大学精神的培育。

我们要创建良好和谐的宿舍文化。宿舍是学生学习、生活的重要场所，在大学的这个阶段，由于教室的布置不再像高中阶段那样有着固定的班级，而是实行流动式的教学方式，按照专业进行排课，而不是固定的班级在固定的教室，所以，宿舍就成了每个学生除了图书馆、教室之外，待的时间最长的场所，由于这是学生经常生活的范围，又是同龄人共同的群体生活，所以，创建良好和谐的宿舍文化，就显得尤为重要了。处于大学阶段的青年学生，都有着从众和效仿的心理特征，他们容易受周围同龄人的影响，所以我们更应该把握好这个道德培养的重要阵地，形成良好的宿舍氛围。

比如，一个宿舍如果大部分人都有早起锻炼的好习惯，必然会带动宿舍的其他人；如果他们大部分人都喜欢看书、都喜欢去图书馆、自习室的话，这个宿舍的学习氛围一定很浓厚。相反，他们大部分人都喜欢睡懒觉的话，这个宿舍肯定都会晚起。所谓"近朱者赤，近墨者黑"，环境对人的影响是极其重大的，所以，我们要建设好宿舍这片环境，抓住这块阵地，使学生在良好的环境中形成良好的道德品德。

（三）创建科学化、合理化的校园制度文化

校园制度文化是指学校的各项制度建设。诸如，校规、系规、对教学的

管理，后勤服务管理，以及学生的奖惩措施。一个机构正常健康的运转，需要有着完善的制度保障，学校也不例外，需要完善学校的各项制度建设。一所学校完善制度的建立是其科学化管理的体现。当然，学校的制度文化建设，对我们实施隐性教育有重要的导向作用。校规的合理制定及各项奖惩措施的实施，有利于规范学生的行为，再有效的德育措施也需要有制度的保障，不然，如果学生有不良的行为，而没有措施加以制止，则会使学生继续错下去，不利于学生道德修养的提高。相反，如若对之加以合理的惩戒，则会使学生懂得这种行为是不良的，以此来规范学生的行为，促其良好行为的形成。

以考试作弊为例，奖惩制度的存在会使学生在心理上便形成对这种行为的内在约束，因为学生知道作弊的话，不但会带来处分，更重要的是，自己在周围人中的信誉会紧跟着降低，尤其是自己的诚信意识会大打折扣，同时自己给予别人的印象及别人对自己的评价都会降低，学生自觉衡量，得不偿失。在这种价值判断下，同学们做出的价值选择，定然是不去作弊。这种奖惩制度的存在，无形中对学生的心理施加了影响，使学生在内心深处形成一种机制，不能有不良的行为，否则，会受到惩处。这对学生良好习惯的形成及行为的规范起到了重要的作用，从而也使校园的各项事宜健康、有序地运营。所以，我们实施隐性教育，要积极创建科学化、合理化的校园制度文化。

三、教育实践层面

高校的德育目前仍旧是以"两课"为主，要想提高德育的有效性，我们需拓宽和丰富思想道德教育的内容，不但要重视理论，更要与实践相结合，以此来帮助学生解决他们在日常生活和学习中所遇到的问题和困难，使我们的教育、教学与社会接轨，与实际贴近，使其更具有说服力，我们要使德育理论与实践相结合，可以从以下几个方面着手。

（一）组织和开展各类社团活动

《关于进一步加强和改进大学生思想道德教育的意见》提出："要加强对大学生社团的领导和管理，高度重视大学生生活社区、学生公寓、网络虚拟群体等新型大学生组织的思想道德教育工作，发挥大学生自身的积极性和主动性，增强教育效果。"表明我国对大学生社团的重视，说明它在道德实践中有着重要的作用。社团是大学生根据自己的兴趣爱好所加入的一个组织，在这样的组织中，学生的抵触情绪和逆反心理较弱。所以，在这样的组织里开展道德实践有着极为有利的优势。组织开展社团活动要注重培育社团精神，社团可以选择一些极具道德意义的教育主题，组织和引导学生参加道德调查实践活动。另外，通过社团，还可以组织一些公益性的活动，让学生亲自体验道德教育中的一些价值观念。社团活动的开展，更好地为我们的德育工作提供了实践的阵地，有利于学生的自我完善和发展。

（二）开展第二课堂拓展学生成长空间

第二课堂，顾名思义，是指我们专业学习之外的活动，包括专题讲座、兴趣小组、校选课、辩论会、演讲比赛等。这些都为学生个人的全面发展开辟了更广阔的空间，学生可以通过参加自己感兴趣的活动，提升自己各方面的能力。高校开展的校选课，为学生兴趣的发展提供了机会，学生可以根据自己的喜好去选择自己要上的科目。

以影视欣赏为例，选这门课的人都是对电影感兴趣的人，他们有着共同的爱好，就更便于沟通和交流，更利于成为朋友。他们可以在一起探讨一部电影所要传达的价值观念和这部电影的意义所在。同学们去听专题讲座，做讲座的人肯定是对这一门有着深刻研究并有一定造诣之人，听讲座可以为学生们传递一个信息：学术需交流。在这里，可以感受大师风范，也可以从讲座中学到自己所不知道的东西，从潜移默化中受到影响。以上例子说明，第二课堂的开设很有必要，因为这里传授着更多的、更为全面的教育理念，隐藏在背后，我们会在潜移默化中受到影响，受到熏陶。

（三）注重社会实践环节

社会实践是指让学生走出校园，走进社会，每个学子最终总是要离开校园走向社会，接受社会的检验。社会已不再如校园内那么单纯，犯错误也不是仅仅背处分就能解决的了，在社会上人总是要对自己的行为负责。所以，在学生进入社会之前，先让他们事先接受一下社会的洗礼，将更有利于他们价值观念的形成，因为他们在学校所学到的知识，所受到的熏陶，需要社会去验证，需要自己去体验，这样才会更深刻，才更能内化于心，践于行。所以，每年暑假，学校可以与相关公司联系，为学生提供一个实习的机会。这个机会可以由学生自己竞争而得，这样就可以培养学生的竞争意识，激励学生积极进取、努力拼搏。另外，学生还可以自己走进社会，体验各种角色，体味各种生活。因为社会上有很多角色，不同的角色就会有不同的道德规范，体验各种角色，就要遵守这种角色相宜的道德规范，在体验中找到自己的人生定位，并找到适宜自己的道德行为准则。这种行为准则并没有在课本上，而是内化于心的，人们会在自己道德准则的指引下，去为人处世，所以，这种教育是内隐的、是潜在的，不是直接显示在人们面前形成文字的，而是需要人们自己去用心，自己去总结。社会实践是我们开展德育工作必不可少的环节。它从理论与实践相结合的角度，提高了道德教育的有效性，是我们实施隐性教育的有效途径。

四、教育资源层面

隐性教育不同于显性教育的非常重要的一点，就是可用的教育资源极其广泛，它可以无处不在，无时不有，可以是可见的资源，也可以是无形的资源。所以，我们在实施隐性教育的过程中，要充分利用各种教育资源，提高德育的有效性。

（一）充分发挥榜样教育的作用

榜样教育在高校的德育工作中是一种比较常用的方法，也是提高德育实效性的有效途径。作为群体动物的人，他们生活在一定的环境之中，而人们对榜样又都有一种推崇的心理，人们也都希望自己可以成为别人的榜样，内心便有了一种竞争的意识。榜样对人们的影响是巨大的，要发挥榜样的作用，到底哪些人可以成为我们的榜样呢？这些榜样对我们又都有哪些重要的影响呢？我们应该怎么样去正确地对待榜样？这些问题的解决对我们德育工作来说，有着重要的影响。

在我们生活中对我们能产生重要影响的人主要有教师、身边的人及其媒体所宣传的人物，这些人有的与我们的生活息息相关，有的则对我们的价值观念及价值取向产生重大影响。所以，这些典型的确立，将非常有助于我们德育工作的开展。

第一，教师的榜样示范对德育的影响。

一方面，我们要发挥教师的模范带头作用。教师是我们教学的中心，他无时无刻不对学生产生重要影响。对学生来说，教师就是一部活的教科书，他对学生的影响是不可替代的，他为我们传递着一种精神，传递着一种无形的力量，他的一举一动，他的讲课风格、诙谐语言、敬业奉献、知识内涵、人格魅力，无不熏陶和感染着学生，所以教师自身对我们要实施的隐性教育来说，本身就是一种资源，我们要充分开发和利用这份资源，以开拓道德教育更广阔的空间，所以我们要塑造良好的教师形象，提高教师素质，完善教师的人格，以此来推动教师的榜样示范对德育的影响。

另一方面，教师的人格魅力对学生人格的完善有着直接的影响，对教育所产生的效果也有直接作用。我们知道，山不在高，有仙则名；水不在深，有龙则灵；大学不在楼高，而在于大师。我们所看重的就是大师所传递过来的人格魅力。

某大学思想道德修养与法律基础的年轻教师，学生把她的讲课视频传到网上，被众多网友转载观看。思想道德修养与法律基础本是一门枯燥、无味的课，但在她的课上却被她演绎得有内涵、不枯燥且能吸引学生，在视频中她的干练，她的魅力给我们展现了新一代教师的风范。学生喜欢上她的课。这就给她对学生施加影响提供了机会，这本是显性教育的课程，可在这课程之外却更有隐性教育因素蕴含其中，是显性教育与隐性教育相结合的典型实例，这是教师人格魅力的展现。在这里，我们看到了隐性教育的力量，学生生活、学习在这样充满魅力的环境之中，必然在无形之中，在潜移默化之中，受到感染、熏陶，教师有着这样的人格魅力，学生在其影响下必然对完善其人格产生重要影响，这是一则成功实施隐性教育的典型事例。在这里，我们看到了人格魅力的力量。所以，我们要塑造良好的教师形象，提高教师的整体素质，为学生树立一个榜样，在无形中对学生施加影响，促进学生人格的完善和自身修养的提高。

第二，周围同龄人对学生道德教育的影响。

高校之中，生活在身边的都是一些年龄相仿，专业相似，有自己思想且群居生活在一起的人，他们朝夕相处，周围人的性格、习惯、秉性等，都会对他人或多或少地产生一定的影响，如若在他们之间树立一个榜样，因为他们之间是平等的，更有益于他们的沟通交流，形成心理上的认同，进一步对自身道德的提高起促进作用。

第三，媒体所报道的、得到人们普遍认可的道德模范人物，对学生道德品质的形成所产生的影响。

国家每年都会进行"感动中国"人物评选活动和道德模范人物的评选，这些活动的开展为我们传承中华民族的优秀文化传统和当代的核心价值观提供了一个广阔的平台。

中央电视台发展研究中心主任李舒东说过："每一次观看《感动中国》，感动都会在刹那间汇聚在一起，形成一股无形的力量，强烈地震撼着我的心灵，冲击着我的每一根神经，直到感动的泪水潸然而下。"从这里，我们看到了"感动中国"所蕴含的巨大的精神力量，它引领着我们的时代精神，它是我们时代的坐标，它为我们展示着人间的真情、美好，感动人物的存在深深地震撼着我们的心灵，给我们展示了什么是纯粹，什么是纯朴，什么是人间自有真情在。在生活中，人们可能为了生活、因为现实，逐渐泯灭了自己内心深处那颗善良的心，而这项活动则唤醒了人们内心深处的那份善良。这些人物是我们的榜样，他们感动和感化着生活中的每一个人，为我们每个人树立了道德的标杆，也刺激着我们的道德行为。

对于高校的德育工作来说，感动中国人物无疑为我们德育工作的开展提供了更好的资源和素材，为我们树立了一个典范，而这个典范的树立不是通过各种条条框框，也不是通过枯燥的道理讲出来的，而是通过一个个真实、感人的故事再现出来的，这不是强制性的灌输，而是让人们自己去体验，去感悟，感受真实人物的生活，感受他们的最纯粹的精神境界，看这些故事时，学生的心灵受到了洗礼，仿佛洗去了多年尘埃，又见到了曾经淳朴、善良的那颗心，这对我们来说是心灵的净地，是生活中的一片净土，我们需要这样的让我们干涩很久的眼睛湿润，而这份湿润来自我们内心的感动。这对我们的德育来说，是最好的素材，它营造了一个自然的环境。在这个轻松自在的环境中，传承我们优秀的传统文化，传递着人间真情，传递着爱心，传递着我们社会所要建立的核心价值体系。它本身就蕴含着价值观念，所以，它是我们在德育工作中实施隐性教育的重要资源，为隐性教育的实施拓展了更为广阔的空间，是我们实施隐性教育的有效途径。在具体的实施中，可以让学生自己观看这个节目，同时，也可以引导学生感受身边的人物，观察一下身边是不是一直都有默默奉献的人，感动中国十大人物只是身边事物中感动我们的代表而已，在我们身边肯定有更多的感动事迹，可以让学生们自己去发现，然后吸收这种感动事迹所蕴含的价值观念，内化于心，践于行，自己亲自去实践，以这些人物为榜样，去做力所能及的助人的事，让这种观念逐步传播开来，吸引更多的人加入这个行列，人们在做好事的过程中提高着自己的修养，所以，我们不单单是听一下故事，感动一次，而是领会到这个故事背后所蕴藏的价值观念。感动中国，既然可以感动中国，必然可以感动着每个中国人，所以只要我们不遗余力地把这种价值观念传递下去，集聚正能量，我们定能使我们的德育工作在悄无声息中达到效果。

（二）注重发挥大众传媒的影响

在这科技飞速发展的今天，人们交流的方式也从原先的传统模式转换为如今的无线通信方式，人们运用科技产品，如 QQ、微信、E-mail、微博、论坛、贴吧、博客、移动电话等模式沟通交流。这种网络阵地已经大大减少了人与人之间面对面的交流，所以，德育工作中我们对网络阵地的运用就显得尤其重要，网络是我们德育工作的一片新天地，也为我们德育工作的拓展提供新空间，这块阵地的把握将是未来我们德育工作的重要资源，所以，我们要实施隐性教育，使其发挥重要的作用，提高德育的有效性，需要注重大众传媒的影响。

首先，网络为我们隐性教育的实施提供了现代化的手段。学生可以运用现代化工具查阅更多的知识，了解最新、最近的教育新闻，关心国家大事，这样有利于培养学生的责任感，便捷的沟通方式，也便于师生直接的交流，学生有什么疑问或困难，可以直接求助于老师，教师给予疏通和指导，及时解决问题，不累积、不积压，有助于学生的健康成长。网络也使我们的学校、家庭、社会连为一体。例如，现在大部分学校都有校讯通，学生在校的各种情况，学校都可以和家长及时沟通，有利于学校和家长的配合，更好地促进学生的成长。

其次，网络的存在也为思想道德教育工作开辟了更广阔的空间。传统的教学模式只能用教师讲、学生听的模式，现代多媒体的运用，使得教师传递知识的方式多种多样，现在几乎每所学校都开辟了学校网站，学校网站的建立可以使学生及时了解学校的动态，网站设有学校的概况、机构设置、本校新闻、师资队伍、校园文化、合作交流、校务信箱等，方便了学生了解学校的各方面的动态。同时，也有利于学生参与学校的管理，为学校出谋划策，以此来提高学生的各项综合素质。在校园文化一栏还下设有思想论坛、教职工之家等，便于学生畅所欲言。学校网站还具有重要的导向作用，在网站上有国内正在发生的热点新闻，有理论宣传，有思想教育等，这都为我们德育工作的开展提供了丰富的资源。

最后，大众传媒也促进了我们德育工作与时俱进。网络的存在使我们获得信息的途径更为快捷，国家的各项政策和方针，可以得以迅速而准确传达，有利于我们及时、准确地了解国家的动向，调整德育的内容，使其与时俱进。

第八章

高校立体化德育途径研究

21世纪是一个充满机遇和挑战的新世纪。随着全球化、信息化进程的不断加快，知识经济的竞争，意识形态领域的渗透，对青年一代的争夺越来越激烈，我国经济、科技、安全将面临更大的挑战。这样复杂化的社会背景，对我国高校德育提出了新的要求。如何加强和改进大学生思想道德教育，不仅事关广大青年学生的健康成长，而且关系着整个国家和民族的前途和命运。增强高校德育的影响力和实效性，不仅是理论界和教育界相关人士、学者所关注的热点问题，更是整个社会所关心的民心问题、希望问题和社会问题。高校德育不仅是学校教育，更应是学校教育、家庭教育、社会教育三者之间协调互动，共同作用的教育。如何建立一种全方位、多渠道、多角度、多因素积极影响，作用方式生动、形象、具体、真切的立体化德育模式，是值得深入研究并在德育教育中具有十分重要的理论意义和实践意义的事情。

第一节　高校立体化德育概述

高校立体化德育的内涵比较丰富，外延也较宽泛，作为一个新的概念，到目前为止，学术界尚未对其做出一个准确的定义。然而，高校立体化德育的含义与特征是立体化德育体系中最基础的部分，因此，有必要就"高校立体化德育"的内涵和外延进行分析，力图弄清各种概念间的关系。

一、高校立体化德育概念的界定

（一）立体化概念界定

所谓立体，是相对平面而言的。平面的特征是仅有二维性，立体具有三维性，并且立体化德育的"立体"不局限于空间限定，而且有时间的延续性，是多维度、全方位和运动变化的。进而，立体也更加突出完整性，它不仅具有三维的空间要素、一维的时间要素和运动变化的过程，而且有颜色、气味、声音、氛围等要素参与，与平面二维度相比更加直观、生动、形象、真实。"化"则包含转化之含义，完全彻底的意思，前者讲过程，后者说结果的状态。立体化的概念就是指由平面向立体转变的过程和通过这个过程所追求的结果。

（二）立体化德育概念界定

立体化德育是相当于平面化德育而言的，是一种全方位、多渠道、多因素共同作用的生动、形象、丰富、真切的德育。简言之，就是一种追求真情实感的德育。

立体化德育概念也有广义和狭义之分。

广义的立体化德育，是以"学校、家庭、社会"三位一体的立体化德育。狭义的立体化德育，专指高校立体化德育。

高校通过建立立体化德育内容体系、立体化德育渠道、立体化德育环境、立体化德育教育体系、立体化德育作用方式等各个方面实现高校立体化德育。由于高校和大学生属于社会的组成部分和成员，高校德育研究不可能作为一个完全封闭、孤立的对象来进行，所以，立体化德育研究也必然涉及家庭和社会的教育作用和影响。

二、高校立体化德育的内涵之辨

（一）平面化德育与立体化德育

平面化德育与立体化德育，是围绕同一教育目的而采取不同的德育方式。

平面化德育是运用相对单一、静态、抽象、枯燥的途径和方法，对大学生进行思想道德教育和道德品质的教育。

平面化德育是以单纯的文字和语言为特征的。它以报纸、杂志、书籍、录音、广播、墙报等语言文字为主要工具，采取讲授、报告、宣传的德育方式。其不足之处是，实施过程带有一定程度的时空上的局限性，内容也相对抽象，途径单一，方法静态。

而立体化德育与平面化德育有着截然不同的德育方式。

立体化德育是立体的、多信号刺激的、多渠道影响的、全方位作用的德育。它使用多媒体、网络、手机、影视等传媒工具或创造富有教育影响的软硬环境，或设置学生实践体验的场合和条件，运用丰富、生动、形象、真切的教育方式，使学生在生动活泼、轻松愉快的氛围或环境中，接受德育教育或受到潜移默化的影响。

高校立体化德育特点具体体现在以下方面。

第一，高校立体化德育的教育影响来源是多渠道、多方面、多因素的，既有宏观意义上的大环境影响，也有微观意义上的小环境影响。通过大学生所接触的所有人、事、物活动接受不同程度的教育影响。

第二，高校立体化德育教育过程生动、内容真实，让学生有身临其境的感觉、有真情实感的感受。

第三，高校立体化德育媒介和手段更加趋向于现代化。例如，运用网络、影视等传播媒介，形成"声、形、图、文"等为一体的德育教育传播方式，适合青年学生身心特点，运用学生喜闻乐见的方法。

第四，立体化德育方式克服了平面德育的时空局限，具有影响渠道多、覆盖面宽、渗透力强的特点。

（二）立体化德育与德育立体化

如前所述，立体化德育是不同于平面化德育的一种新的德育方式，是一种全方位、多渠道、多因素共同作用的生动、形象、丰富、真切的德育。而德育立体化，则是由平面化德育向立体化德育转化的过程和所追求的目标。

德育立体化可以分成三个层次。

第一层次，通过书面语言或口头表达的方式，对学生进行德育教育活动，通过形象生动的描述，借助形象思维而实现德育立体化过程。

第二层次，通过电影、电视等影像手段，直接作用于大学生的听觉和视觉器官，给予大学生以立体的感受，称为间接的立体化。

第三层次，让大学生直接进入某项具体的实践活动中，使多种刺激信号同时作用于学生视觉、听觉、触觉等感觉器官，感受真实存在的场景和真实过程，得到真实体验。

德育立体化也是一种完全彻底的立体化，用立体化德育代替平面化德育的含义。但是，这只是一种理论意义的状态和目标。实际上，我们在追求立体化德育的同时，也不能否认平面化德育的作用和效果。

三、高校立体化德育的主要构成要素

（一）高校立体化德育的主体

德育主体和德育客体是德育过程中的两个基本因素。两者间的关系是德育过程中最基本的关系。纵观德育的发展历程，不难得出，传统教学中，德育模式基本为"主体—客体"德育活动，德育工作者为德育主体，德育对象被视为被动接受的德育客体，德育工作者采取单向灌输的方法，将德育内容灌输给大学生，此种方式很大程度上挫伤了大学生自主学习德育内容的积极性和热情。在弥补此种模式不足的情况下，高校立体化德育提出"主体（客体）—客体（主体）"为一体的双向互动的德育模式，德育工作者既是主体又是客体，向大学生进行德育教育引导时，也受到大学生对其的德育影响；大学生既是客体又是主体，他在接受教育影响的同时，也对周围人群产生着影响。

根据马克思主义的观点，人是有思想、有感情的动物，具有社会性和主观能动性，大学生德育主体性也由此呈现出来。高校立体化德育就是充分肯定和尊重了大学生在德育活动中的主体性，把大学生和教育工作者看作平等的人，把大学生和教育工作者共同作为德育主体，尊重大学生的人格、尊严和权利，发挥大学生主动参与德育活动的意识。

（二）高校立体化德育的客体

高校德育的对象是大学生。根据一个人思想品德的形成过程，实际是他们的知、情、信、意、行五个要素均衡发展的过程，也是把这五个要素作为一个整体，全面地对大学生进行教育的过程，再加上大学生本身又是现实生活中的"立体人"，这就要求对大学生进行思想道德教育和道德品质教育，也需要采取立体化的过程。另外，由于思想道德教育对象的情况错综复杂、千差万别，表现出非常明显的层次性，而且在现实生活的社会环境之中，他们生活、学习与工作的周围环境、社会关系，每时每刻都影响着教育对象的思想政治品德的形成和发展，引起教育对象思想品德结构发生变化。因此，对大学生实施德育活动，要根据不同标准、不同层次的大学生采取不同应对措施，对各种思想道德教育现象和问题进行立体的综合分析，从多种渠道、多种角度、多种层次、全方位实施，避免把复杂的现象和复杂的人的特性简单化。

（三）高校立体化德育的介体

传统平面化德育工具，课堂上主要由黑板、粉笔和书报组成，课外德育工具主要采用报纸、杂志、图书等纸质媒体和形象媒体广播组成，传播渠道相对单一、简单。而立体化德育工具，在原有德育资源和德育媒介的基础上，把现代化的科技成果引进学校、引进德育课堂，运用现代媒介增强德育效果。高校立体化德育媒介，不仅包括图书、广播、电视等平面化德育媒介，而且包括现代德育媒介，比如，电影、电视、多媒体、网络和手机等新型的传播工具。现代德育媒介集"文字、声音、生动形象的画面"为一体，使课堂教学更加生动、形象；课下，德育信息通过网络、手机等现代工具进行传播，加速了人与人的沟通，加深了德育主、客体间的联系，拓宽了德育传播渠道，推进了高校立体化德育渠道的建设。

（四）高校立体化德育的环境

每个人需要面对的环境都是多元的、立体的。根据环境具有多元化、立体化的特性，高校立体化德育环境可以从多个角度、多个层次进行区分。立体化德育大环境分"家庭、学校、社会"三个层次的立体环境。因为人具有生命起，家庭环境就开始对其思想意识产生影响；经过不懈的努力和不间断的学习成为一名大学生，从以往比较单纯、简单的家庭环境影响下，步入到相对丰富的校园环境影响之中。其间，还要接受复杂的社会环境的制约。大学毕业后，又要回归到家庭环境和复杂的社会环境中，继续接受环境对其的影响、作用，相对来说，高校校园环境属于环境的"中间站"。

立体化德育小环境仅指学校环境。学校是学生生活、学习的场所，作为德育教育地主阵地，其本身也是立体的场所，且高校立体化校园环境也具有层次性。例如，硬环境和软环境。硬环境是指学生赖以成才的物质基础，如各种各样的教学设施、生活设施，以及文化活动场所。软环境是指影响学生发展的精神因素，如大学精神、校风、教风、学风、校训、文化氛围、人际交往、制度文化、风俗习惯等多方面。因为学生成长的环境是一个立体的受多种因素影响的系统，所以，必须整合德育环境，系统地育人。

（五）高校立体化德育作用方式

高校立体化德育的作用方式是通过多方面、全方位、多因素的方式、方法和手段，共同作用于大学生思想素质、道德品行的形成，最终实现大学生的全面发展。高校立体化德育的作用方式主要有三种。

首先，体现在人与人间的教育影响作用。高校内部教育者与学生互动、管理者与学生互动、学生间的互动；高校外部的人群，父母与子女互动、社会人群与学生互动等多个方面、立体互动的交往途径，是真实客观存在的德育教育渠道，而且能使学生真实感受到对其人格形成的教育影响作用。

其次，体现在人与物的立体影响作用。物是一个立体存在的客观物体，对大学生思想也具有重要的影响作用。因为人在能动改造某些物体的时候，物体也在对人的思想的形成进行着不同程度的影响作用。

最后，体现在现代传媒对大学生道德的影响作用。电视、网络、手机、微信、微博、QQ 聊天等现代信息技术的运用，直接对大学生的思维方式、生活方式、交往方式产生巨大的影响。因此，要紧跟时代发展的客观要求，有效地利用现代传媒，对大学生思想道德品质和综合素质进行的教育影响作用，增强高校德育的实效。

四、高校立体化德育的特点

高校立体化德育，是一个多层次、多因素构成的系统互动过程，是一个整合、立体的运行过程。高校立体化德育具有其自身的规定性，体现在教育的整体性和过程的生动性、空间的立体性和内容的真实性、方法的多样性和媒介的多元性、对象的主体性和地位的平等性等特点。

（一）教育的整体性和过程的生动性

系统的最大特点在于整体的功能大于各部分之和，通常系统的整体功能相对于各组成部分的功能是一种质变。高校立体化德育不是简单地在个体之间进行的德育实践活动，其整体性体现在资源的整体性、德育方法的整体性、德育目的的整体性、德育内容的整体性、德育过程的整体性等方面。高校立体化德育把多种资源作为一个整体，对大学生进行教育、引导和培养的德育活动，形成一种德育合力。无论是从广义的"学校、家庭、社会"一体的高校立体化德育，或者是狭义概念上的高校立体化德育来看，其目的就是实现大学生的全面发展，强调具有德育功能的多个方面形成一个整体，使它们为了共同的德育目的互相支持，形成一种前进的合力。例如，高校内形成的人文环境、多种多样的德育活动、文化宣传、网络信息的传递、教育基地作用等德育功能，共同协调作用于大学生的思想政治素质和道德文化素质的形成，从而推进德育的效能。

高校立体化德育媒介的运用，使德育信息传播更加生动化、更加形象化、更加感性化。借助现代化传媒工具、手段对德育进行广泛传播，使过去平面化德育由"读""想""听"变成了"看""听""信"为一体。让学生能真实地"看"到德育画面，画面中的时间、地点、人物、景色都是客观存在的；"听"到视频中人物间的语言交流；"信"服道德是人成长的需要，以及把良好道德行为作为人生的一种信念。而且运用现代传媒工具，可以在极短的时间内甚至几乎是同时，把具有道德功能和作用的视频在广大民众间迅速传递，被大家迅速了解，其传播空间广阔，德育辐射范围宽广，跨越了年龄、性别等之间的界限。

（二）空间的立体性和内容的真实性

高校立体化德育具有一个最鲜明的特点就是空间的立体性。空间的立体性可以从多个角度进行考虑。宏观上看，从家庭教育、社会教育、学校教育、环境教育等空间上，对人产生多维教育影响作用；微观上看，从教育者、社会人群、亲朋好友、影视人物等，对人多维教育影响作用。从载体的功能上看，集声音、视频、文字、图片等立体多维地对人进行教育作用。通过建立立体多维的空间，运用多渠道、多角度、全方位的教育影响，使受教育者在不知不觉中发生变化，而且，这种教育不受时空限制，可以处处存在，能够有效地覆盖受教育者的学习和生活空间，使教育从单一走向多元，如管理育人、教育育人、服务育人、环境育人等，从不同层次、不同维度，对受教育者进行立体教育影响。

高校立体化德育内容，具有鲜明的真实性和生活化。高校立体化德育能给予学生真实、真切的感受，因为无论是环境育人还是服务育人，都是发生在身边的真人、真事，能让大学生深刻感受到，很大程度上改变大学生理念中德育就是"假、大、空"的理论性知识。

另外，在选择德育教育内容时，也要与大学生的真实生活接轨，如果高校立体化德育内容与大学生身边的生活相差甚远，无法解决大学生生活中存在的问题，就很难激发学生学习的热情，即要在教育中体现生活气息，增强了德育真实效果。正如中国教育先导陶行知所说"生活即教育"，好的生活就是好的教育，坏的生活就是坏的教育，使学生在生活中，处处感知教育的存在，彰显德育的真实性和生活化。

（三）方法的多样性和媒介的多元性

立体化德育方法是德育工作者面向德育对象在德育过程中所采用的方法，是德育教育者与德育对象相互作用的媒介和桥梁。立体化德育，其方法或方式具有生动、形象、真实的特点，它既不是教育者一方的活动方法，也不是以教育为主的活动方式，而是教育者和受教育者共同活动、相互作用的方法。高校立体化德育在采用方法方面具有多种多样性的特点。比如，理论讲授法、案例教学法、情景教学法、现场教学法、模拟教学法和体验教学法等，都是立体化教育的方法，而且把教育者的榜样示范法和实践教育法相结合、环境教育法和隐性教育法相结合等，共同协同对大学生进行德育影响，更能增强大学生德育的效果。例如，教育者的榜样示范法是最有效地让学生感知的方法，在校期间与教育者接触最多，教育者的道德行为是最具有说服力。实践德育方法，就是在社会实践和社会环境中，在社会教育活动中达到教化目的和作用，使大学生感受到良好的道德品质，不仅是社会发展的需要，更是人客观发展的需求。而隐性德育是大学生在无意中，所感知、所感触的教育方法，因为隐性德育是发生在大学生身边的真人、真事，所以更能激起大学生内心中的共鸣。

随着现代化科技成果大量地被引入德育活动中，立体化德育的媒介选择越来越趋向于现代化、多元化。传统德育课堂媒介主要是一黑板、一粉笔、一本书、一张嘴，其他课外德育媒介主要是由报纸、杂志、广播等相对平面的德育传播工具。信息化时代的今天，电视、网络、短信通信等现代传媒资讯方法已经深刻地介入和影响着大学生的生活，改变着大学生的生活方式，对学生的思想道德品质的形成产生着深刻的影响。高校德育在继续利用传统常规媒介前提下，又增添了现代化的德育媒介，即电视、网络、手机短信、微信、微博等现代化的传播媒介，通过现代信息技术所提供的平台，丰富了高校德育的教育手段，推进了高校立体化德育实施途径的完善。

（四）对象的主体性和地位的平等性

传统高校德育模式基本属于以管理者、教育者为主体，忽视受教育者的主体地位，而高校立体化德育充分肯定了学生的主体性和能动性，以学生全面发展和满足学生的成长需要为德育目的，将"以学生为本"作为立体化德育的归宿点，管理者和教育者是为学生的全面发展服务的；发挥学生主体作用，让大学生在社会实践中践行自身的德育认知，从自发到自主、自觉地进行思想道德教育和价值判断与选择，并最终养成良好的思想政治素质和道德素质。

高校立体化德育主客体地位的平等性，是建立一种人人都是德育主体，个个都具有教育影响、改变仅由教育者单方面灌输的德育模式，同样，也改变了德育主客体间的不平等、不对等性。由于人与人的平等性，最大限度地调动受教育者的参与意识。另外，由于教育者与受教育者间的平等关系，也避免了教育过程中受教育者的逆反心理，通过受教育者无意识的心灵反应机制来施加影响，受教育者受周围环境、行为和信息的感染、熏陶，会在无排斥心理状态下不知不觉地接受教育信息。由于受教育者在参与实践中发挥了其自身的主观能动性，在行为中检验了自身的教育认知，因此，德育平等性更能促进大学生自主内化、自我教育思想的形成，自觉提高自身的道德素质。

第二节　高校立体化德育的现状及分析

高校立体化德育，是伴随着高校德育的改革而逐渐发展起来的，是对当前高校德育教育的新探索。当前，高校立体化德育尚处在起始阶段，所以，在推进高校立体化德育建设的进程中，还有很多尚需改进与完善的地方。

一、高校立体化德育理念初步形成

在德育改革的不断探索当中，立体化德育的理念进入人们的视野并被越来越多的人所接受，获得肯定。在高校德育教育的实践中，积极以立体化德育为指导，努力发挥全员参与、全方位覆盖、全过程教育的多渠道教育影响作用，不断探索立体化德育实现的新途径，推进高校立体化德育进程。

高校立体化德育以其教育方式的生动性、形象性，教育内容的丰富性、趣味性，正慢慢地在高校德育实践中开展起来并取得很好的效果。全方位地推进大学生德育教育，多层次地实施德育教育方式，多角度地探索德育教育途径，全面促进大学生德育发展，已经成为新时期高校德育的发展趋势。

二、德育课堂采用立体化方式教学取得显著成效

高校立体化德育课堂教学模式初步建立起来，并取得很好的课堂教育效

果。高校立体化德育课堂把互联网、多媒体等现代化工具作为教学媒介引进教育课堂中，强化教育的直观效果，丰富感知材料，给学生提供声、像、图、文等综合信息，让学生在有声有色、图文并茂，动静结合的情境中有更加直观的感受。这再与老师利用声音、表情和手势，向学生传递信息结合起来，大大增强了德育课堂的效果，使大学生更好地接受德育教育。立体化德育课堂将现代化教学手段与传统教学手段结合，以多种信息传递方式作用于学生，给学生以立体感受，思想政治理论课明确要求，必须让学生结合进行社会实践，形成立体化的教学过程，达到最优化的教育效果。

三、高校立体化德育载体不断丰富

高校立体化德育的载体是丰富多样的，并且伴随着社会的发展和科技进步而不断更新。传统德育教育的载体主要通过课程教学发挥作用，通过教育者的理论灌输及各类学科中承载的德育因素，让受教育者接受德育教育，载体比较单一，受教育者接受程度不高。高校立体化德育注重载体在德育教育中的作用，积极拓展德育载体。立体化德育的现有载体主要包括文化载体、管理制度载体、大众传媒载体、活动载体、网络载体等。高校立体化德育载体的丰富性，使立体化德育全方位、多角度地影响到每一个人，扩大了德育教育的覆盖面。

四、环境育人越来越受到重视

环境对一个人的德育发展起着非常重要的作用。传统的高校德育没有充分意识到这一点，在一定程度上忽略了环境育人的作用。环境有育人作用，是毋庸置疑的事实，随着对环境育人作用的进一步研究和探索，得出思想道德教育环境可以被看作是一个特殊的环境系统的结论，而且是一个广泛而复杂的动态性体系，它是不同层次、不同类型的环境因素相互联系构成的立体、多维的系统。因学生成长的环境是一个立体的受多种因素影响的系统，所以，必须大力整合优化德育环境，消除不良环境给受教育者带来的影响。

五、高校立体化德育推进中存在的不足

(一) 高校立体化德育没有形成合力

高校立体化德育是全方位、多层次、多角度共同作用的德育教育，高校立体化德育教育合力，是各种德育教育力量相互作用结合在一起的状态。立体化德育合力不是各单方面力量、单个要素、单项教育活动的教育效果的简单相加，而是有别于这些孤立教育因素的新的力量。这个结果又可以看作一个作为整体的、不自觉的和不自主的起着作用的力量产物。而目前高校立体化德育尚未完全形成合力，立体化德育教育的系统性、整体性的功能效应尚未完全发挥，各种教育力量的优化组合、有机联系水平不高，产生的德育教育综合效果不好，有待进一步提高。

(二) 高校德育立体化水平不高

高校德育由平面化德育向立体化德育转化，可以分为三个层次。

第一层次是通过书面语言或口头语言作用于视觉或者听觉单一感觉器官，借助于形象思维的立体化过程。

第二层次是通过如电影、电视这样间接的立体音像，直接作用于听觉和视觉器官而给予人立体的感受，可以称之为间接的立体化。

第三层次是直接的立体的各种刺激同时作用于视觉、听觉、触觉等感觉器官，具有真情实感的完全立体化。

目前，第一和第二层次开展得比较好，通过借助各种高科技和新媒体手段，给受教育者呈现出听觉和视觉的立体感受，一定程度上解决了德育教育方式单一、死板和难以引起受教育者兴趣的问题，增强了德育教育的效果。但是，立体化追求的第三层次——真情实感完全的立体化仍有很大差距，立体化水平不高。目前，立体化德育教育一定程度上停留在简单地利用科技手段给受教育者以听觉和视觉上的感官刺激，却忽略情感上的感知，在教育过程中，很少完全赋予真情实感，难以使受教育者从心理上产生认同和思想上引起共鸣，没有真正实现德育教育的立体化。

（三）高校立体化德育环境有待进一步完善

尽管环境育人的重要性越来越受到认同，高校立体化德育的环境也得到很大改善，但是，还有待进一步提高。立体化德育环境是随着外部的变化而不断变化，不是一成不变的，要根据社会的变化不断调整，使立体化德育的环境能够适应德育发展的需要。可是，环境育人的作用是隐形的，育人的效果也不是立竿见影，所以，对环境改善的热情和投入就不高，因此，需要进一步完善高校立体化德育环境。

（四）学生对高校德育教育的接受程度不高

当前德育工作中，教育内容侧重理论灌输，往往反映事实与联系实际情况的少，使受教育者认为，学习枯燥无味的理论性知识，离自己的生活远，德育知识的习得用处不大，出现理论与实际的脱节现象，对德育教育有种虚无缥缈的感觉，致使大学生主动学习德育的认知不强，对道德理解不深刻，很难产生认同感，感知性不强。在高校德育目标定位上，缺乏目标的层次意识，基本上是用一个统一的模式去塑造所有的学生。从低到高、千篇一律、千人一面的规定一种要求、一种规格目标，只注重塑造人的共性，无视受教育者的内在需要差异性，使德育目标成为一种刻板的标准。评价方式上又单纯以考试为主，让受教育者产生厌烦心理，没有将评价贯穿在受教育者的道德实践中，没有以学生德育实践的改善和提高作为衡量主体德行发展、评估教育效果的标准。

六、高校立体化德育推进中存在问题的分析

高校立体化德育的建设不是一朝一夕就能实现的，要有一个不断向前发展和完善的过程，要立足于当前高校德育的现状，分析和梳理德育教育中存在的不足，对有缺陷的地方要及时改正，在不断的探索中，更好地建设高校立体化德育，指导德育实践。

（一）思想观念上存在一定偏差

高校德育教育是学生成才的重要保证，立体化德育的开展，更是提高德

育实效性的重要手段。高校领导和教育者对此都有一定的认识，但是，认识还不够深刻，思想观念上或多或少还存在一定的偏差。有一小部分学校领导和教育者认为，一所学校办得好坏，关键是看学生学业成绩的好坏和毕业生的就业率，对德育教育没有很好的重视。德育方法方式简单、枯燥、流于形式的情况，在一定范围和程度上依然存在。有的虽然认为德育教育应该开展，但是，德育的位置还不够突出和规范，德育制度不够健全，德育经费投入不足，体现在人力、物力、财力等方面给予的支持不够，而是更多地倾向于投入学校的科研建设中。

此外，部分教育者对德育教育的重要性认识也不够，认为开展德育教育就是单纯地完成自己的工作任务，没有用心地开展德育教育，有"重课堂、轻课外""重理论、轻实践""重教化、轻内化"的思想。这就需要转变思想观念，正确地认识德育教育，树立立体化德育思想，将立体化德育落到实处。

（二）高校德育教育对主体认识存在不足

之前的高校德育存在片面强调教育者主体地位的现象，而将受教育者当成消极被动接受教育的客体，没有将受教育者放在主体的地位。德育教育的形式化和功利化明显，也就导致了德育工作的强制性、灌输性和德育效果的低效性。德育教育虽然有规范性和约束性，但是，这种规范并不是简单的外部强制，而是受教育者追求理性和完善自身的过程，受教育者是德育教育的主体，教育者仅是起到教育和引导的作用。

在高校德育教育过程中，没有意识到受教育者的德行形成与发展是他们自主选择的结果，只是简单地把他们作为教育对象进行说教，灌输式的教育忽略了受教育者的选择，只能在一定程度上起到影响作用，但是，不能内化为受教育者自身的德育素质。另外，漠视受教育者在知、情、意、行各方面的变化，也没有注重发挥受教育者的主观能动性，没有积极开展受教育者的自我教育，没有能使德育教育真正成为学生共同关心和参与的活动。

（三）高校德育整体性欠缺

德育教育整体性欠缺体现在多个方面。

其一，欠缺学校、家庭与社会教育三者共同作用形成的整体合力。学校、家庭与社会教育是德育建设的三个重要环节，社会是教育学生的大课堂，学校是培养学生的主阵地、主渠道，家长是第一任老师，单纯依靠某一方面的教育，都是不够的，要把德育教育由学校向家庭辐射、向社会延伸，形成三结合的立体网络模式。现在有不少情况，由于三者教育的不一致，缺乏整体协调地进行德育活动，使学校教育与家庭、社会教育脱节，甚至出现抵消学校正面教育的效果。

其二，德育资源协同性不足。德育实施并没有统筹兼顾到高校德育资源，调动并运用各种德育资源，无法实现德育教育处处存在，时时存在的育人目标。

其三，立体化德育途径全面协调不够，协调环境教育、实践教育、现代媒介的教育作用等德育途径力度不够，多种渠道整体致力于大学生德育改善的实效性不强。

（四）高校德育实践性不足

传统的高校德育针对性和实效性差，主要原因之一就是脱离了受教育者的现实生活，变成单纯而抽象的说教，没有将教育和实践结合起来，使德育教育缺乏实践性。德育本质上是一种实践活动，从平凡习俗、日用常识到以此为基础的德育活动，都是实践性的。从实际意义上说，"行"比知、情、意更为重要，实践的道德才是真正的道德，如果只知不行，只有意愿和体验而没有实践行动，则是口头的、肤浅的道德，甚至会变为虚伪的道德。受教育者道德品质的高低，是通过实践主体在实际活动中表现出来的，现在的德育教育更多地从书面上检验德育成果，有些学生如果从文字上或口头上去检验他所受的德育效果，他会讲得动听，写得精彩，可是在他的实际德育实践中，却是另一套。道德的教育不仅是理论的传授，而要寓学于行、躬行践履。

第三节 高校立体化德育实施途径的探索

立体化德育效果在多数情况下都优于平面化德育。然而，如何将平面化德育转化为立体化德育，通过什么途径来实现德育的立体化，仍然需要进行不断的探索。

一、努力创造育人环境

人都是生活在一定的环境之中，环境无疑是立体的环境。通过环境的创设来产生德育影响，达到德育的目的，符合立体化德育教育的理念和特性，是对德育教育的方式和途径的创新性尝试。把环境作为德育的载体可以承载着丰富的德育元素，对大学生的影响是客观存在的，而且是一种无处不在、无时不有、自发渗透的立体多维和动态发展的影响。高校大学生的德育教育和德育形成，是在一个多维的空间和持续的时间中进行的，理解好高校德育、环境、人三者之间的互动性关联，会使我们更好地把握和建设高校德育环境，从而为高校立体化德育教育服务。当前，对大学生德育教育影响主要来自家庭、学校、社会和网络，因此，创造好家庭、学校、社会和网络环境，无疑是立体化德育实现的有效途径之一。

（一）家庭环境

家庭对大学生德育的养成起到极为关键的作用。家庭在一个人的一生中，不仅是童年的摇篮，一生的港湾，而且对其一生德智体美劳等全面素质的形成和发展，起着全面持久的影响。虽然大学生入校后，家庭对大学生德育的影响有所减少，但是，家庭德育依旧发挥着基础性的作用。由于家庭德育的基础性和影响的深刻性，家庭应该承担起自身的教育职责，积极营造健康、向上、和谐的家庭德育环境，为大学生创造良好的家庭教育环境。

家庭氛围是家庭中长期积累而成的精神状态和情意倾向，是一种潜移默化熏陶感化的潜在教育因素。家庭环境可以分为物质和精神两个方面。物质方面包括家庭经济收入、居住条件、环境美化等。精神方面包括家庭道德、家庭文化、家庭舆论、家庭风尚等。所有这些因素紧密地联结在一起，共同构成现实家庭教育环境的整体和合力，全方位、多角度、多层次地影响着教育对象。

因此，家庭教育应该是立体化德育的实施途径之一。优化家庭内部的教育环境，家长要在物质和精神两个方面做出努力。

首先，要创造良好的物质环境。家庭的物质条件，不求如何豪华、奢侈，只求舒适、整洁，一切东西摆放有序，如将一盆美丽的花摆放在孩子的房间，会使孩子将自己的房间整理得整洁有序。这样，可以促进孩子形成良好的生活习惯和审美观念。

其次，要创建良好的精神环境。家长要创建民主和谐的家庭氛围，反对专制和暴力，充分尊重孩子的主体意识，孩子拥有自主的活动空间，具有一定的发言权和自由支配的时间，使家庭环境具有积极的道德取向、主流的家庭文化、正确的舆论导向，形成良好的家庭风尚。

（二）学校环境

学校教育是大学生德育教育的直接责任者，《公民道德建设实施纲要》指出，"学校是进行系统德育教育的重要阵地。"学校环境是高校立体化德育的重要方面，要不断优化学校环境建设。学校环境特别是文化建设，对育人发挥着潜移默化的影响，一所大学的文化，"通过明确导向、创设环境、营造氛围，潜移默化地影响大学教育和社会教化"。学校环境质量如何，与大学生息息相关，它对大学生具有强烈的暗示性、渗透性和潜移默化的作用，并持久地产生着影响。所以学校环境应该是高校立体化德育建设的重点，要不断地加强校园硬环境、软环境包括制度环境的建设，更好地为高校德育教育服务。

首先，要科学规划，精心设计，构建优美的校园硬环境。学校硬环境是指高校的自然地理位置、校园建筑、整体的布局和规划、绿化美化以及校园的文化设施等，是学校环境的有形部分。如果在校园环境的建设中融入德育教育的要素，按照德育规律加以精心设计和构建，使其从一般的物质环境转化为具有育人功能的德育环境，进而转化为影响学生的思想情感和道德行为的重要外部力量，转化为持续不断地感染、陶冶人的精神力量。

其次，要认真制定严格规范、科学合理的制度，创建良好的校园制度环境。学校的管理制度是一所学校精神文化的反映，通过制度的约束力、影响力和牵引力，来体现学校的导向，规范引导学生的行为。要建立强有力的德育工作管理体系和高校的德育运行机制，为高校动态的德育活动奠定坚实的基础。在制定制度的过程中，要注重制度安排和引导，用科学制度的制定、执行、监督、保证、规范并引导高校师生的言行，要将制度的制定和高校德育工作，以及大学生多方面的发展需求结合起来，建立起科学且规范的规章制度，使大学生在遵守各种规章制度的过程中，自觉地向德育要求的目标靠拢，将自我约束和自我管理结合起来，更好地提升自身的道德素质。

最后，搞好宣传教育，树立良好校风、学风、教风，营造优越的校园软环境。校园软环境是一种无形的德育环境，它与校园硬环境及制度环境一起，共同构成了学校德育环境，并发挥着重要的作用。学校软环境从不同层面影响、改变和塑造着大学生的认知、情感、行为，还反映了高校追求的价值目标、道德情感和行为模式。它是通过学校师生共同营造，并经过积淀、选择、凝练发展而成的，它所倡导的道德价值和校园精神已经浸透和附着在校园内的各种环境和人文因素之中，并让大学生时时刻刻感受到它的存在。因此，校园软环境对大学生的德育教育和熏陶是十分重要的，要坚持不懈地构建和营造优越的校园软环境。

（三）社会环境

社会对大学生德育的影响日趋增强，社会影响源转化为德育影响的成分越来越多，社会环境中所包含的经济、文化、教育等因素，日益成为影响大学生德育的重要方面。美国实用主义教育学家杜威在其《民本主义与教育》中强调："社会环境能通过个体的种种活动，塑造个人行为的智力和情感倾向。社会环境毫无意识的，不设任何目的地发挥着教育和塑造的影响。"社会环境是相对于家庭环境、学校环境而言的，是指家庭、学校以外的德育教育环境。社会环境对高校德育的影响程度日益加深，大学生不仅仅受到来自校内德育教育的影响，也受到现实社会生活的影响，大学生德育素质的形成是多种因素共同作用形成的结果。因此，高校立体化德育要关注社会环境建设，推进有利的社会环境建设，优化和开发社会环境，充分利用和挖掘社会环境因素的育人功能，提高立体化德育教育的实效。立体化德育作为社会实践活动的一部分，存在于社会之中，无法脱离社会自成系统。

要积极地营造有利于高校德育教育的综合环境，使人们在优美、有序、和谐的自然环境和社会环境中受到潜移默化的教育，实现环境育人，增强德育教育的效果。

一方面，积极建设社会硬环境。社会的"硬环境"主要是以实物形态所展示的人口、地物、地貌、资源、设施等物质环境。要特别注意开发、挖掘它们中所有可能成为德育教育的资料，并积极加以利用。

比如，建立一些与当地教育发展相适应的德育基地。这些基地可以是历史纪念馆、文物保护区、革命遗址等爱国基地，也可以是军训、社会实践、专业实习等实践基地，还可以是文化娱乐、体育运动等文体活动基地。通过对这些硬环境的改造和利用，既能填补学校德育条件的不足，又积极拓展了德育教育的空间，给大学生更好的德育熏陶。

另一方面，努力创设社会软环境。社会的"软环境"主要是指以精神面貌所展示的社会、政治、法制、文化、教育等人文环境。就蕴含的德育因素来说，社会软环境就是社会上的人们在经济、文化、精神等活动中共同生活、相互交往，积淀形成的价值观念、行为规范和道德准则，高校德育从这种环境中获得的渗透力最为强烈，也是立体化德育实施的重要途径。要创设良好的社会环境氛围，特别要重视文化的管理和法制的建设。例如，文化部门要会同相关执法部门认真开展对音像、书刊市场的管理和稽查活动，消除音像制品和黄色书刊的危害，切实加强对各种文化场所的管理。公安部门要采取有效措施，维护社会秩序，打击歪风邪气和各种社会犯罪活动。积极开展各种构建和谐社会的活动，创设一个良好的社会软环境，让大学生在美好的环境中受到德育教育。

（四）虚拟环境

虚拟环境主要是指网络环境，构建积极健康的网络环境。随着信息技术的发展，网络与人们的生活日益密切，给人们的思想也带来重要影响，网络正在逐渐成为德育教育的新阵地，不但为高校德育工作提供了丰富的资源，而且突破了时间和空间的限制，可以将家庭、学校、社会的影响有机地整合起来，极大地扩展了德育的时间和空间。高校立体化德育的环境与虚拟环境的关联也应紧密起来。要加强虚拟环境的建设，构建健康积极、催人上进的网络环境。开展以德育为主题的网上论坛、网上讨论、网上交流等，通过平等交流、民主对话、积极渗透、加强监督等方式，强化德育教育，不断增强网络环境的影响力。现实环境与虚拟环境，没有孰轻孰重的问题，必须整体建设、协调一致。要坚持管理和教育相结合、"堵"与"疏"相结合、他律与自律相结合的原则，积极制定有利于德育教育虚拟环境建设的政策，保障虚拟环境的健康发展。

总之，高校立体化德育与家庭环境、学校环境、社会环境，以及虚拟环境之间存在着不可分割的关系。而家庭环境、学校环境、社会环境和虚拟环境之间也相互作用、相互影响。家庭、学校、社会作为教育的三个渠道、三大领域，尽管它们在教育手段、内容、策略等方面有着显著的差别，在教育过程中的作用也各不相同，但却从不同的层面教育着同一个对象。学校、家庭、社会（社区）德育一体化必将成为教育的重要发展趋势。建立家庭、学校、社会相结合的德育网络，使三者在德育方向上保持一致，在内容上相互促进和取长补短，才能形成科学的社会化德育体系。同样，现实环境和虚拟环境建设，也要良性互动起来，彼此照应，共同形成完善的立体的德育教育环境。

二、用心打造校园文化

校园文化作为学校精神、传统和作风的综合体现，客观地营造了一个立体的育人环境和氛围，它对大学生德育教育工作具有巨大的推动力和感染力。它的形成不仅是一个历史积累的过程，更是一个主动积极营造的过程。校园文化是开展大学生德育教育的有效途径和载体。它将平面化德育的说教转变为立体的、全方位的校园文化熏陶，以一种无形的力量对每位师生产生教育作用，使学生在耳濡目染、潜移默化中受到道德的熏陶，提升道德境界。这种立体化的德育方式，对学生心灵的陶冶、精神的激励，是平面化德育所无法达到的。要不断加强校园文化建设，营造良好的育人氛围，充分发挥高校校园文化的育人功能，积极探索与尝试将立体化德育融入校园文化建设之中，使校园文化在立体化德育的指导下成为大学生德育教育更为有效的实施途径。

（一）建设丰富多彩的校园文化阵地

当前，校园文化阵地除了教学阵地之外，校园课外文化阵地概括起来可以分为活动阵地、社团阵地、舆论阵地三种。这些阵地都可以发挥各自优势，成为立体化德育融入校园文化的有效载体。

1. 活动阵地

即校园内的政治、学术、科技、文体等活动以及这些活动的延伸与扩展。这些活动不但承载和体现着校园文化的内涵，也传承和发展着校园文化的内涵，高校应把立体化德育的理念注入这些活动中，在提升校园文化内涵的同时，也使广大师生从这些活动中受到锻炼、熏陶和教育。例如，大学生文化节、体育节、艺术节等活动，已经形成传统的开学典礼、毕业典礼、校庆日等校园节庆。将德育因素巧妙地融入其中，要精心设计，认真组织，长期营造，形成特色，使之成为吸引力和感染力强的教育活动阵地。

2. 社团阵地

即校园中由师生按照个人兴趣爱好，自愿组织和参加的政治性、学术性、科技性、文体性等各种社团。社团活动的开展给大学生的业余生活和大学校园增添了亮丽的色彩，大学生社团的建设在创建校园精神文明、繁荣校园文化、拓展学生综合素质及实践能力等方面，起到的作用越来越突出，加强社团建设正成为拓展高校德育空间的重要手段，也是立体化德育的重要组成部分。高校应当加强对校园内各种社团的扶持和管理，引导和帮助他们把握社团发展的方向，健全社团规章制度，活跃社团生活，提高社团活动质量，扩大社团影响，在有利于个人、学校和社会三方面健康发展的轨道上前进。社团自身也要不断强化育人功能，使学生社团真正成为学生的精神乐园，成为校园文化的亮点，成为立体化德育教育的重要阵地。

3. 舆论阵地

主要是指学校的校报、校刊、校内广播电视、学校的出版物以及校园网等。高校开展德育教育，要树立立体化德育理念，坚持正确的舆论导向，采用多种方式发挥舆论阵地在德育教育中的积极作用。高校除了要加强对各种传统媒体的建设和管理外，还要特别重视和加强对校园网等新型媒体的建设，主动占领网络德育新阵地，使网络成为弘扬主旋律、帮助大学生积极向上健康成长的新手段。高校可以针对网络特点，建设一些融思想性、知识性、趣味性和服务性于一体的主体教育网站和网页，建立网上德育工作队伍和网络德育教育工作体系，积极主动地开展生动活泼的网络德育教育活动，形成网上德育教育的合力。

（二）充分发挥大学生在建设校园文化中的作用

在校园文化活动中，大学生无疑是主角，融入立体化德育的校园文化建设，需要牢牢依靠学生群体。要调动他们的积极性，发挥他们的聪明才智，使他们的主体性作用得到最大限度的发挥。也只有在校园文化活动中发挥学生的主体性作用，学生的思想、品德、知识、技能、心理品质等，才能在校园文化活动中得到提高。

1. 充分调动学生的积极性

大学生是校园文化建设的主力军，他们不仅有较强的表现欲和交际需求，这使他们能积极主动地投入校园文化活动之中，而且，他们大多都具有较高的政治觉悟、敏锐的鉴别观察力和开拓进取、敢于冒险的精神，这可以使校园文化更好地发展。首先，高校要给大学生提供一个民主自由的环境，让大学生可以尽情地发挥自己的才能，不受太多约束。其次，可以采取一些激励措施。例如，通过征文比赛，鼓励学生创作新的文艺作品，用年轻并且独特的视角阐述校园文化；将大学生参与校园活动所取得的成绩，计入大学生的综合测评等形式，让大学生更为积极地参与校园文化活动。最后，提供一定的经费投入和制度保障，让学生真正参与进来，从单纯的接受者变成主动的创造者，在参与中加强对德育的认同，加深学生对德育的理解。

2. 努力激发他们的创造性

校园文化要想获得发展，从根本上离不开创新，离不开激发他们的创造性。这种创造性也是发挥他们在校园文化建设中主动性的必然要求。而在这个创造过程中，他们能挖掘出适合他们的校园文化中的德育因素，用他们喜欢接受的方式来创造，能更好地取得校园文化建设的效果和提高学术的德育素质水平。

3. 提倡尊重他们的个性

校园文化以其独特的文化创造为标志，也在不断显示个性。个性是一种创造活力，是一种对自身价值的追求。作为校园文化主体的大学生，既是文化影响的对象，又是文化建设的主人，校园文化个性的塑造，还得依靠他们的个性来实现。

所以，高校在校园文化建设中应该高度尊重他们个性的主动性发挥，乃至在推动立体化德育融入校园文化发展中的作用，激发他们的责任感，让他们在品味自己劳动成果、体验自己成功喜悦的同时，获得德育教育，在个性完善中，提升德育素质并促进校园文化的发展。

总之，立体化德育融入校园文化，可以把德育教育的内容渗透到各种生动活泼、形式多样的校园文化活动当中，能使青年大学生在快乐中接受教育，在教育中体会快乐。这样的教育效果往往比传统平面德育教育的方式要好。同时，立体化德育融入校园文化，会形成一种无形的感染力量，影响大学生的思想观念、陶冶大学生的情操，使大学生在潜移默化中获得教育，弥补传统德育教育的不足。

三、深入开展社会实践

立体化德育是一种追求真情实感的德育。让学生投身社会实践，是立体化德育最直接最有效的途径。社会是一个立体的社会，现实的社会。让学生投身社会实践，在社会实践中了解国情，体察民意，拓展知识，增长才干，磨炼意志，品味人生，培养工农感情，感受为社会做贡献的快乐，本身具有很强的德育功能。德育本质上是一种实践活动，大学生的社会实践已成为高校人才培养和德育实施的重要途径。通过社会实践这一条重要途径，大学生才能深刻理解和内化德育教育内容，才能真正树立正确的人生观、价值观和世界观。我们应该深刻认识到，立体化德育体系融入大学生社会实践的重要意义，并使之在德育教育的总格局中，获得应有的重视。因此，根据大学生社会实践的特点和要求，把立体化德育有机地融入和贯穿其中，积极探索和不断完善德育立体化融入大学生社会实践的途径，能使大学生在社会实践中更好地理解德育和接受德育，在实际参与和体验中，提升大学生的德育素质。

（一）大学生社会实践的特点

1. 形式多样化

大学生德育实践的形式灵活多样，而且得以不断的拓展和创新，越来越丰富。大学生德育实践的类型可以分为很多种，即使是某一种类型的社会实践也有许多具体的活动形式。比如，社团活动、社会调查和实践、参观思想教育基地、大学生志愿服务、暑假三下乡、政策宣讲、支教、支农等形式。

2. 场景开放性

大学生德育实践的场景是开放的，不局限于校内，可以走出校园；不局限于社区，还可以深入企业、机关。德育实践场景的开放有利于大学生融入社会，也因此而深深吸引大学生参与其中。这一特点使德育实践深受大学生的欢迎。

3. 主体参与广泛性

德育实践的参与主体是十分广泛的，不论年级、所学专业和性别，可以是全体学生；而且不同年级、不同班级、不同院校的大学生，可以联手共同开展一些大型实践活动。德育实践以其参与主体的广泛性，使不同院校和不同年级的大学生共同交流、相互促进，也使实践活动能够轰轰烈烈，产生广泛的影响。

4. 体验深刻性

大学生德育实践给大学生带来的体验是深刻的。大学生在第一课堂所学的知识，还停留在一般的理论认知程度，没有深刻的切身体验。大学生德育实践以实际体验为主的活动模式，使大学生在实践的过程中，能够产生深刻的感受，从而有利于形成感性认识，加深对课堂德育教育的理解。

5. 易于接受性

大学生德育实践，不仅形式多样、场景开放，而且大多是大学生自己设计、组织和实施的活动项目，大学生在其中有很高的自主性。因此，德育实践对大学生有较强的吸引力，也因为在实践中的学习是自主学习和启发式学习，因而，更容易使大学生理解德育教育，大大提高德育的认知水平。

（二）努力拓展社会实践的新实践形式

大学生德育实践活动在各高校都开展了很长时间，在实践过程中也总结出了许多好的活动形式和内容，比如大学生社团型的社会实践、义务支教、党的理论宣传、社会热点调查等。这些活动充分发挥了大学生的积极性、主动性，容易使活动落到实处，收到很好的效果。同时，要积极拓展新的德育实践形式，丰富实践活动，推动德育发展。可以结合当前社会发展需要和大学生成长需求，赋予德育活动新时代的特色，给德育实践注入新的活力。

（三）积极扩大社会实践活动的参与面

坚持理论学习、创新思维与社会实践相统一，坚持向实践学习、向人民群众学习，是大学生成长成才的必由之路。当前，高校实践育人虽然进一步得到重视，内容也在不断丰富，形式也在不断拓展，取得了很大成绩，但是，实践育人仍然是高校人才培养比较薄弱的环节。要积极扩大社会实践活动的参与面，打破传统集中于本科生、研究生单一参与层面的社会实践，积极鼓励党团干部、辅导员和两课教师参与指导，提高德育教育的有效性。本科生是社会实践的主体，在班级、专业与年级之间，确立好实践活动课题。在确定参与人员时，做到专业间相互弥补，打破实践活动集中于一个专业或一个年级的传统实践模式。研究生与本科生共同参与社会实践活动时，本科生可以从研究生那里获得人生经验和知识技能的帮助，研究生也可以在指导本科生实践的过程中，使自身能力得到进一步加强。党团干部、辅导员、两课教师的参与，可以将大学生德育教育更好地融入社会实践过程中，打破传统的德育教育只有在校园内完成的观念，走出校门，在社会实践这一相对宽松和谐的环境中进行思想教育，与课堂教育相比，起着事半功倍的效果。

（四）重视实践活动基地建设

实践育人基地是开展实践育人工作的重要载体，建立大学生德育实践基地，使大学生的德育实践活动变得基地化、规范化，这是进一步深化高校德育实践活动的内在要求。大学生实践基地是开展好大学生实践活动的基础和有力保障，要给予足够的重视。高校应该将现有的一批实践活动基地拓展为德育教育基地，最大限度地发挥实践活动基地的实践教育和德育两大功能。同时，高校要提供必要的经费和制定相应的政策做保障，建立健全长效的激励机制，加大对实践基地建设的投入力度，同时，也要避免建设的随意性，避免重建设、轻培育的现象，更好地为德育教育服务。

将立体化德育融入大学生社会实践的过程，是以一个新的视角来审视高校大学生社会实践。把立体化德育体系融入大学生社会实践，在社会实践中提高德育教育的有效性与针对性，使立体化德育教育融入大学生实践落到实处。

四、充分运用现代传媒

网络、手机、电视（IPTV）等新兴媒体，已经成为当今时代最有影响力的传媒，高校德育要面对网络时代的现实，积极利用好这些新兴媒体为高校德育教育服务，给高校德育注入新的活力，使德育教育取得更好的效果。新兴媒体在高校德育教育中的运用契合了立体化德育的特征，与凭借简单的语言、文字而出现的单一、抽象、枯燥的平面教育方式相比，新兴媒体所提供的声、像、图、文等综合性信息，让学生在有声有色、图文并茂的，动静结合的情境中感受德育氛围，使德育教育的过程及其思想内容更加生动、活泼、形象、具体、真切，增加其吸引力和感染力。

（一）开展丰富多彩的校园网络文化活动

丰富多彩的校园网络活动有助于形成良好的校园网络文化环境，活跃校园文化氛围，是实现立体化德育融入网络文化建设持续、健康发展的重要载体。

第一，正确认识校园网络文化活动的主题。校园网络的主体是人，立体化德育的主题依然是人。要突出育人这一主题，就要正确把握校园网络文化活动的主导方向。通过校园网络文化活动，使师生员工在良莠不齐的道德思想天地中，明辨是非，武装头脑，自觉抵制歪理邪说；坚定信念，树立正确的世界观、人生观和价值观；主动适应青年学生喜欢上网、兴趣广泛、审美能力强的特点，积极开展丰富多彩的网上文化、艺术、体育与娱乐活动，满足多层次的精神文化需求。

第二，切实掌握校园网络活动的方式、方法。一定要以学生为本，找到网络活动的切入点，把活动深入到师生中间。还要把握青年学生特别是学生网民这个特殊群体的特征，充分调动他们主动参与校园网络活动的积极性，激发其创作力，使他们成为校园网络文化活动的主体。在这个过程中，教育工作者要加强监管，主动指导校园网络文化活动，不仅可以提高活动的档次，而且可以将育人渗透到活动中。

（二）坚持网上和网下德育教育相结合

互联网具有及时、互动、灵活、形象等优势。当今微博、QQ、拍客、博客成为大学生热衷之物，我们应充分发挥和利用互联网的优势，结合大学生思想动态，针对他们关心的热点、难点问题，在思想政治工作网站上设立一些如论坛、班级交流群、留言本、邮件列表等形式的栏目和常见问题回答栏目，为大学生的思想政治工作服务。互联网为德育教育工作提供了有效的途径，但网络不是万能的，网上教育只是德育工作的一种有效方式。只有将实行网上和网下德育教育有机地结合起来，德育教育工作才能发挥出最大的效应。网下德育工作要发挥传统德育工作的优势，多形式多途径地进行，务求实效。比如，通过课堂教育开展德育教育，开展一系列德育主题活动，营造良好的校园氛围等。

（三）促进学生心理健康发展

高素质人才需要拥有一个良好的心理素质，网络文化中所包含的积极因素，可为学生培养健康的心理素质提供有效的方法。当今社会，来自各方面激烈的竞争及社会和自身的诸多原因，使大学生承受着巨大的心理压力，有部分学生还在一定程度上存在心理疾病，高校可以通过开设网上咨询热线，给存有心理问题的大学生以及时和正确的指导，使学生在不需要说明自己身份的情况下，尽情地诉说或宣泄，还可在网上接受心理矫治，使其拥有良好的心态。高校还可以利用网络来教育大学生树立心理健康意识，增强心理调适能力，全面提高心理素质，使其坦然面对和正确处理学习、择业、人际交往中所遇到的问题。

另外，可以设计一些健康的网络游戏、有奖答题竞猜、网友讨论等多种自娱自乐、喜闻乐见的网上活动，为青年学生提供适度的自我表现机会。一旦这种精神环境和文化氛围形成，就会既满足大学生身心发展的需要，也将形成蓬勃向上、健康的校园文化氛围。

（四）举办有特色的校园活动

以网络为载体开展的校园文化活动可以集声音、图像于一体，同时，运用学生视觉和听觉，给大学生以立体化的感受。另外，在网上开展各种校园文化活动，可以不受时间、地点等条件的限制，也可以充分发挥学生的创造力、调动学生参与的积极性。这种利用多媒体技术开展的活动可以取得传统媒体难以取得的效果。例如，大学生社会实践成果欣赏，配上音乐和精美的图片，将会提高实践活动的感染力，激发学生的参与德育实践的热情。同时在网上可以开展各种类型的知识竞赛、辩论赛等活动，可以在校园营造追求知识、追求真理、积极向上的文化氛围，在这种氛围的熏陶下使大学生德育素质得到提高。

（五）开展便捷生动的德育教育

手机的普及，使我们建立信息传递移动平台，借助移动互联网开展德育教育具备了必备的硬件条件。移动互联网真正实现了不受时间、地域限制的随时教育，必将形成德育教育工作的巨大优势。

一位学者曾经下过一个论断：世界上再也没有一种终端和介质，会比手机更具有媒体的兼容性、整合性和贴身性，以及像手机那样便于互动，甚至可以直接呼唤手机的主人，强迫性引起用户的关注和阅读。手机媒体集文本、图画、声音于一体，具有多重的感官刺激功能，将色彩艳丽的图片、悦耳的音响、生动的三维动画视频逼真地展现在大学生"拇指族"面前，极大地激发了他们的想象力，满足了他们对新鲜事物的追求。这些都给移动互联网增添了无穷的魅力，吸引着大学生走进这个世界。利用手机媒体，开展便捷生动的个性化教育。通过手机加强辅导员与学生的沟通，随时了解学生的思想动态，做好实时互动的德育教育和管理工作，将大学生心理健康教育延伸到手机移动互联网，通过短信更加方便地开展心理咨询和辅导，及时进行危机干预，更好地消除大学生的心理障碍。

（六）电视及网络视频是当前推进立体化德育的重要手段

高校对硬件设施的投入加大，学生公寓每个寝室都配有电视，而且随着电脑价格的下降，电脑在大学生中也越来越普及，逐渐成为大学生的必备学习工具，这些都为高校德育立体化的开展奠定了物质基础。此外，科学技术的发展，信息技术、多媒体技术和影视技术的日趋完善，为高校德育立体化的开展提供了良好的技术基础。充分利用这些条件，利用好电视和网络视频，大力推进德育现代化，提高德育教育的覆盖面和渗透力，也是德育立体化的有效措施。随着3D技术的发展及其电视频道的开通，将会给观看的大学生带来不一样的感受。它将画面立体逼真地呈现在观众的面前，配合动作、声音，不仅给观众带来听觉和视觉的刺激，而且让观众有种身临其境的感觉，增强了立体化的感受，能够取得很好的效果。因此，我们可以制作生动、形象富含德育教育因素的视频和短片，通过信号的转化，转变为3D的信号再通过校园电视频道向大学生播放，让他们接受立体的德育教育，提高德育的实效性。网络视频的应用拉近了教育者和大学生之间的距离，让交流变得更加自由和活跃，即使两者在地理位置上相距甚远，教育者仍可以利用网络视频第一时间掌握学生的现实生活状态和心理特征，从而因势利导，矫正认知上的偏差，引导他们健康成长，让大学生觉得教育者就在身边，体现了立体化德育的全方位性。因此，要发挥好网络视频的作用，推进立体化德育的发展。此外，由于网络视频的上传者特别是大学生拍客的存在，他们乐于随时随地将身边发生的事情上传网络，与大家共享，让不在现场的人也能第一时间近距离知晓现场状况，进入当时发生的情境中，给他们以立体的感受，符合了立体化德育的要求，体现了大学生的主体性，而且激发了大学生参与的积极性。因此，要鼓励大学生并制定相应的激励措施，鼓励他们将拍下的身边感人事例和好人好事的视频上传到网络，让大学生感受到德育现实的存在，让他们在情感上受到震撼，在思想上受到教育，德育素质得到提高。

五、积极发动全员育人

立体化德育强调全方位、多层次、多角度的育人，力求使高校中的每个人都来关心、重视、支持和参与德育教育，发挥德育教育作用，形成整体的教育合力。而全员育人正是这种全方位的育人，从教书育人、管理育人、服务育人再到大学生自我教育的发挥，让每个人都参与其中，凝聚育人的强大力量，形成高校整体育人的氛围，提高德育教育的整体效应，让大学生在这浓厚的育人氛围中接受德育教育，取得良好的育人效果。

（一）充分发挥教书育人的作用

建立教书与育人相结合的机制，将教书与育人贯穿于教育全过程。在全员育人中突出教书育人，这就要求教师在不同的教学岗位和教学环节，都明确自己对学生的责任，把德育教育渗透到教学、科研和社会服务各个方面，教师既要教好书，又要育好人，不单是对学生传授知识，也注重对学生理想、品德、情操的教育和培养。

首先，要不断加强师德修养，提高教育者的思想境界。高校立体化德育非常注重教书育人对受教育者德育施加的影响，教师用自己的实际行动和人格魅力教育感染学生，影响着大学生的人格。作为教师，比其他任何职业的人们更需要严格要求自己，必须努力做到以德育德，以才培才，以情动情，以行导行，以自己的良好道德为学生树立榜样。

其次，打造好立体化的德育课堂。立体化德育课堂要营造一种立体化、交互式的教学情境，改变德育教学过程中唯教材至上的现状，紧密结合当前大学生关注的热点问题，积极主动去挖掘其中蕴含的德育因素，通过有感情的讲解，去感染和激励学生，潜移默化地在课堂教育中渗透德育，使教学过程不仅仅是传授知识和技能的过程，同时，也是实施德育的过程。积极采取多媒体教学来辅助强化大学生的认知力，通过多媒体教育可以使德育教育的内容情境化，生动直观，充分调动学生的视觉、听觉，有效刺激听觉和视觉器官，强化德育教育效果，增强教育的实效性。同时，注重课堂上的交流和互动，将枯燥的德育课堂转变为丰富、生动的德育课堂，发挥德育教学的吸引力和感召力。

最后，要改进德育教育工作的方式、方法、手段，切实提高德育教育实效。改变传统的灌输式教育，拓展为立体的、互动的教学方法手段，开展平等对话式的交流，让学生积极参与而不再是被动地接受。不断充实德育教育内容，充分利用各种新兴的高科技媒介，给学生创设一个图文并茂、音像合一、视听结合、动静结合的直观情境，强化直观效果，丰富感知材料，让德育教育入心入脑，真正提高德育教育实效。

（二）充分发挥管理育人的作用

高校立体化德育着眼于构建大学生良好的道德品质，而管理则从规范大学生的道德行为入手，通过实施外部约束，促进大学生良好道德品质的形成。高校立体化德育贯穿管理工作的始终，管理工作有赖于德育教育条件的提高和支持，管理的过程有时就是立体化德育贯彻落实和深化的过程，有时立体化德育的方法和手段又以管理的形式表现出来，二者相辅相成，互相促进。

要坚持管理育人，把立体化德育教育与大学生日常学习、生活结合起来，无论是日常的学习生活，还是学校的教学、管理工作，都既要进行德育教育，又要依靠相关的法规校纪来约束管理，要把立体化德育教育工作制度化，使得立体化德育得到制度的规范、保障和支持，有助于建立立体化德育教育的长效机制，更好地开展德育教育工作。建立自律与他律，激励与约束有机结合的管理机制，加强对学生的管理，严格规范大学生的学习、生活和行为，促进他们自觉遵守各项规章制度和社会公德，逐步养成良好的行为习惯。

（三）充分发挥服务育人的作用

高校立体化德育注重德育教育的全过程，是覆盖全校园和全学习阶段的，立体化德育努力做到每个环节都能直接或间接地对大学生进行德育教育。在这过程中，服务育人往往被忽视，但是，它却是开展德育教育的一个重要路径。服务育人主要是通过服务过程中贯穿育人内容来完成的，后勤人员作为"不上讲台的教师"，通过为大学生提供各种后勤管理和服务来达到育人的目的，依托于服务间接地进行德育教育，也是"服务育人"的主体。

参 考 文 献

[1] 习近平. 在北京大学师生座谈会上的讲话 [M]. 北京: 人民出版社, 2018: 9.

[2] 戚万学, 唐汉卫. 现代道德教育专题研究 [M]. 北京: 教育科学出版社, 2005.

[3] 傅大友, 吴继霞, 陈晓强. 高校德育创新论 [M]. 南京: 江苏教育出版社, 2005.

[4] 宋长生, 李景山, 张元洪. 高校德育工作针对性和实效性的研究与实践 [M]. 哈尔滨: 哈尔滨工程大学出版社, 2005.

[5] 李香善. 高校德育环境的优化 [J]. 教育理论与实践, 2014 (03): 59 - 65.

[6] 廉芬. 利用微信公众平台开展高校德育教育的 SWOT 分析及对策 [J]. 辽宁科技学院学报, 2017 (03): 72 - 75.

[7] 魏连栋, 王丹. 民办高校德育教育存在问题原因分析 [J]. 长江丛刊, 2017 (06): 55 - 57.

[8] 秦子文. 高校德育的缺失与补救——生命的教育 [J]. 山西青年, 2017 (12): 84 - 86.

[9] 张馨尹, 杨立林. 关于高校学生社会实践德育教育的研究 [J]. 长江丛刊, 2017 (15): 61 - 63.

[10] 涂桂华. 我国高校德育教育改革的挑战及其应对 [J]. 黑龙江畜牧兽医, 2017 (04): 70 - 72.

[11] 肖静. 传统文化在高校德育教育中的作用 [J]. 才智, 2016 (28): 94 - 99.

[12] 邢馨方. 探讨当前高校德育教育存在的不足及提升策略 [J]. 时代教育, 2016 (07): 123 - 126.

[13] 赵丽，王磊．高校德育教育现状及成因 [J]. 同行，2016 (12)：82 – 84.

[14] 卢杰国．谈高校德育教育与科学发展观的有机结合 [J]. 青年文学家，2013 (32)：140 – 143.

[15] 冯希哲．中国传统文化概要 [M]. 北京：中国人民大学出版社，2016.

[16] 范玉秋．中国哲学与传统文化 [M]. 天津：天津人民出版社，2015.

[17] 黎光，赵冬菊．中国传统文化概论 [M]. 成都：西南交通大学出版社，2015.

[18] 李宽松，罗香萍．中国传统文化概论 [M]. 广州：中山大学出版社，2018：45.

[19] 年仁德，戴淑贞，杨麦姣．高校中华优秀传统文化教育的设计与规划 [M]. 北京：知识产权出版社，2019：19 – 27.

[20] 梁世君．民族传统体育文化导论 [M]. 北京：中国纺织出版社，2018：55.

[21] 梁启超．新民说 [M]. 北京：商务印书馆，2016：189 – 191.

[22] 崔乐泉．中国古代体育精神及其文化特质 [J]. 人民论坛，2021 (21)：110 – 112.

[23] 苏航．民族传统体育文化的传承创新研究 [M]. 南昌：江西科学技术出版社，2017：134.

[24] 张艳，赵忠伟．民族传统体育融入我国高校公共体育的价值、问题与对策 [J]. 教育科学，2020 (06)：34 – 39.

[25] 崔乐泉，陈沫．基于体育教育视角的中华优秀传统文化研究 [J]. 北京体育大学学报，2020 (02)：35 – 44.

[26] 王和鸣．民族传统体育文化在大学生体育健康教学模式中的融合与发展 [M]. 北京：北京工业大学出版社，2019：182 – 205.

[27] 李亮，周彦．教师传统文化素养提升的几个境界 [J]. 人民教育，2018 (22)：28 – 30.

[28] 程为民，熊建生．当代大学生中华优秀传统文化认同状况分析——

基于国内十余所高校 700 名大学生的问卷调查 [J]. 教育研究与实验, 2016 (04): 68 - 71.

[29] 梁荣相. "课程思政" 视域下高校体育课程与思政教育协同育人路径研究 [J]. 现代贸易工业, 2020 (5): 136 - 137.

[30] 袁为为. 课程思政化背景下体育课堂教学路径探析 [J]. 职业技术, 2020 (04): 185 - 188.

[31] 赖金茂. 高校 "课程思政" 建设的现实困境及其应对策略 [J]. 湖北经济学院学报, 2020 (05): 136 - 139.

[32] 张训. 休闲体育教学与茶文化的有机融合 [J]. 福建茶叶, 2020 (03): 197.

[33] 姜国雷. 茶文化背景下基于大学生体质健康标准的体育教学改革实施策略 [J]. 福建茶叶, 2020 (05): 145 - 146.

[34] 陈灵芝. 中国茶文化在高职院校体育教学的创新应用 [J]. 福建茶叶, 2020 (08): 225 - 226.

[35] 杜峰. 茶文化视域下学校体育工作评估体系: 机制及标准建设 [J]. 福建茶叶, 2020 (05): 216 - 217.

[36] 魏书哲. 关于茶文化思想在大学体育教育中运用的探讨 [J]. 福建茶叶, 2020 (10): 176 - 177.